Stuttgarter Kleiner Kommentar
– Neues Testament 3 –

Stuttgarter Kleiner Kommentar
— Neues Testament 3 —

Herausgegeben von
Paul-Gerhard Müller

Paul-Gerhard Müller

Lukas-Evangelium

Verlag Katholisches Bibelwerk GmbH, Stuttgart

Die Deutsche Bibliothek – CIP-Einheitsaufnahme

Stuttgarter Kleiner Kommentar. –
Stuttgart: Verl. Kath. Bibelwerk.
  Abt. teilw. hrsg. von Gabriele Miller u. Alfons Musterle
NE: Miller, Gabriele [Hrsg.]
Neues Testament / hrsg. von Paul-Gerhard Müller.
[N.F.], 3. Müller, Paul-Gerhard: Lukas-Evangelium. –
NE: Müller, Paul-Gerhard [Hrsg.]
7. Aufl. – 2001

Müller, Paul-Gerhard:
Lukas-Evangelium / Paul-Gerhard Müller. – 7. Aufl. –
Stuttgart: Verl. Kath. Bibelwerk, 2001
  (Stuttgarter Kleiner Kommentar:
  Neues Testament; [N.F.], 3)
  ISBN 3-460-15331-8

7. Auflage 2001
ISBN 3-460-15331-8
Mit kirchlicher Druckerlaubnis
Alle Rechte vorbehalten
© 1984 Verlag Katholisches Bibelwerk GmbH, Stuttgart
Druck: Wilhelm Röck, Weinsberg

Inhaltsverzeichnis

VORWORT 9

ERSTER TEIL: EINFÜHRUNG 11
Inhalt und Aufbau des Lk, 11 – Die Quellen des Lk und ihre Verarbeitung durch Lukas, 14 – Die literarische Eigenart des Lk, 16 – Die theologische Absicht des Evangelisten, 17 – Leserkreis, Ort und Zeit der Abfassung des Lk, 19 – Der Verfasser des 3. Evangeliums (und der Apostelgeschichte), 20

ZWEITER TEIL: KOMMENTAR 23

I. *Das Vorwort (1,1–4)* 23

II. *Die Vorgeschichte (1,5–2,52)* 29
Die Verheißung der Geburt des Täufers (1,5–25), 30 – Die Verheißung der Geburt Jesu (1,26–38), 32 – Der Besuch Marias bei Elisabet (1,39–56), 35 – Die Geburt des Täufers (1,57–80), 37 – Die Geburt Jesu (2,1–20), 39 – Jesu Beschneidung und Darstellung im Tempel (2,21–40), 41 – Der zwölfjährige Jesus im Tempel (2,41–52), 42

III. *Die Vorbereitung des Wirkens Jesu (3,1–4,13)* 45
Johannes der Täufer (3,1–20), 45 – Die Taufe Jesu (3,21–22), 49 – Die Vorfahren Jesu (3,23–38), 50 – Die Versuchung Jesu (4,1–13), 52

IV. *Das Wirken Jesu in Galiläa und Judäa (4,14–9,50)* 55
Erstes Auftreten in Galiläa (4,14–15), 55 – Die Ablehnung Jesu in seiner Heimat (4,16–30), 55 – Jesus in der Synagoge von Kafarnaum (4,31–37), 57 – Die Heilung der Schwiegermutter des Petrus (4,38–39), 58 – Die Heilung von Besessenen und Kranken (4,40–41), 58 – Aufbruch aus Kafarnaum (4,42–44), 59 – Die Berufung der ersten Jünger (5,1–11), 60 – Die Heilung eines Aussätzigen (5,12–16), 64 – Die Heilung eines Gelähmten

(5,17–26), 65 – Die Berufung des Levi und das Mahl mit den Zöllnern (5,27–32), 66 – Die Frage nach dem Fasten (5,33–39), 68 – Das Abreißen der Ähren am Sabbat (6,1–5), 69 – Die Heilung eines Mannes am Sabbat (6,6–11), 69 – Die Wahl der Zwölf (6,12–16), 70 – Der Andrang des Volkes (6,17–19), 71

1. *Die Feldrede (6,20–49)* 73
   Seligpreisungen und Weherufe (6,20–26), 74 – Von der Vergeltung und von der Liebe zu den Feinden (6,27–36), 76 – Vom Richten (6,37–42), 77 – Von der wahren Frömmigkeit (6,43–46), 77 – Vom Haus auf dem Felsen (6,47–49), 78

2. *Zeichen und Worte Jesu: Die Scheidung in Israel und Jesu Offenbarung vor dem Jüngerkreis (7,1–9,50)* ... 79
   Der Hauptmann von Kafarnaum (7,1–10), 79 – Die Auferweckung eines jungen Mannes in Naïn (7,11–17), 81 – Die Frage des Täufers (7,18–23), 81 – Das Urteil Jesu über den Täufer (7,24–35), 82 – Die Begegnung Jesu mit der Sünderin (7,36), 84 – Frauen im Gefolge Jesu (8,1–3), 85 – Das Gleichnis vom Sämann und seine Deutung (8,4–15), 86 – Vom rechten Hören (8,16–18), 88 – Von den wahren Verwandten Jesu (8,19–21), 89 – Der Sturm auf dem See (8,22–25), 90 – Die Heilung des Besessenen von Gerasa (8,26–39), 90 – Die Auferweckung der Tochter des Jaïrus und die Heilung einer kranken Frau (8,40–56), 91 – Die Aussendung der zwölf Jünger (9,1–6), 93 – Das Urteil des Herodes über Jesus (9,7–9), 94 – Die Rückkehr der Jünger und die Speisung der Fünftausend (9,10–17), 94 – Das Messiasbekenntnis des Petrus und die erste Ankündigung von Leiden und Auferstehung (9,18–22), 95 – Von Nachfolge und Selbstverleugnung (9,23–27), 96 – Die Verklärung Jesu (9,28–36), 97 – Die Heilung eines besessenen Jungen (9,37–43a), 99 – Die zweite Ankündigung von Leiden und Auferweckung (9,43b–45), 99 – Der Rangstreit der Jünger (9,46–48), 100 – Der fremde Wundertäter (9,49–50), 101

V. *Auf dem Weg nach Jerusalem (9,51–19,27) Der lukanische „Reisebericht"* 102

1. *Von der wahren Jüngerschaft (9,51–13,21)* 103
   Die ungastlichen Samariter (9,51–56), 103 – Von der Nachfolge (9,57–62), 104 – Die Aussendung der zweiundsiebzig Jünger (10,1–12), 105 – Weherufe über Chorazin und Betsaida (10,13–16), 107 – Der Sturz Satans (10,17–20), 107 – Der Dank Jesu an den Vater (10,21–22), 108 – Die Seligpreisung der Jünger (10,23–24), 109 – Das Beispiel vom barmherzigen Samariter (10,25–37), 109 – Maria und Marta (10,38–42), 111 – Das Gebet

des Herrn (11,1–4), 112 – Das Gleichnis vom bittenden Freund (11,5–8), 113 – Vom Vertrauen beim Beten (11,9–13), 114 – Verteidigungsrede Jesu (11,14–23), 114 – Von der Rückkehr der unreinen Geister (11,24–26), 115 – Zweierlei Seligpreisungen (11,27–28), 116 – Die Verweigerung eines Zeichens (11,29–32), 116 – Vom Licht und vom Auge (11,33–36), 117 – Worte gegen die Pharisäer und die Schriftgelehrten (11,37–54), 118 – Warnung vor der Heuchelei der Pharisäer (12,1–3), 119 – Aufforderung zum furchtlosen Bekenntnis (12,4–12), 120 – Das Beispiel von der falschen Selbstsicherheit des reichen Mannes (12,13–21), 120 – Von der falschen und der rechten Sorge (12,22–32), 121 – Vom wahren Schatz (12,33–34), 122 – Das Gleichnis vom treuen und vom schlechten Knecht (12,35–48), 123 – Von Frieden und Zwietracht (12,49–53), 124 – Von den Zeichen der Zeit (12,54–57), 125 – Von der Versöhnung (12,58–59), 126 – Mahnung zur Umkehr (13,1–9), 126 – Die Heilung einer Frau am Sabbat (13,10–17), 127 – Das Gleichnis vom Senfkorn und Sauerteig (13,18–21), 128.

2. *Von der neuen Ordnung im Reich Gottes (13,22–19,27)* 129

Von der engen und von der verschlossenen Tür (13,22–30), 129 – Der Abschied von Galiläa (13,31–35), 130 – Die Heilung eines Wassersüchtigen am Sabbat (14,1–6), 131 – Mahnung zur Bescheidenheit (14,7–11), 132 – Von den rechten Gästen (14,12–14), 132 – Das Gleichnis vom Festmahl (14,15–24), 132 – Vom Ernst der Nachfolge (14,25–35), 133 – Die Gleichnisse vom verlorenen Schaf und von der verlorenen Drachme (15,1–10), 134 – Das Gleichnis vom verlorenen Sohn (15,11–32), 135 – Das Gleichnis vom klugen Verwalter (16,1–8), 136 – Vom rechten Gebrauch des Reichtums (16,9–13), 137 – Das Urteil Jesu über die Pharisäer (16,14–15), 138 – Vom Gesetz und von der Ehescheidung (16,16–18), 138 – Das Beispiel vom reichen Mann und vom armen Lazarus (16,19–31), 139 – Warnung vor der Verführung (17,1–3a), 140 – Von der Pflicht zur Vergebung (17,3b–4), 140 – Von der Macht des Glaubens (17,5–6), 140 – Das Gleichnis vom unnützen Sklaven (17,7–10), 141 – Der dankbare Samariter (17,11–19), 141 – Vom Kommen des Gottesreiches und des Menschensohnes (17,20–37), 142 – Das Gleichnis vom gottlosen Richter und der Witwe (18,1–8), 143 – Das Beispiel vom Pharisäer und vom Zöllner (18,9–14), 144 – Die Segnung der Kinder (18,15–17), 144 – Von Reichtum und Nachfolge (18,18–30), 145 – Die dritte Ankündigung von Leiden und Auferstehung (18,31–34), 146 – Die Heilung eines Blinden bei Jericho (18,35–43), 146 – Jesus im Haus des Zöllners Zachäus (19,1–10), 147 – Das Gleichnis vom anvertrauten Geld (19,11–27), 148

VI. Die letzten Tage in Jerusalem *(19,28–21,38)* 150

1. *Die Auseinandersetzung mit den Gegnern in Jerusalem (19,28–21,4)* 150

   Der Einzug in Jerusalem (19,28–40), 150 – Die Ankündigung der Zerstörung Jerusalems (19,41–44), 151 – Die Tempelreinigung (19,45–48), 151 – Die Frage nach der Vollmacht Jesu (20,1–8), 152 – Das Gleichnis von den bösen Winzern (20,9–19), 153 – Die Frage nach der kaiserlichen Steuer (20,20–26), 154 – Die Frage nach der Auferstehung der Toten (20,27–40), 154 – Die Frage nach dem Messias (20,41–44), 156 – Worte gegen die Schriftgelehrten (20,45–47), 156 – Das Opfer der Witwe (21,1–4), 157

2. *Die Rede über die Endzeit (21,5–36)* 158

   Die Ankündigung der Zerstörung des Tempels (21,5–6), 158 – Vom Anfang der Not (21,7–19), 159 – Vom Gericht über Jerusalem (21,20–24), 160 – Vom Kommen des Menschensohnes (21,25–28), 161 – Mahnungen im Hinblick auf das Ende (21,29–36), 161 – Die Lehrtätigkeit Jesu im Tempel (21,37–38), 162

VII. *Das Leiden und die Auferstehung Jesu (22,1–24,53)* 163

   Der Beschluß des Hohen Rates (22,1–2), 164 – Der Verrat durch Judas (22,3–6), 164 – Die Vorbereitung des Paschamahls (22,7–13), 165 – Das Mahl (22,14–23), 165 – Vom Herrschen und vom Dienen (22,24–30), 166 – Die Ankündigung der Verleugnung und der Umkehr des Petrus (22,31–34), 167 – Die Stunde der Entscheidung (22,35–38), 168 – Das Gebet am Ölberg (22,39–46), 168 – Die Gefangennahme (22,47–53), 169 – Die Verleugnung durch Petrus (22,54–62), 169 – Die Verspottung durch die Wächter (22,63–65), 170 – Das Verhör vor dem Hohen Rat (22,66–71), 170 – Die Auslieferung an Pilatus (23,1–5), 171 – Die Verspottung durch Herodes (23,6–12), 172 – Die Verhandlung vor Pilatus (23,13–25), 173 – Die Kreuzigung (23,26–43), 174 – Der Tod Jesu (23,44–49), 175 – Das Begräbnis Jesu (23,50–56), 176 – Die Botschaft der Engel im leeren Grab (24,1–12), 176 – Die Begegnung mit dem Auferstandenen auf dem Weg nach Emmaus (24,13–35), 177 – Die Erscheinung des Auferstandenen in Jerusalem (24,36–53), 179

DRITTER TEIL: ANHANG 181

1. *Literaturhinweise* 181
2. *Bibelarbeit – Fragen* 182

Vorwort

Immer mehr Bibelkreise entstehen in Pfarreien, Gemeinden, Gruppen und Gemeinschaften. Eine breite Bibelbewegung kennzeichnet das christliche Leben unserer Epoche. Randchristen und außerkirchliche Kreise wenden sich der Bibel zu. Viele Menschen suchen in der Heiligen Schrift nach Orientierung, Sinn und Mut zum Leben, den sie aus Gottes Wort erhoffen.

Angesichts dieser neuen Entwicklung beklagen es viele, daß ihnen als Laien keine geeigneten Hilfsmittel zur Verfügung stehen, selbst mit der Bibel umgehen zu können und ihre Aussagen zuverlässig interpretieren zu können. In dieser Situation sah das Katholische Bibelwerk in Deutschland die Aufgabe, einen ganz auf die beschriebene Zielsetzung hin angelegten Bibelkommentar zu schaffen, den »Stuttgarter Kleiner Kommentar – Neues Testament« (SKK-NT). Er ergänzt den bereits vollständig vorliegenden SKK-AT.

Während in den letzten Jahren mehrere wissenschaftlich-exegetische Kommentare zum Lukasevangelium erschienen sind, fehlte ein überschaubarer Kleinkommentar für Bibelkreise, Bibelseminare, Bibelschule und für das Selbst- und Fernkursstudium, der sowohl auf einem zuverlässigen exegetischen Niveau historisch-kritischer Exegese liegt, als auch für Laien zugänglich und verständlich ist. Vorliegender Kommentar zum Lukas-Evangelium, der die neue Reihe eröffnet, ist ganz auf diese praktische Bibelarbeit hin konzipiert. Er setzt den Text der Einheitsübersetzung 1979/80 voraus, ohne den griechischen Urtext aus den Augen zu verlieren, so daß der Leser hohe Zuverlässigkeit und Texttreue erwarten darf, vor allem wenn er mit einer Evangelien-Synopse arbeitet. Auf Literaturangaben und Fußnoten im Text wurde der Lesbarkeit wegen ebenso verzichtet wie auf die Diskussion gelehrter Hypothesen. Wichtige griechische Begriffe sind in Umschrift geboten. Geistlich-spirituelle Tiefenaussagen des Textes wurden nicht überhört.

Zu danken habe ich Frau Liselotte Schiller für die sorgfältige Herstellung des Typoskripts sowie Herrn Dieter Bauer für die kritische Durchsicht desselben.

Stuttgart, den 1. Juli 1984   Paul-Gerhard Müller

ERSTER TEIL
Einführung

Inhalt und Aufbau des Lk

Nach Aussage des vorliegenden Textes selbst soll in dem Werk eine erneute Darstellung der bereits literarisch und mündlich im Umlauf befindlichen Jesusüberlieferung geboten werden. Dabei geht es nicht um eine im heutigen Sinn streng chronologisch recherchierte Biographie Jesu von Nazaret, in der möglichst viele Einzelheiten aus dem Leben des betreffenden Menschen kritisch und historisch abgesichert dargestellt werden, sondern um eine gedeutete Lebens- und Todeserzählung über den als Messias und Gottessohn erkannten und geglaubten Propheten Jesus von Nazaret, der am 7. April des Jahres 30 n. Chr. in Jerusalem hingerichtet wurde.

Seine weisheitlichen und machtvollen Worte (Sprüche, Logia), sein Werden und Wirken, seine machtvollen Wundertaten und seine gottgewirkte Auferstehung aus den Toten werden aufgrund der alten Tradition in den Gemeinden erneut so erzählt, daß daraus Gottes Machtwirken in Jesus von Nazaret zum Ausdruck kommt und Glaube an Gott und seinen Messias (Christus) geweckt und bestärkt wird. Das Werk ist also aus Glauben an Jesus Christus für Glauben an Jesus Christus geschrieben worden und liegt daher vom Ansatz her jenseits der Zweckbestimmung bloßer Biographie. Es ist eine im christlichen Credo-Bekenntnis wurzelnde Leben-Jesu-Darstellung (Vita Jesu) in der bereits traditionellen literarischen Gattung »Evangelium«, die von Markus entwickelt worden und Lukas vorgegeben war.

Daher beginnt der Verfasser sein Werk mit einem ausdrücklichen *Vorwort* (1,1–4), in dem er sein Vorhaben, sein Ziel, sein Vorgehen und seine Voraussetzungen im einzelnen reflektiert und darlegt (Prooemium). Durch dieses in brillantem Griechisch abgefaßte Vorwort wird auch zugleich der literarisch-dichterische Anspruch des Werkes deutlich; es will die Jesustradition auch sprachlich-poetisch in einer damals zeitgemäßen Weise und auf gesellschaftlich hohem Niveau erzählen, dabei bisher nicht verbreitetes interessantes Erzählmaterial liefern und den Stoff neu ordnen und in besser gegliedertem Aufbau darbieten.

Daher folgt zunächst eine Art Ouvertüre als *Vorgeschichte* (1,5 – 2,52), in der Verheißung, Geburt und Kindheit Johannes des Täufers und Jesu von Nazaret dargestellt werden, und zwar in einer parallelen Erzählweise, der die Erzählungen von der Darstellung Jesu im Tempel (2,21–40) und vom zwölfjährigen Jesus im Tempel (2,41–52) folgt. Dann wird das eigentliche Hauptthema des Werkes durch eine Erzählung von der Vorbereitung des Wirkens Jesu (3,1 – 4,13) eingeleitet, von Johannes dem Täufer als Vorläufer Jesu, von Jesu Taufe durch Johannes und von den Versuchungen Jesu in der Wüste erzählend.

Mit 4,14 setzt *der erste große Hauptteil* des Werkes ein, in dem Jesu Reden und Wirken in Galiläa und Judäa, also im ganzen »Judenland« (Palästina), geschildert wird. In diesem Erzählteil heben sich zwei Abschnitte klar ab, einmal die »in der Ebene« gesprochene Rede Jesu (»Feldrede«) 6,20–49 und dann die Erzählung 7,1 – 9,50.

Mit 9,51 beginnt eine große erzählerische Komposition, die auf die redaktionelle Gestaltung des 3. Evangelisten zurückgeht und so weder im Mk noch im Mt vorliegt, nämlich die Gestaltung der Erzählstoffe innerhalb des großen Rahmens einer zielstrebigen Wanderung Jesu auf Jerusalem zu, »lukanischer Reisebericht« genannt (9,51 – 19,27). Dieser Block im Werk bildet den *zweiten Hauptteil* der Erzählung, dem ein abschließender dritter folgt.

Als *dritter Hauptteil* läßt sich die Erzählung von Jesu letzten Tagen in Jerusalem, von seinem feierlichen Einzug (19,28–40), der Tempelreinigung (19,45–48), den Streitgesprächen mit Pharisäern und Sadduzäern (20,9–40) und von den Reden über die Zerstörung Jerusalems, das Ende der Welt und die Wiederkunft des Menschensohnes erkennen, abgeschlossen von der Darstellung des

Todes (der Passionsgeschichte), der Auferstehung und Himmelfahrt Jesu (22,1 – 24,53).

Damit wird deutlich, daß das dritte Evangelium als literarisches Werk einen wohldurchdachten und klar gegliederten Aufbau in Einleitung und drei Hauptteilen hat, daß der Erzählstoff nach einem bestimmten Plan angelegt ist (Galiläa/Judäa – Reisebericht – Passion/Auferstehung) und daß ein sprachlich wie literarisch *anspruchsvolles Kunstwerk* vorliegt. Das Grundschema dieses religiösen Werkes sowie überhaupt die literarische Gattung der Stoffdarbietung übernahm der Verfasser von dem ihm vorliegenden Markusevangelium, das er weitgehend als Quelle des Gesamtentwurfs und als Schema der Erzählabfolge benutzt. Hatte das Mk den Weg Jesu von Galiläa nach Jerusalem ans Kreuz in einer durchgehenden Linie gezeichnet, so schaltet Lukas außer dem methodisch orientierten »Vorwort« noch eine eigene »Kindheitsgeschichte« vor, der am Schluß die Erzählung der Begegnung des Auferstandenen mit dem Jüngerkreis entspricht. Die Entscheidung, den »Reisebericht« gegenüber dem Mk viel breiter auszubauen, trifft der Verfasser wohl im Hinblick auf die Materialfülle aus anderen Quellen, die ihm im Unterschied zu Mk zur Verfügung stehen, nämlich aus der *Logienquelle Q* und aus seinem *Sondergut*. Dieses gesamte Material hat der Verfasser in äußerst geschickter Weise redaktionell so aneinandergereiht und integriert, daß ein kohärentes, eindrucksvolles Erzählganzes entstanden ist, das ein Hauptzeugnis des literarischen Schaffens der Frühkirche ist.

Wortbestand und Wortschatz des Lk im griechischen Urtext ergibt sich vergleichsweise aus folgender Übersicht (nach Morgenthaler, S. 164):

	Wortbestand	Wortschatz
Mt	18 305	1691
Mk	11 242	1345
Lk	19 428	2055
Joh	15 416	1011
Apg	18 382	2038
NT	137 490	5436

Danach ist das Lk das der Textmasse nach größte aller vier Evangelien, und Lukas verfügt über den größten Wortschatz aller vier Evangelisten; außerdem ist das Lk umfangreicher als die Apg, während ihr Wortschatz ungefähr gleich ist.

Die Quellen des Lk und ihre Verarbeitung durch Lukas

Der literarkritische Vergleich zwischen den drei synoptischen Evangelien zeigt, daß Lukas offensichtlich als Quellen für seine Darstellung das Markusevangelium, die Logienquelle Q und Sondergut, zu dem vor allem die Kindheitsgeschichte und andere schriftliche wie mündliche Einzeltraditionen gehörten, benutzte. Diese Sicht der Entstehung vertritt die heute in der Exegese als Lösung der »synoptischen Frage« maßgebliche These der »Zweiquellentheorie«, die auf der Annahme einer Mk-Priorität fußt, die von der Mehrzahl heutiger Exegeten vertreten wird. Bei Aufzählung der einzelnen Verse nach ihrer Herkunftsquelle ergibt sich annähernd folgende Tabelle:

	Mk	Mt	Lk	insgesamt
Mk hat gemeinsam mit	–	600	350	661 Verse
Mt hat gemeinsam mit	600	–	240	1068 Verse
Lk hat gemeinsam mit	350	240	–	1149 Verse
An Sondergut (S) hat	35	350	548	Verse
Von der Logienquelle (Q) hat	–	245	235	Verse

Bei Auswertung dieses statistischen Befunds läßt sich mit hoher Wahrscheinlichkeit das schriftstellerische Verfahren des Lukas im Unterschied zu den beiden anderen Evangelisten (den »Seitenreferenten« in der Synopse), die Art und Weise der Quellenverwertung, die eigene redaktionelle Kompositionsarbeit des Evangelisten und daraus sogar letztlich seine theologische Intention ermitteln. Hat Matthäus von den 661 Versen des ihm ebenfalls vorliegenden Mk über 600 Verse, also fast den kompletten Textbestand, übernommen, so hat Lukas von den 661 Versen des Mk nur etwa 350 Verse übernommen, und die auch nur in zum Teil stark gekürzter Form und in Veränderung. Als Motive seines Auswahlverfahrens lassen sich neben der Absicht, zu straffen und Platz zu sparen, folgende Gesichtspunkte nennen: Lukas hat Mk-Abschnitte deshalb ausgeklammert, weil sie ihm für seinen heidenchristlichen Adressatenkreis unwichtig oder mißverständlich erschienen, vgl. die Auseinandersetzungen über jüdische Reinheitsgesetze (Mk 7,1–23) oder Ehescheidungsfragen (Mk 10,1–12, dafür Lk 16,18); Lukas läßt Mk 3,20f., wo Jesus von seinen eigenen Verwandten für irre erklärt wird, aus, um den darin liegenden Anstoß zu glätten; vgl. auch Mk 7,24–30; 11,12–14.20–25; 6,45–52. Weiterhin wollte Lukas Überschneidungen mit Q und S und Doppelberichte (Dubletten) vermeiden, deshalb tilgte er

Mk 1,16–20   (dafür Lk 5,1–11)
Mk 3,22–30   (dafür Lk 11,14–23)
Mk 4,30–32   (dafür Lk 13,18–21)
Mk 6,1–6a   (dafür Lk 4,16–30)
Mk 6,17–29   (dafür Lk 3,19f)
Mk 8,1–10   (dafür Lk 6,30–44)
Mk 8,11–13   (dafür Lk 11,29–32)
Mk 9,42–48   (dafür Lk 17,1f)
Mk 9,49   (dafür Lk 14,34f)
Mk 10,35–45 (dafür Lk 22,24–27)
Mk 12,28–34 (dafür Lk 10,25–38)
Mk 14,3–9   (dafür Lk 7,36–50)

Auffallend ist die »große Auslassung« Mk 6,45 – 8,26; der Grund hierzu könnte darin liegen, die markinische Darstellung, daß Jesus über Galiläa hinaus in heidnisches Gebiet zog, dahingehend zu ändern, daß Jesus nach Lukas den Boden Galiläas nicht verläßt, von der Gerasener-Erzählung 8,26–39 abgesehen.

Lukas übernimmt aber die Mk-Vorlage Mk 1,21 – 16,8 = Lk 4,31 – 22,14 als Haupt-Quellenvorgabe seines Werkes, stellt die Kindheitsgeschichte Kap. 1 – 2 aus dem Sondergut voran und die Erscheinungserzählungen 24,15–53 aus S ans Ende. Den gesamten nicht aus Mk stammenden Stoff ordnet Lukas in zwei großen zusammenhängenden Blöcken in sein Werk ein:

Lk 6,20 – 8,3 (hinter Mk 3,12) = »kleine Einschaltung«,
Lk 9,51 – 18,14 (zwischen Mk 9,50 und 10,13) = »große Einschaltung«.

Kleinere Einfügungen sind:

Lk 3,7–14.23–28; 4,1–13; 5,1–11; 19,1–27.39–44; 22,15–20.24–38; 23,6–16.17–32.34.39–43.

Die aus diesen Beobachtungen abgeleitete Hypothese einer lukanischen Sonderquelle, eines Protolukas, in den Lukas Mk-Gut eingearbeitet habe, ist nicht überzeugend. Lukas bearbeitet seine Mk-Vorlage sehr selbständig, kürzt und fügt an, ändert die Mk-Ordnung und prägt dem ganzen Werk seinen literarischen und theologischen Stempel auf, wie vor allem auch die lukanische Passionserzählung oder der Ersatz von Mk 13,33–37 durch den von ihm neu gestalteten Text Lk 21,34–36 zeigt. Vor allem der redaktionelle Rahmen des »Reiseberichts« mit seinen deutlichen Hinweisen an den Leser, daß sich Jesus immer noch auf der Wanderung nach Jerusalem befindet (9,51; 13,22.33; 17,11), verdeutlicht die Eigenleistung des Lukas im Umgang mit seinen Traditionsstoffen. Das *Sondergut* lag Lukas sowohl im mündlichen Überlieferungsstadium wie schriftlich vor, auch der Zyklus von Einzelgeschichten aus hellenistisch-judenchristlichen Gemeinden, der als »Kindheitsgeschichten« bezeichnet wird, da sich die Quellen kaum als zwingend mündlich nachweisen lassen.

Anders verhält es sich mit den 235 Versen aus der *Logienquelle* Q im Lk, die wahrscheinlich aus schriftlicher Quelle stammen und von Mt und Lk gemeinsam bezeugt sind, obwohl beide Evangelisten ihre Werke nicht gegenseitig benutzt haben und auch nicht voneinander abhängig sind. Den Q-Stoff hat Lukas vor allem in den beiden »Einschaltungen« in den Mk-Rahmen eingebaut, teils mit Sondergut vermischt. Viele Sonderverse des Lk stammen vom Evangelisten selbst, sind also redaktionelle Schöpfungen seiner literarischen und theologischen Absicht. Manches Sondergut des Lukas kann auch Q-Stoff sein, den Matthäus nicht aufgenommen (oder gekannt) hat.

Die literarische Eigenart des Lk

Der Verfasser des dritten Evangeliums ist ein gebildeter hellenistischer Schriftsteller, der in gehobenem Griechisch für ein literarisch gebildetes und anspruchsvolles Publikum sowie für die kirchliche und außerkirchliche Öffentlichkeit schreibt. Er übernimmt als Gattungsmuster für sein Projekt das Mk, als Sprachmodell die archaische Diktion der Septuaginta (LXX, griech. AT). Im Stil der hellenistischen Historiker stellt er seinem Werk das Vorwort (Prooemium) voraus, das in geschliffenem Stil abgefaßt ist. Er beansprucht für sein Werk, daß es auf sorgfältigen Untersuchungen, Nachforschungen und Sammlungen beruht. Er stellt das Thema seines Werkes, das Christusereignis in Jesus, in den weltpolitischen und weltgeschichtlichen Zusammenhang des römischen Imperiums (Tiberius) und deutet die Umkehrbewegung Johannes' des Täufers als Signal und Vorläufer-Hinweis auf Jesus. Schließlich verfaßt er auch eine Geschichte der Missionsausbreitung der Kirche bis etwa um 60 n. Chr.

Lukas verbessert Wortschatz und Satzbau seiner Quellen, merzt semitische, lateinische und vulgärgriechische Wörter aus, vermeidet Getsemani und Golgota, Rabbi und Rabbuni (Mk 10,51). Von aramäischen Wörtern bringt er nur sechsmal »Amen«, eine auch für Heiden geläufige liturgische Formel. Da er heilige Geschichte von Jesus schreiben will, ahmt er den sakral-archaischen Stil der LXX nach und gebraucht zahlreiche typische LXX-Wendungen. Er bemüht sich um Genauigkeit im Detail (König Herodes Mk 6,14: Tetrarch Lk 9,7; galiläisches Meer Mk 1,16: galiläischer See Lk 5,1f.) und korrigiert manche Einzelzüge seiner Vorlagen, kürzt ausschweifende Passagen, vermeidet Übertreibungen (läßt »viel«, »groß«, »sehr« in Mk 8,4ff. weg), verdeutlicht durch Zusätze und verbindet Perikopen geschickter. Zahlreiche Vor- und Rückverweise halten seine Darstellung besser zusammen. Genaue Orts- und Zeitangaben für Nichtpalästinenser fügt er ein, obwohl er Palästina nicht selbst kennt (5,19; 6,29), spezifisch jüdische Themen vermeidet er, ebenso menschliche Affekte Jesu (5,13; 6,10; 9,11ff.; 18,22). Den Todesschrei Jesu Mk 15,37 ersetzt er durch das Ergebenheitswort Lk 23,46.

Die theologische Absicht des Evangelisten

Lukas gibt über die mit der Schaffung seines Werkes verbundene theologische und ekklesiologische Absicht ausdrücklich im Vorwort 1,1–4 Rechenschaft. Schon »viele« haben lange vor ihm die

Inhalte der Jesusüberlieferung schriftlich festgehalten und literarisch dargestellt. Lukas sieht seinen schriftstellerischen Standort also zwischen einer schon zahlreich vorliegenden Jesustradition und den neuen Anforderungen der Kirche seiner Gegenwart, die nicht nur erneuerte kritische Prüfung der Jesustradition, sondern auch erneutes Sammeln bisher noch nicht verwerteten mündlichen und schriftlichen Überlieferungsmaterials und erneute Anordnung der Stoffe zum Zweck neuer missionarischer und pastoraler Zielsetzung der Kirche erfordert. So unternimmt es Lukas im Auftrag eines »edlen Theophilus«, der aber hier wohl die Kirche der Epoche repräsentiert, allem »von Anfang an« erneut »sorgfältig« nachzugehen und die Erzählungen und Bekenntnisse der ersten Augen- und Ohrenzeugen der Jesusereignisse »der Reihe nach« zur Darstellung zu bringen, wobei die »Zuverlässigkeit« des für die »Lehre« entscheidenden Zeugnisses maßgebliches Ziel und kritische Voraussetzung ist. Gegen Ende des 1. Jahrhunderts soll Lukas noch einmal die authentische, von Anfang an gültige Jesusüberlieferung und damit die Zuverlässigkeit der christlichen Lehrtradition über Jesus und sein Evangelium nachweisen. Da die apostolischen Augenzeugen der Jesusereignisse inzwischen tot sind, andererseits Irrlehrer und falsche Propheten das Evangelium Jesu zu verdrehen drohen, muß die urapostolische Jesusüberlieferung so abgesichert werden, daß nichts Wesentliches des alten Zeugnisses über Jesus verlorengeht und nichts Unbegründetes-Überflüssiges weiter überliefert wird. Es soll eine maßgebliche, »kanonische« Darbietung der Jesusüberlieferung für die Kirche der Gegenwart und aller Zeiten erstellt werden, da der Zeiten-Abstand zum irdischen Jesus unweigerlich größer, die Lehrsicherheit der stark expandierenden Missionskirche unter den Heiden aber daher unumgängliche Forderung wird.

Aus diesem Grund verfaßte Lukas unmittelbar auf sein Evangelium die Apostelgeschichte, die einmal die Geschichte der Mission und Kirche im irdischen und auferstandenen Jesus verankert, andererseits den Fortgang der Jesusbewegung nach Ostern und die Mission der Kirche von Jerusalem auf Rom zu, das Machtzentrum der damaligen Welt, aufzeigt. So gelingt es Lukas, die notwendige inhaltliche und personale Kohärenz und Kontinuität zwischen Jesus und der Kirche aufzuzeigen, um die Sinnidentität des Evangeliums Jesu in der Kirche zu garantieren und unter die Verantwortung der nachapostolischen Träger der Verantwortung zu stellen, vgl. Paulus an die Presbyter von Milet Apg 20,18–35.

In seiner *Christologie* zeichnet Lukas Jesus als Retter der Armen, Elenden, Kranken, Verachteten, Ausgestoßenen und Sünder (19,10), auch als Heiland der Frauen (1,53; 4,18; 6,20f.; 14,12). Er betont die Gefährlichkeit des Reichtums und ungerechten Mammons (16,9; 11,41). In seiner *Ekklesiologie* (Lehre von der Kirche) ordnet er die Kirche in eine dreigegliederte Heilsgeschichte (Zeit Israels – Zeit Jesu – Zeit der Kirche), vgl. 16,16, ein, weil die Nächsterwartung des Endes bei ihm relativiert wurde (Parusieverzögerung / Enteschatologisierung), vgl. Apg 1,7f. »Es steht euch nicht zu, Zeit und Stunde zu kennen«; Lk 19,11; Mk 13,33–37 ersetzt er durch Lk 21,34–36. Doch soll man nicht behaupten, Lukas habe die Naherwartung durch Heilsgeschichte ersetzt, vgl. 3,9.17; 10,9ff.; 18,7. Der Geist Gottes wirkt in der Missionsarbeit der Kirche fort, wobei die Welt aber stets Gericht und Heilsverheißung Gottes bleibt. Die Kirche folgt ihrem eschatologischen »Anführer zum Leben« (Apg 3,15) in die Heilszukunft Gottes.

Leserkreis, Ort und Zeit der Abfassung des Lk

Da Lukas zahlreiche typisch jüdische Notizen aus Mk streicht oder umformuliert, zeigt sich, daß der Verfasser Heiden und heidenchristliche Leser und Hörer als Adressaten im Blick hat. Auch der direkte Adressat, der »edle Theophilus«, läßt vom Namen her auf heidenchristliches Milieu schließen. Die Widmung an ihn geht aber über seine Person hinaus und bestimmt das Werk eigentlich für die *gesamte Kirche der Epoche* (und darüber hinaus); auch außerhalb der Kirche soll durch das neue Werk des Lukas das Evangelium von Jesus Christus bekannt werden und Sympathie sowie Nachfolge finden. Vor allem aber sollen sich alle Gemeinden, die von gnostischen Geheimlehren oder rivalisierenden Falschpropheten bedroht sind, auf das Werk des Lukas als authentische Gesamtdarstellung der echten kirchlichen Lehrtradition über Jesus berufen können.

Als Entstehungsort des Werkes kommt der ganze Wirkraum der

paulinischen Mission in Frage, also ganz Kleinasien, Griechenland und Rom, vorwiegend aber das Ausgangszentrum und der geistige Mittelpunkt des Christentums Ende des 1. Jahrhunderts, nämlich *Antiochien* in Syrien, das heutige Antakya am Orontes, in dem zwischen Türkei und Syrien strittigen Gebiet. Nach der altkirchlichen Tradition (antimarcionitischer Prolog; Hieronymus) soll Lukas sein Evangelium in Achaia/Boeotien geschrieben haben, wo er 84jährig gestorben sein soll.

Da Lukas auf die Tempelzerstörung im Jahr 70 n. Chr. und den Untergang Jerusalems als ein Ereignis der Vergangenheit zurückblickt (21,20–24, vgl. 19,43f.; 23,28–31), die Kirche schon erste Verfolgungen und den Tod des Petrus und Paulus unter Nero um 64 erlebt hat, die kirchliche Ämterverfassung (Presbyter), Liturgie und Lehrtradition sich schon entwickelt hat, darf die Zeit um 80 als Entstehungszeit des 3. Evangeliums vermutet werden. Wenn Lukas sich für loyale Anerkennung zwischen Staat und Kirche ausspricht, so dürfte die Kirchenverfolgung unter Domitian nach 90 n. Chr. noch nicht in Sicht sein. Die um 100 n. Chr. vorliegende Sammlung der Paulusbriefe ist Lukas noch nicht bekannt.

Der Verfasser des 3. Evangeliums (und der Apostelgeschichte)

Im Textbestand des Lk wird nicht gesagt, wer der Autor des Textes ist. Durch literarkritische und semantische Stil- und Wortschatzvergleiche läßt sich nachweisen, daß Lk und Apg ein und denselben Autor haben. Seine theologische Akzentsetzung weist ihn als Heidenchrist, der für die heidenchristliche Kirche schreibt, aus. Er hat keine persönliche Kenntnis Palästinas, vermeidet hebräisch-aramäische Begriffe und orientiert sich an heidnischer Bildung und Dichtung (Prooemium). Ihm ist die griechische Bibel des Alten Testaments (Septuaginta, LXX) zur Hand. Der anonyme und unbekannte Autor läßt sich also als gebildeter Heidenchrist ermitteln.

Die altkirchliche Überlieferung sah den Autor des 3. Evangeliums in »Lukas, dem geliebten Arzt« (Kol 4,14; Phlm 24; 2 Tim 4,11), einem Mitarbeiter der Paulusmission. Doch muß dieser Lukas von Kol 4,14, auf den eventuell die Wir-Berichte der Apg (Itinerar) zurückgehen, nicht identisch sein mit dem späteren

Verfasser von Lk/Apg. Als der Vierevangelienkanon um 150 gebündelt wurde, schrieb man bereits »nach Mt, Mk, Lk, Joh« darüber. Irenäus († um 202) stützt diese Auffassung in dem Sinn, daß Paulus als der eigentliche Verfasser des 3. Evangeliums gesehen wird. Die paulinische Theologie (Gesetz und Evangelium, Glaube und Werke, Sühnetod Jesu, Kirchenbild, Israelbild) ist aber im lukanischen Doppelwerk nur verändert und angepaßt enthalten (Paulinismus, Frühkatholizismus), so daß Paulus nicht als Autor von Lk/Apg, auch nicht indirekt über einen Mitarbeiter, in Frage kommt. Hauptargument für die Lukas-Paulus-Autorenschaft von Lk/Apg waren die Wir-Berichte der Apg, die jedoch aufgrund ihres redaktionellen Charakters als historische Beweise ausfallen. Die Vermutung bei Eusebius, Lukas sei Arzt gewesen, läßt sich weder aus Lk/Apg noch aus anderen Quellen belegen, freilich auch nicht widerlegen; daß Lukas Maler gewesen wäre, ist eine Legende (um 530). Die Absicht, Lk/Apg mit Lukas als einem Reisebegleiter des Paulus zu verknüpfen, entspricht wohl der Tendenz, für alle kanonischen Evangelien einen »Augenzeugen Jesu« als Autor zu benennen, nachdem die wirklichen Autoren unbekannt waren oder anonym blieben.

ZWEITER TEIL

Kommentar

I. Das Vorwort (1,1–4)

Der uns unbekannte Verfasser des dritten kanonischen Evangeliums, den die frühkirchliche Überlieferung mit »Lukas, dem geliebten Arzt« (Kol 4,14) identifiziert, hat sein Vorhaben, ein neues Evangelium zu verfassen, gründlich geprüft, bevor er hierzu ein ausdrückliches Programm entwirft. Denn er muß begründen und rechtfertigen, warum er noch zusätzlich ein weiteres Evangelium verfaßt, obwohl doch bereits das Markusevangelium vorliegt und wahrscheinlich auch andere ähnliche Erzählungen im Umlauf waren. Wenn Lukas sich gleich zu Beginn auf die »Vielen« beruft, die bereits Berichte zur selben Sache und Person Jesu von Nazaret vorgelegt haben, so ist das nicht nur eine schriftstellerische Floskel, um dem Unternehmen den Anstrich gelehrter Erforschung und Auswertung geschichtlicher Voruntersuchungen zu geben, sondern Lukas versucht bewußt und gezielt, seinen eigenen überlieferungsgeschichtlichen Standort im Verlauf der Weitergabe der Jesusüberlieferung zu bestimmen, und zwar mit dem Blick auf die bisher geleistete Aufarbeitung der Jesusüberlieferung und deren notwendige Neuaussage für die Erfordernisse seiner kirchlichen Gegenwart um 80 n. Chr. herum. Lukas ist sich bei seinem geplanten Unternehmen nämlich genau bewußt, daß er die wahre apostolische Überlieferung nur durch die sprachliche Vermittlung der vielen ihm zeitlich und sachlich vorgeordneten Traditionsträger erreichen kann. Daher kann er weder diese wichtigen Vorarbeiten im Überlieferungsprozeß übergehen noch für überholt halten, sondern muß und wird auf sie zurückgreifen, da er an ihren sprachlich-erzählerischen Zeugnisberichten vorbei überhaupt nicht an die wahre, authentische Jesusüberlieferung der apostolischen Augen- und Ohrenzeugen herankommen kann.

Andererseits ist ihm aber genauso bewußt, daß die schon vorliegenden Berichte der Vielen für die Bedürfnisse der jetzigen Kirchenstunde nicht mehr ausreichen, daß sie vielmehr angereichert, zusammengefaßt, neu geordnet und kritisch gesichert werden müssen, um in einer kompakten, abgerundeten, gut gegliederten und überschaubaren Zusammenstellung für kirchliche Unterweisung, Taufunterricht, Hauskirchen-Liturgie und missionarische Werbezwecke zur Verfügung zu stehen und in der Auseinandersetzung mit schwärmerisch-abwegigen Geheimtraditionen, wie sie etwa manche gnostische Kreise bezüglich Jesus entwickelten, oder zur Verteidigung gegen offensichtliche Falschlehren in Gemeinden eingesetzt werden können. Der Hinweis auf die »Vielen« dient also nicht nur dazu, die Sinnhaftigkeit und Berechtigung des neuen Evangelienprojektes des Lukas zu begründen, sondern hat die unumgänglich notwendige Aufgabe, vor Beginn des eigenen Unternehmens auf die Quellen und Gewährsleute hinzuweisen, von denen Lukas sein Traditionsmaterial bezogen hat.

Wichtig ist in diesem Text der Verweis darauf, daß zur Zeit des Lukas bereits ein vielfältiges Jesuszeugnis mündlich und schriftlich vorhanden war, und daß damit Jesus in recht verschiedener Weise sprachlich wiedergegeben werden konnte, weil das volle Jesuszeugnis in einer Vielzahl von Einzelüberlieferungen enthalten war. Der in der Exegese häufig unternommene Versuch, den lukanischen Verweis auf die Vielen allein auf das Markusevangelium, die Logienquelle Q und das Sondergut oder auf drei bis vier unbekannte Quellen festzulegen, ist ein müßiges Unterfangen, da der Ausdruck »viele« keinerlei konkrete Zahlengröße beinhaltet und Lukas auch nicht an eine zahlenmäßig genaue und erschöpfende Erfassung seiner Quellenbelege denkt, sondern an die Gesamtheit der ihm noch erreichbaren mündlichen und schriftlichen Traditionen über Jesus, die er nach kritischer Prüfung für geeignet und wert hält, in sein neues Evangelium aufzunehmen. Es ist durchaus denkbar, daß Lukas mehr Quellen kannte, als er benutzte.

Auch sind die bedeutenden und grundlegenden Vorarbeiten der Vielen von Lukas keineswegs als unzulängliche Versuche abgetan, denen er nun sein neues endgültiges Evangelium entgegensetzen müßte, sondern er stellt lediglich fest, daß eine Vielzahl von Stimmen der in den Gemeinden und Regionen lebendigen Jesusüberlieferung gehört und berücksichtigt werden muß, wenn man die ganze Tradition über Jesus Ende der siebziger Jahre erfassen und unverkürzt, lückenlos und zeitgemäß in eine aktuelle und richtungweisende Gesamtdarstellung einbringen will. Da offensichtlich in der vorlukanischen Ära eine solche umfassende Gesamtdarstellung nicht existierte und das Markusevangelium nicht als solche betrachtet werden konnte, da erhebliche Überlieferungsstoffe fehlten, sollte angesichts veränderter Zeiterfordernisse in der nachapostolischen Ära das Projekt einer neuen Gesamtdarstellung des Evangeliums unternommen werden, weil die Jesusüberlieferungen in ihrer bisherigen gestreuten Einzelexistenz erstens verlorenzugehen drohen und zweitens in weitaus stärkerem Maß der Fehlinterpretation und damit des Mißbrauchs ausgesetzt sind, als wenn man sie in einem Werk der jesuanisch-christologischen Gesamttradition einbindet und integriert.

Die »Vielen« sind nicht unbedingt selbst als Augen- und Ohrenzeugen der Ereignisse mit und um Jesus zu betrachten, sondern eher als Zwischenglieder der zweiten Generation, die die ursprüngliche vorösterliche und nachösterliche Jesusüberlieferung verwahrten, erzählten, ordneten und für die liturgische, missionarische, katechetische und geistliche Verkündigungsaufgabe der Gemeinden sprachlich neu verfaßten. Die im Christusereignis vor, an und nach Ostern gründende Jesusüberlieferung wurde in der Sicht des Lukas erstmals von denen, »die von Anfang an Augenzeugen« waren, bezeugt. Dieser maßgebliche Kreis von Augenzeugen dürfte nach Lk 6,13 und Apg 1,21 wohl als weiterer Jüngerkreis gedacht werden, der den strengen Rahmen des Zwölferkreises sprengt, nichtsdestoweniger aber die Zwölf als Garantenkerngruppe umfaßt. Die Augenzeugen sind nach Apg 13,31 »jetzt Zeugen Jesu im Hinblick auf das Volk«, so wie Paulus Apg 22,15 »Zeuge für alle Menschen« ist. Der Kreis der Augenzeugen setzt sich also nicht exklusiv aus den Zwölf zusammen, sondern aus allen »mit ihnen« (Lk 24,33), wobei die Frauen wie Maria Magdalena bei Lukas vermutlich die Aufgabe haben, »Augenzeugen« für die »Begebenheiten« des Lebensanfangs Jesu Lk 1–2 zu sein.

Diese Augenzeugenschaft der apostolischen Gewährsleute verteilt sich demnach auf drei Stadien: das Zusammensein mit Jesus auf seinem Weg von Galiläa nach Jerusalem zur Passion, die Erfahrung des Auferstandenen während der vierzig Tage (Apg 1,3) und die Bezeugung und Verkündigung dieser Erfahrung in der beginnenden Kirche. Die Zeugenschaft beginnt nicht erst mit Ostern, sondern setzt schon in der vorösterlichen Begegnung mit dem irdischen Jesus ein, weil schon der irdische Jesus gegen Unglauben, Anfeindung und Verfolgung bezeugt werden mußte. Die Augenzeugen als erste Überlieferungsträger der »Berichte über Jesus« sind die von »Gott bestimmten Zeugen« (Apg 10,41), die nicht erst nach Ablauf der vierzig Tage in ihre Zeugenfunktion eintreten, sondern seit dem Anfang mit der Jordantaufe (Apg 1,22), ja sogar mit der Geburt, die Geschichte Jesu bezeugt haben. Sofern diese »Augenzeugen« identisch sind mit den »Dienern des Wortes«, bezieht sich ihr Dienst vor allem auch auf die Auslegung der alttestamentlichen Schrift auf Christus hin, ein Verkündigungs- und Auslegungsdienst, der bereits in der vorösterlichen Reich-Gottes-Predigt der von Jesus ausgesandten Prediger einsetzt. Die Tätigkeit dieser ersten Prediger und »Diener des Wortes« im Auftrag Jesu ist nicht erst nach Ostern anzusetzen, sondern beginnt mit der Predigttätigkeit des Propheten Jesus selbst, die von »Dienern des Wortes« mitgetragen wurde.

Die Jesusüberlieferung, die Lukas erneut bearbeitet und ergänzt, ist von ihrem Ursprung her wie auch durch ihre sprachliche Ausformung an den Mehrheits-Kreis der apostolischen Augen- und Ohrenzeugen gebunden. Sie ist »uns übergeben«, der Kirche mit ihrer spezifischen Verantwortung für die Bewahrung der authentischen Jesusüberlieferung und deren gültige Auslegung. Um die Jesus-Tradition unverfälscht zu haben, ist auf die gemeinsame Überzeugung der Vielen von Anfang an zurückzugreifen und das Zeugnis der Kirche als Trägerin des Überlieferungsprozesses zu hören. Lukas betont diese kirchliche Dimension und Rückbindung des Traditionsprozesses, denn er weiß, daß auch ihm selbst diese Tradition vorausliegt und er in sie einrücken muß. So will er zunächst den Traditionsstoff über Jesus »von Grund auf sorgfältig« sammeln, darum will er in einem zweiten Arbeitsgang das so gesammelte Material ohne Ausnahme, lückenlos und »der Reihe nach aufschreiben«. Die Besonderheit des lukanischen Projektes ist durch vier Stichworte charakterisiert: alles; von vorn an/von Grund auf; genau/sorgfältig; in der rechten Reihenfolge/der Reihe nach/lückenlos. Dabei ist nicht die geschichtlich-chronologische Ereignisabfolge im Leben Jesu gemeint, auch nicht eine schriftstellerisch geordnete Stoffdarbietung, sondern die wachsende Enthüllung des endzeitlichen Propheten Jesus als »Sohn Gottes« im Fortschreiten der heilsgeschichtlich gegliederten Evangeliumserzählung, die mit Lk 1 – 2 als Bekenntnis zum Sohn Gottes anhebt.

Lukas bearbeitet als verantwortlicher Träger der Jesus-Überlieferung »erneut/noch einmal« das gesamte ihm vorliegende Traditionsmaterial bezüglich Jesus und vermag zu den ihm bekannten Berichten der Vielen noch weiteres Material aus der Tradition anderer Augenzeugen, wie etwa der Frauen, aufzunehmen (Lk 1 – 2). Dabei mag Lukas durchaus mehr Traditionswissen gehabt haben, als er in seinem Evangelium wiedergibt. Sein betonter Traditionswille (»auch ich« 1,3) verdeutlicht die Absicht, das Zeugnis der Vielen in eine neue Stufe kirchlicher Wirksamkeit zu heben. Denn war bisher die Jesusüberlieferung von tatsächlichen Augen- und Ohrenzeugen der ersten apostolischen Generation zu prüfen gewesen, so verfaßt Lukas nun sein Projekt mit besonderem Blick auf die gegenwärtige Situation der nachapostolischen Ära, in der anstelle der apostolischen Urzeugen nun andere Maßnahmen zur Absicherung der authentischen Jesusüberlieferung ergriffen werden müssen. Die von Lukas auf diese Weise geschaffene »Summe der Jesusüberlieferung der Kirche« soll auch in der Auseinandersetzung mit den Falschlehrern und Schwärmern eingesetzt werden können. Lukas legt sein Programm Paulus in Apg 20,27 in den Mund: Er habe »nichts verschwiegen, nichts zurückgehalten von dem, was heilsam ist, es zu verkünden und zu lehren öffentlich und in den Häusern«.

Mit dem Anspruch auf Vollständigkeit der Traditionsstoffe in seinem neuen Werk begegnet Lukas auch den zweifelhaften Rückgriffen der Falschlehrer auf Geheimtraditionen, die es aufgrund des Öffentlichkeitscharakters der Jesusüberlieferung nicht geben kann. Viel mehr als das, was Lukas und Matthäus bieten, besaß man schon damals nicht mehr an wirklich wichtiger und gesicherter Jesustradition. Lukas leistete mit seinem Projekt der Kirche und

Welt aller Zeiten den unschätzbaren Dienst, in einer schon relativ fortgeschrittenen Phase der Kirchengeschichte alles, was die Tradition zuverlässig über Jesus wußte, erfaßt, konserviert und schriftlich fixiert zu haben. Er wollte die archaischen Zeugnisse der irdischen Existenz Jesu einschließlich seines Wirkens aus der Erhöhung in einem abschließenden Werk für die Kirche erfassen, damit die Gesamtheit der Jesusüberlieferung für die Weise kirchlicher Rede über Jesus in Verkündigung und Katechese als Maßstab und Orientierung zur Verfügung steht. Lukas kanonisiert gleichsam in seinem Werk die noch aufgefundene Jesusüberlieferung für die Kirche seiner Zeit und aller Zeiten, weil mit Hilfe seines Werkes die öffentliche Predigt der Kirche ihre Absicherung im apostolischen Fundament der Sprache der Augenzeugen und ihrer Begegnung mit Jesus erhält und weil darin »die Zuverlässigkeit der Worte, in denen du unterwiesen wurdest«, gründet. Wenn Lukas hier den Plural »Worte« wählt, dann denkt er wohl an verschiedenartige Lehr-Worte in Katechese, Taufunterricht und Mission seiner Kirche, da er ansonsten für die kirchliche Lehre den Singular »das Wort« verwendet.

Der Adressat des Vorwortes und damit des ganzen Evangeliums ist unmittelbar ein »hochverehrter Theophilus«, der vom Namen her ein Jude wie ein Heide sein kann. Die Widmung ist tatsächlich persönlich und nicht bloß sinnbildlich zu verstehen. Sie richtet sich auf eine uns unbekannte, hochgestellte und reiche Persönlichkeit, die selbst mehr Sicherheit in der Traditionsfrage über Jesus und seine Botschaft gewinnen wollte und die dieser Botschaft den Zugang zur Weltöffentlichkeit ebnen sollte. Dabei muß offen bleiben, ob dieser Mann schon Christ ist oder nicht. Aus der Widmung kann nicht zwingend abgeleitet werden, daß dieser Mann das Werk in Auftrag gab, es schreiben ließ, vorfinanzierte und dessen Kopierung und Verbreitung übernommen hätte. Wohl zielte der Autor mit der Widmung an diesen Vornehmen auf Öffentlichkeit, Verbreitung und Durchsetzung des von ihm geschaffenen Werkes, das von seiner Anlage und seinem Selbstverständnis her keine Privatschrift, sondern kirchlich-öffentlicher Text sein will, so daß »Theophilus« doch auch Chiffre für die kirchliche Öffentlichkeit und die Christen der Gegenwart ist, die Sicherheit in der Jesustradition der kirchlichen Unterweisung gewinnen sollen.

II. Die Vorgeschichte (1,5 – 2,52)

Bei den folgenden Erzählungen von Verheißung und Geburt Johannes des Täufers und Jesu von Nazaret handelt es sich nicht um »Kindheitsgeschichten« im streng biographisch-historischen Sinn, sondern um Bekenntnis- und Dankerzählungen über Gottes Wirken im Täufer und in Jesus und über die wunderbare Herkunft des Menschen Jesus von Nazaret aus Gottes ewigem Sein. Jesu Kommen aus Gott in Welt und Geschichte hinein, seine Fleischwerdung (Inkarnation) und sein göttliches Wesen als Sohn Gottes werden in bekenntnishaften Erzählungen vorgetragen, wobei das lebendige Christusbekenntnis der frühen Kirche, das schon von vor Ostern her entwickelte christologische Credo der Gemeinden, in Erzählformen (Midrasch/Haggada) und Vorstellungsbildern griechisch sprechender, hellenistischer Judenchristen ausgesagt wurde. Sind diese »Weihnachtsgeschichten« auch in erster Linie christologische Bekenntniserzählungen mit der primären Intention, zum lebendigen Glauben an den Sohn Gottes Jesus Christus zu motivieren, so darf ihre Entstehung doch nicht an konkreten Erinnerungen, »Berichten« und Glaubensaussagen der näheren und weiteren Verwandten, Bekannten und Zeitzeugen Jesu von Nazaret vorbei gedacht werden. Denn es kann angenommen werden, daß Verwandte und Zeugen Jesu, die bei der Veröffentlichung dieser lukanischen Erzählung über Geburt und Herkunft Jesu doch noch lebten, diese Darstellung der Vorgänge in der von Lukas ausgeführten erzählerischen Form akzeptiert und als zutreffend bejaht haben, wobei es keinem der Beteiligten um Details des historisch Passierten ging, sondern das Geheimnis der Menschwerdung Gottes im Propheten Jesus von Nazaret im Mittelpunkt des Interesses stand. Dieses Entstehungsmotiv der betreffenden Erzählungen und ihre wichtige Position als Ouvertüre der Großerzählung »Evangelium« dürfen nicht übersehen werden, wenn sie nicht zu Mißverständnissen und unsachgemäßen Fragen führen sollen. Daher ist die Bezeichnung »Vorgeschichte« (oder Präludium) auch nicht ausreichend, weil dieser Erzählzyklus gerade kein Vorspiel, sondern zentraler Themenanschlag, grandiose Eröffnung der Sohn-Gottes-Geschichte, programmatische Ouvertüre der Großerzählung »Evangelium« sein will und von daher im lukanischen

Werk eine unersetzliche christologische Auftaktfunktion erfüllt. Zudem ist sie durch Vor- und Rückverweise mit dem Gesamtwerk des Evangeliums und seiner Theologie und Christologie innerlich so verklammert und integriert, daß sie nicht als Vorbau abgesetzt und damit theologisch von der Gesamtkonzeption des Lukas isoliert werden darf. Damit ist aber auch deutlich, daß diese Erzählungen nicht anders zu interpretieren und zu verstehen sind als die christologischen Wundererzählungen und theologischen Programmerzählungen des übrigen Evangeliums auch. Historische Angaben im Sinn von »Protokolle wirklich passierter Ereignisse und Fakten« lassen sich aus diesen theologischen Erzählungen ebensowenig herausfiltern wie Wissen aus Familientraditionen oder gar Geheimwissen intimer Kreise. Auch Motivübereinstimmungen mit Matthäus (in elf Fällen) bedeuten ja keineswegs Historizität, sondern nur literarische Quellenabhängigkeit. Daher ist es methodisch unzutreffend, an Inhalte dieser Erzählungen Maßstäbe heutiger historischer oder naturwissenschaftlicher Fragestellung anzulegen und den primär bekenntnisorientierten Charakter der für Liturgie und Glaubenserbauung konzipierten Erzählungen zu übersehen. Die Hauptaussageabsicht will sein, Jesus von Nazaret seinsweise als Sohn Gottes zu verehren und seinen Ursprung vor aller Zeit in Gott glaubend zu bekennen. Er ist nicht nur geistbegabt wie die Propheten oder Johannes, sondern der Ursprung seiner Existenz liegt im Wirken Gottes durch seinen Geist. Nicht erst in Taufe, Verklärung oder Erhöhung erweist sich Jesus als Messias Gottes, sondern sein Kommen aus der Ewigkeit Gottes hinein in Welt und Geschichte manifestiert sich in der geistgewirkten Empfängnis Jesu in der jungfräulichen Jüdin Maria.

Die Verheißung der Geburt des Täufers (1,5–25)

Überraschenderweise beginnt Lukas mit der Erzählung von Johannes dem Täufer und nicht von Jesus. Diese Stoffanordnung erlaubt ihm eine Darstellung in überbietenden und überhöhenden Parallel-Erzählungen, wobei deutlich wird, daß Jesus in jeder Phase der Erzählung größer und würdiger als der große zeitgenössische Prophet Johannes der Täufer ist, weil er Messias und Sohn Gottes ist. Auf dem Hintergrundkontrast der Johanneserzählung wird die Christologie des Jesus von Nazaret entwickelt, weil damit eine missionarische Anknüpfung an Erwartungen der Johannesjünger und deren Gemeinden wie des zeitgenössischen Judentums erreicht wird. Die Erzählung von der Verheißung der Geburt des Johannes wird in der Erzählung von der Geburt des Täufers (1,57–66) fortgeführt und durch die Erzählung von der Begegnung der Mutter des Johannes, Elisabet, mit der Mutter Jesu, Maria, mit der Jesusgeschichte verknüpft (1,39–56). Möglicherweise waren die Täufererzählungen älter als die parallel gestalteten und auf den Täufer Bezug nehmenden Jesuserzählungen, falls in Kreisen der Täuferjünger die wunderbare Geburt des Johannes schon in Angleichung an alttestamentliche Beispielerzählungen gesehen wurde, vgl. Gen 17f.; Ri 13; 1 Sam 1f. Lukas ordnet die Geburt des großen Propheten Johannes mit demonstrativen Zeitangaben in den weltgeschichtlichen Kontext und in die universale Völkergeschichte ein. Während der Regierungszeit Herodes des Großen (37–4 v. Chr.) ereigneten sich diese wunderbaren Vorkommnisse. »König von Judäa« wird von Lukas zugefügt, um Nichtjuden und Fremden den Ort und die Bedeutung der Ereignisse zu verdeutlichen. Der jüdische Priester Zacharias, dessen Frau Elisabet aus dem Geschlecht Aarons stammt, ist von dem Unglück und der Schmach betroffen, kinderlos zu sein, da Elisabet unfruchtbar ist und beide sehr alt sind. Strafe Gottes kann die Kinderlosigkeit nicht sein, da beide streng gesetzestreu und kultisch tadellos vor Gott leben (Gen 16,4.11; 29,32; 30,1; 1 Sam 1,5–7).

Nach 1 Chr 24,10 gab es 24 Priesterabteilungen, die zwei- oder dreimal pro Jahr je eine Woche Tempeldienst hatten. Nach Losentscheid fällt Zacharias die ehrenvolle Aufgabe zu, das bei Tagesanbruch und am Nachmittag dargebrachte Rauchopfer darzubringen. Hier ist wohl an das Brandopfer nachmittags drei Uhr gedacht. Viel Volk drängt sich im Tempelhof und wartet auf den abschließenden Priestersegen. Der Engel, als personifizierte Wirkweise und Sendbote Gottes verstanden, redet den erschrockenen Priester Zacharias mit der stereotypen biblischen Formel »Fürchte dich nicht!« an (1,60; Gen 17,19). Dann verkündet der Engel die frohe Botschaft, daß der lange erbetene Nachkomme von Gott geschenkt wird. Elisabet wird auf natürliche und dennoch wunderbare, gottgewirkte Weise einen Sohn empfangen und soll ihn Johannes (Jahwe ist gnädig) nennen. Bei besonders gottgewirkten Geburten und Berufungen wird der Name von Gott selbst im voraus festgesetzt (Ismael Gen 16,11; Isaak Gen 17,19; Immanuel Jes 7,14; Joschija 1 Kön 13,2). Viele werden sich über diese Geburt freuen, da Gottes Allmacht und Gnade in besonderer Weise aufleuchtet. Das Großsein vor Gott wird dreifache Wirkung zeigen: Dieser Prophet wird sich nicht an Wein berauschen (Num 6,3; Ri 13,7), sondern schon im Mutterleib voll Heiligen Geistes sein; er wird viele Israeliten zu Gott bekehren; er wird mit dem Geist und der Kraft des Elija prophetisch wirken und das Volk für den Herrn bereit machen (Mal 3,23f.; Mt 17,10–13). Der große Prophet Johannes ist also Vorläufer und Bahnbrecher Gottes (hier noch nicht Jesu!). Versöhnung zwischen Vätern und Söhnen, den Generationen und Schichten, sowie Gerechtigkeit sind Zeichen der Bereitung für Gott. Als Zacharias eine Bestätigung der Verheißung fordert, gibt der Engel seinen Namen »Gabriel« (Dan 9,21) preis und bestraft den Priester für seine schwache Glaubenshoffnung mit vorübergehender Stummheit, so daß er in der Tempelvorhalle nicht mehr den Segen über das Volk (Num 6,24–26) sprechen kann und die Leute daraus schließen, daß ihm Gott begegnet ist. Nach Beendigung seines Tempeldienstes kehrt er nach Hause zurück, der Ort wird nicht genannt. Elisabet wird schwanger. Lukas betont ihre fünfmonatige Zurückgezogenheit, um das Geheimnis des Erlösungswirkens Gottes anzudeuten und die Veröffentlichung dieses Wirkens Gottes im deutenden Preisgesang des »Benedictus« 1,68ff. vorzubereiten.

Die Verheißung der Geburt Jesu (1,26–38)

Seine zweite Verkündigungserzählung, die vielleicht selbständig im hellenistischen Judenchristentum vorlag, gestaltet Lukas in enger Anlehnung an die vorausgehende Johanneserzählung und an alttestamentliche Erzählungen, freilich diese überbietend. In chronologischer Anpassung an die fünf Monate Zurückgezogenheit der Elisabet hebt die Marienerzählung mit der Zeitangabe »im sechsten Monat« und der Namensangabe des Engels »Gabriel« an. Der Geburts- und Heimatort Jesu war seinen Zeitgenossen, der Familie und wohl auch den von Lukas anvisierten Lesern bekannt, so daß er einfachhin von »einer Stadt in Galiläa namens Nazaret« sprechen kann. Gottes Engel kommt zu einer Jungfrau, griechisch parthenos, wobei ein Begriff aus der Immanuel-Weissagung Jes 7,14 in der Fassung der Septuaginta aufgegriffen wird, die ihrerseits mit diesem Begriff das hebräische Wort alma = junge Frau wiedergibt. Der Name der Jungfrau war Maria und sie ist mit einem Mann namens Josef aus dem Stamm David verlobt, lebt also noch nicht mit ihm zusammen, wenn sie auch nach altjüdischem Recht bereits als seine Ehefrau gilt. Der Bote Gottes begrüßt die Jungfrau als »Begnadete«, mit Gunst und Zuwendung Gottes Ausgezeichnete; Luther übersetzt »holdlige«, die lateinische Vulgata »gratia plena«. Darauf folgt der alttestamentliche Segensspruch »Der Herr ist mit dir« (Ri 6,12).

Über diese Anrede, nicht über die Engelsbegegnung selbst, erschrickt Maria. Der Engel deutet ihr den Gruß mit dem Schriftzitat Jes 7,14 in dem Sinn, daß sie bei Gott »Gnade« (charis) gefunden hat, und diese Gnade besteht in ihrer Erwählung zur menschlichen Mutter des von Gott gesandten endzeitlichen Messias, des »Sohns des Höchsten«, der den Davidsthron im Sinn der Natan-Weissagung 2 Sam 7,8–16 als messianischer Herrscher über Israel und die Völkerwelt einnehmen wird, so wie in Ps 2,7 Gott dem messianischen König verheißt: »Mein Sohn bist du, heute habe ich dich gezeugt.« Diese göttliche Zeugung des Messias in Welt und Geschichte erfüllt sich im Kommen Jesu und seiner Auferweckung und Erhöhung, wie Apg 13,33 betont. Auch die Qumrangemeinde erwartete mit diesen Worten den Messias (1 Q Sa 2,11f.). Ein Fragment aus Qumran (4 Q 243) formuliert ähnlich: »Sohn Gottes wird er heißen, Sohn des Höchsten nennt man ihn.« Maria fragt zurück, wie diese Zusage zu verstehen sei, da sie doch bisher »keinen Mann erkennt«, eine hebräische Umschreibung dafür, daß sie mit Josef noch keinen ehelichen Geschlechtsverkehr pflegte. Der Engel antwortet ihr, daß »Heiliger Geist« auf Maria kommen und »Kraft des Höchsten« sie überschatten wird, daß die Empfängnis eines Kindes in ihr also ihren wundergewirkten Ursprung in Gottes Allmacht, Geschichtsmächtigkeit und Schöpferkraft hat. Das von Gott in Maria geschaffene Kind wird

»heilig« und »Sohn Gottes« genannt werden, weil sein Ursprung im schöpferischen Akt Gottes selbst liegt.

Marias Kind ist nicht nur wie Johannes »groß vor dem Herrn«, sondern »Er wird groß sein«, es ist nicht nur vom Mutterschoß an mit Geist Gottes erfüllt, sondern selbst aus Heiligem Geist geschaffen. Maria glaubt sofort vollkommen, verlangt also nicht wie Zacharias ein Zeichen der Bestätigung, so daß der Engel sie auf ihre Verwandte Elisabet, die als unfruchtbar und zu alt galt und dennoch einen Sohn gebar, als Zeichen der Allmacht Gottes hinweist. Damit ist aber schon die folgende Erzählung vom Besuch Marias bei Elisabet 1,39–56 angesprochen. Dort bei Elisabet wird Maria endgültig überzeugt, daß für Gottes Schöpfermacht kein Ding unmöglich ist, daß sein Wort (griech. rhema, hebr. dabar) kraftvoll und wirkmächtig ist (Gen 18,14; Ijob 42,2; Mt 19,26). Marias Antwort bringt vollkommenen Gehorsam gegen Gottes Willen und ihre bereite Einordnung in Gottes Heilsplan zum Ausdruck, so daß sich Gottes Wort sofort an ihr erfüllt und sie die verheißene Empfängnis des Gottessohnes in sich erfährt.

Die Besuchsszene des Engels bei Maria ist in Anlehnung an die Abrahamsgeschichte Gen 18,1–16 gestaltet und hat hohes christologisches Gewicht in der lukanischen Bekenntniserzählung. Diese läßt sich nicht, wie Vertreter der religionsgeschichtlichen Schule immer wieder behaupten, glatt aus antiken-heidnischen Vorstellungen von der göttlichen Zeugung von Königen, Heroen und Gottmenschen ableiten, wenn auch vorbereitende Parallelen etwa im ägyptischen Kult vom göttlichen Geist oder bei Philo von Alexandrien († um 50 n. Chr.) und seiner allegorischen Aussage jungfräulicher Empfängnis großer Gottesmänner wahrgenommen werden müssen. Der Glaube an eine jungfräuliche Empfängnis des Messias/Gottes Sohn war dem hellenistischen Judentum und auch den zeitgenössischen Mysterienreligionen nicht fremd, so daß sich gerade in dieser Glaubensweise missionarische Anknüpfung bei Juden wie Heiden nahelegte. Der christologische Glaube dieser Erzählung, daß dieses Kind der Messias, die entscheidende Gestalt der von Gott geführten kosmischen Weltgeschichte ist, ist neben Mt 1,18–23 auch in Gal 4,29; Röm 4,17.19; Joh 1,13; 3,6 zum Ausdruck gebracht, entspricht also einer grundlegenden Glaubensentwicklung der frühen Kirche, die in diesem Erzählzyklus der sogenannten Weihnachtsgeschichten zur Darstellung gelangt.

Der Besuch Marias bei Elisabet (1,39–56)

Hatte der Hinweis des Engels auf das Wunder an Elisabet Maria bereits auf diese verwiesen, so wird nun die Begegnung der beiden erwählten Frauen angeschlossen. Elisabet, nach 1,24.36 selbst schwanger, erkennt, daß Maria den Messias empfangen hat. Beide Frauen, die große Prophetenmutter Elisabet und die Messiasmutter Maria, preisen Gott, Elisabet für den starken Glauben Marias, Maria für Gottes Handeln an ihr.

Maria besucht ihre Verwandte Elisabet, die in einer Stadt (polis) im Bergland von Judäa wohnt. Schon bei der Begrüßung »hüpft« das Kind im Leib Elisabets, denn das geisterfüllte Kind (Johannes) nimmt den Messias (Jesus) in Maria wahr und bewegt sich in Freude; schon vor der Geburt Jesu erkennt der noch nicht geborene Vorläufer und Täufer die messianische Würde des Kindes in Maria. Auch Elisabet wird von Heiligem Geist erfüllt und ruft prophetisch aus (Jdt 13,18f.), daß Maria »die am meisten gesegnete« unter allen Frauen ist, weil das Kind in ihr der »Herr« (kyrios) und Maria somit »Mutter meines Herrn« ist. V. 45 wird Maria um ihres vollkommenen Glaubens willen seliggepriesen und als Vorbild des glaubenden Menschen dem zögernd-ungläubigen Zacharias gegenübergestellt.

46–55 Maria spricht im Magnificat einen individuellen und zugleich endzeitlich-eschatologischen Dankhymnus, der zahlreiche alttestamentliche Elemente (Lied der Hanna 1 Sam 2,1–10) eines messianischen Psalmen-Dankliedes enthält und in der altertümlichen Sprache der Septuaginta abgefaßt ist, der aber dennoch wahrscheinlich vom Evangelisten selbst gedichtet wurde. Darin wird das Heilswirken Gottes rückblickend und in eschatologische Zukunft vorausschauend gerühmt. Das Lied Marias gliedert sich wohl in zwei Strophen, an deren Ende das Erbarmen Gottes erwähnt wird (46–50.51–55). Das zweimalige »Denn« (VV. 48a.49a) begründet das Lob für Gottes Heilshandeln und seine eschatologische Rettertat an Maria (»Gott, mein Retter/Heiland«). Die »Niedrigkeit« ist die demütige Haltung des Glaubenden vor Gottes Allmacht und Weisheit, auch wenn menschlicher Verstand Gottes Wege nicht durchschaut oder mitvollziehen kann. Solche Glaubensdemut eignet den »Armen«, der »Magd«, die im Kontrast zu den »Mächtigen« gesehen wird, zu jenen Menschen, die sich nicht restlos abhängig und gerufen vom Schöpfergott wissen. Alle Generationen der Menschheit werden diesen Menschen Maria wegen seiner exemplarischen Glaubenshaltung seligpreisen, denn Gott hat gerade sie erwählt und würdig befunden, »Großes« an ihr zu tun, nämlich in ihr den Herrn der Geschichte, den Messias und Sohn Gottes in Kosmos und Zeit eintreten zu lassen. In dieser universalen Rettertat des geschichtsmächtigen Gottes verwirklicht sich sein Erbarmen über alle Gottesfürchtigen (nicht grundsätzlich alle Menschen oder alle Welt). Im folgenden wird dieses Erbarmen Gottes an Welt und Menschheit preisend gerühmt. Womöglich war dieser Text zuerst für liturgischen Gemeindegesang verfaßt worden, worauf der hymnische Bekenntnisstil und die poetische Dichte verweisen.

Die Hochmütigen, die sich ihrer Selbstmächtigkeit vor und Unabhängigkeit von Gott rühmen, werden von Gott »zerstreut«, wirkungslos gemacht. Die Mächtigen werden entthront. Diesem Strafgericht Gottes entspricht seine Wohltat an den »Armen«, denn die Niedrigen werden erhöht, die Hungernden satt und reich gemacht, die Reichen aber enttäuscht. Solches Gerechtigkeitswalten Gottes erwartet der Glaube auf Zukunft hin, erhofft es aber auch für die Gegenwart, weil er es in der Vergangenheit so bezeugt findet. Vor allem gilt Gottes Erbarmen seinem »Knecht Israel« (Jes 41,8–10), wie er es Abraham auf ewig verheißen hat (Gen 17,7; 2 Sam 22,51 »Huld erwies er seinem Gesalbten, David und seinem Stamm auf ewig«).

Maria bleibt also bis kurz vor der Geburt des Johannes bei Elisabet, wie die Zeitangabe »etwa drei Monate« nahelegt, muß also die im folgenden erzählte Geburt des Johannes nicht mehr bei Elisabet miterlebt haben. Sie kehrt in *ihr* Haus, also nicht zu Josef, zurück. 1,57–80 bleibt Maria unerwähnt.

Die Geburt des Täufers (1,57–80)

Elisabet bringt ihren vom Engel verheißenen Sohn (Johannes) zur Welt, was bei Nachbarn und Verwandten Freude und Dank an Gott auslöst, da sie ja um die Unfruchtbarkeit der alten Mutter wußten. Nach Lev 12,3 wird der Säugling am achten Tag beschnitten. Will man den Sohn zunächst wie den Vater nennen, so besteht die Mutter darauf, daß er jenen Namen erhält, den der Engel dem Vater nannte (1,13), nämlich Johannes, und der bis dahin stumme Vater stimmt dem schriftlich zu. In diesem Augenblick schwindet seine Stummheit. Diese Wunder der Namensgleichheit und der Heilung von Stummheit lassen die Menschen im Bergland von Judäa erschrecken und fragen, welche Zukunft und Aufgabe dieses Kind Johannes, mit dem die »Hand des Herrn« ist, wohl habe. Zacharias stimmt ein charismatisch-prophetisches Lied an, das im ersten Teil (1,68–75) das Ereignis von Gott her deutet und im zweiten Teil (1,76–79) die Zukunft des Sohnes Johannes als Vorläufer des Messias ansagt.

Dieser Hymnus des Zacharias, das Benedictus (eulogetos/gepriesen), war wohl ein älterer messianischer Psalm (VV. 68–75) des hellenistischen Judenchristentums, verbunden mit einem ebenfalls judenchristlichen Geburtslied auf den Täufer (VV. 76–79), die beide in Kreisen der Täuferjünger im Umlauf waren und von Lukas hier miteinbezogen wurden, wobei er V. 70 ergänzt hat. Trotz vieler alttestamentlicher Anklänge ist nicht eine griechische Rückübersetzung aus einer semitisch-hebräischen Vorlage anzunehmen, vielmehr eigenständige liturgische Dichtung des frühen Judenchristentums zu vermuten.

67–75 Gott wird gepriesen, weil er sein Bundesvolk Israel mit gnädiger »Heimsuchung« bedacht hat und ihm »Erlösung« geschaffen hat. Der »starke Retter« ist der vom Judentum erwartete davidische Messias (Ps 18,3; 132,17; 1 Sam 2,10; Ez 29,21), dessen Ankunft in Jesus hier von Zacharias prophetisch vorausgeschaut wird, indem er die Geburt seines Sohnes Johannes der bevorstehenden Geburt des Messias Jesus zuordnet. Daß Gott dies von alters her durch seine Propheten verheißen habe, betont Lukas auch Apg 3,21, so daß V. 70 lukanischer Einschub sein könnte. Die Errettung von den Feinden und Hassern sind Zeichen des

Erbarmens Gottes mit den Völkern des heiligen Bundes und des Eides für Abraham (Gen 22,16f.; Jer 11,5). Furchtloser Gottesdienst »in Heiligkeit und Gerechtigkeit« (Jos 24,14) all unsere Tage sollen der Dankesausdruck solcher Rettungserfahrung sein. Ob bei den »Feinden« an politische Gegnerschaft (Römer, Juden) oder an typologische Feindbilder (Gottesgegner, Antijahwe) zu denken ist, bleibt offen. Die Hoffnung orientiert sich am endzeitlichen-messiananischen Ideal eines Zukunftsbildes, das von immerwährendem Frieden, Gerechtigkeit und Heiligkeit bestimmt ist (Sach 9,9; Jes 29,19–24; Bergpredigt). Auch in jüdisch-messianischen Kreisen wie etwa bei den Makkabäern waren solche Hoffnungen und Lieder beheimatet. Für einen christlichen Ursprung des Benedictus spricht aber die Rückblende auf den gekommenen Messias V. 69, der Verzicht auf Feindesvernichtung und der Wunsch, den Gottesdienst (die Eucharistie in den Hausgemeinden) ungestört (V. 75) durchführen zu können.

76–79 Der Vater Zacharias macht über seinen Sohn Johannes die prophetische Aussage, daß er »Prophet des Höchsten« heißen und »dem Herrn vorangehen und ihm den Weg bereiten« wird (Mal 3,1; Jes 40,3; Ex 23,20). Johannes wird Gott den Weg bereiten; erst später wird deutlich, daß er auch Vorläufer Jesu ist. Für das Gottesvolk besteht die »Erfahrung des Heils« in der Sündenvergebung, die in der Bußtaufe des Johannes (Apg 10,38; 13,24) angekündigt wird. Ursache der Sündenvergebung für die Menschheit ist die »barmherzige Liebe unseres Gottes«, die auch das »aufstrahlende Licht aus der Höhe« – ein Bildwort für den Messias – sendet (Num 24,17; Jes 9,2; 60,1–3 der Messias als aufgehender Stern und Friedensbringer der Welt).

80 Der Geist des Johannes erstarkte (1 Sam 2,26); damit wird Johannes in seiner Entwicklung und Ausbildung, in seiner Wüstenerfahrung (3,2) und Vorbereitung auf seine Prophetenaufgabe umschrieben; es ist nicht von »heiligem« Geist die Rede, vielmehr von der Reifung des Propheten zu seinem Auftrag. Nichts spricht dafür, Johannes den Täufer in eine unmittelbare Verbindung zur Qumrangemeinde am Toten Meer zu bringen, da diese in Opposition zum Jerusalemer Tempel und dessen Priesterschaft stand und eine andere Theologie als die Täuferbewegung vertrat.

Die Angabe des Dorfes »En Karim«, 7 km westlich von Jerusalem-Mitte, als Geburtsort des Täufers geht auf eine Legende im Protoevangelium des Jakobus (250 n. Chr.) zurück und wird erstmals beim Diakon Theodosius (De Situ Terrac Sanctae) zwischen 520 und 530 erwähnt. Nach späterer Überlieferung soll Johannes in Samaria begraben worden sein, nachdem Herodes Antipas ihn in der ostjordanischen Festung Machäros hatte enthaupten lassen (Flavius Josephus).

Die Geburt Jesu (2,1–20)

Die Erzählung gliedert sich in drei Abschnitte. VV. 1–7 erzählen die Geburt Jesu in Betlehem ohne jede Wunderandeutung, VV. 8–14 bringen die Szene von der Engelverkündigung vor den Hirten im Feld, VV. 15–20 erzählen das Auffinden des Kindes durch die Hirten, für die das »Kind in der Krippe« Erkennungszeichen ist (VV. 7.12.16). Dieses »arme Kind« ist typischer Kontrast der zeitgenössischen jüdisch-zelotischen Erwartung eines militärisch-kriegerisch-politischen Messias aus David. Gott rettet die Welt gerade durch das Arme und Schwache, und diese Offenbarung geht gerade nicht an Schriftgelehrte und Gesetzeseiferer, sondern an Hirten, einfach Glaubende, Demütige, Arme. Das Hirtenmotiv hängt wohl mit der Ausrichtung auf David, den Hirten Israels, zusammen.

1–7 Die von Kaiser Augustus befohlene Steuererhebung (Census) im Römerreich ist der äußere Anlaß, daß Maria mit Josef nach Betlehem geht. Historisch ist weder für Augustus noch den in Syrien residierenden Statthalter (hegemon) Quirinius eine solche Steuererhebung nachweisbar. Für Lukas ist sie vor allem Anlaß, die Geburt Jesu in den weltgeschichtlichen Rahmen des Imperiums und dieser konkreten Epoche einzuordnen, den Zug Marias und Josefs nach Betlehem in die Davidsstadt zu begründen, damit der Messias Jesus in dieser Stammburg der Davidslinie in die Geschichte eintritt, und den Kontrast zwischen dem angeblichen Weltherrscher Augustus und dem wahren König der Welt, dem messianischen Kind Jesus, hervorzuheben. Als Davidsnachkomme (1,27) geht Josef mit Maria nach Betlehem. »Als sie dort waren« (V. 6) läßt an einen längeren Aufenthalt vor der Geburt denken. Die Geburt Jesu selbst wird ohne wunderhafte Züge nüchtern erzählt. Daß Jesus der »Erstgeborene« ist, wird wegen der kultisch-rechtlichen Vorrangstellung des ersten Sohnes einer Ehe betont, nicht im Blick auf mögliche Geschwister Jesu (Gen 27,33ff.; 49,3; Dtn 21,17; Ex 13,2.11–16; 22,28; 34,19f.; Num 3,12; 8,17). Freilich kann es sich nach Sach 12,10 auch um den Einziggeborenen handeln. Wie Jahwe sein erwähltes Volk als seinen Erstgeborenen bezeichnet (Ex 4,22; Sir 36,18; Jer 31,9), so wird auch Christus im Neuen Testament Erstgeborener unter vielen Brüdern (Röm 8,29) und Erstgeborener der ganzen Schöpfung (Kol 1,15) genannt; doch diese spätere christologische Titulatur liegt hier noch nicht vor. – Trotz des längeren Aufenthaltes in der Stadt wird das Neugeborene in eine Krippe, einen Futtertrog gelegt, weil in der wohl einzigen Herberge am Ort kein Platz war; Motive aus 1 Sam 16f. und Mich 5,2 klingen an.

8–14 Der Engel Gottes tritt auf die wachenden Hirten zu und deutet ihnen die Geburt des Kindes Jesus als »große Freude« für das »ganze Volk«. Der endzeitliche Retter Israels, der lange erwartete Messias, der Heiland der Welt ist »heute« geboren, und diese Nachricht hat universal-öffentlichen Charakter als Heilsbotschaft für die Menschheit. Und dennoch verbirgt sich dieses Ereignis noch unter der unscheinbaren Zeichenhaftigkeit des Kindes, in Windeln gewickelt. Stellvertretend für die glaubende Menschheit machen sich die Hirten auf, dieses Zeichen zu entdecken. Ein himmlischer Engelchor interpretiert diese Botschaft (wie im antiken Drama) mit einem Hymnus auf Gott, dem »Gloria in excelsis Deo«. Der Ruf ist Behauptung: »Verherrlicht ist Gott«, nicht Wunsch: »Ehre sei Gott!« Er ist parallel aufgebaut, ohne Verb, die Begriffe Herrlichkeit/Friede – in der Höhe/auf der Erde – Gott/den Menschen, gegenüberstellend. In der Menschwerdung des Messias Jesus verherrlicht sich Gott und schafft Friede (schalom) der Menschheit. Menschen »seines Wohlgefallens/seiner Gnade« sind alle von Gott Angenommenen und Glaubenden; die Vulgata übersetzte mit »bonae voluntatis«, »Menschen guten Willens«; der Genetiv »seiner Gnade« (eudokias) bezieht sich aber auf Gott.

15–20 Die Engelschar kehrt vom Erdenbesuch in den Himmel zurück, und die von der Engelerscheinung motivierten Hirten eilen zur Krippe, wo sie Jesus und dessen Eltern finden und Ihnen von der Engelserscheinung berichten. Gleichsam als ob Maria und

Josef erst durch die Hirten von der Göttlichkeit ihres Kindes erfahren würden und die Verkündigung durch Gabriel nicht vorausgesetzt würde, werden die Hirten als Erstverkünder des Evangeliums von der Messianität Jesu gezeichnet. Wie Maria soll der Leser des Evangeliums all diese Geschehnisse und Erzählungen im Herzen bewahren und darüber nachdenken. V. 19 sollte nicht so mißverstanden werden, daß Lukas seine Weihnachtsgeschichten von Maria persönlich empfangen hätte und darin deren Geschichtlichkeit verbürgt wäre. Eher kann hier Maria bereits als Sinnbild einer Kirche, die das Evangelium bewahrt und fortlaufend neu bedenkt (symballo), verstanden werden. – Die Hirten kehren in ihren Alltag zurück, freilich mit der Erfahrung von Gottes Mächtigkeit, seiner Verheißung eschatologischen Heils und Friedens für alle, und in der Gewißheit, daß durch das »Kind«, durch den machtlos-mächtigen Messias (am Kreuz) dieses Heil Gottes errichtet wird.

Jesu Beschneidung und Darstellung im Tempel (2,21–40)

Das Zeugnis des Simeon und der Hanna über Jesus setzt den Erzählzyklus fort. Wie bei allen jüdischen Knaben wird an Jesus am achten Tag die Beschneidung vollzogen (Gen 17,10–14; Ex 4,25f.) und ihm der Name erteilt, den der Engel genannt hatte (1,31). Gesetzestreu wird die Reinigung des Erstgeborenen und der Wöchnerin-Mutter im Jerusalemer Tempel durchgeführt (Lev 12; Num 18,15f.), während für eine Darstellung/Weihe im Tempel kein Gesetz vorlag, vgl. aber Ex 13,2ff. Zur gleichen Zeit wird der Fromme Simeon vom Geist in den Tempel bewegt, trifft auf Jesus und seine Eltern, nimmt das Kind in die Arme und preist Gott, daß ihm die Verheißung erfüllt wird, »den Messias des Herrn« mit eigenen Augen zu sehen. Im prophetischen Lobpreis-Hymnus des Simeon wird Gott als »Machthaber« (despotes) angeredet, der vor allen Völkern das Heil bereitet hat. Der soteriologische Universalismus, daß Jesus Rettung und Heil für alle schafft, wird durch das folgende »ein Licht, das die Heiden erleuchtet« (Jes 40,5; 52,10) noch verstärkt. Tod, Kreuz und Auferstehung Jesu sind hier noch nicht als Heilsursache genannt (vgl. Eph 2,14–16), vielmehr liegt bereits in seiner Menschwerdung (Inkarnation) der Heilsgrund der

Welt. Die Gottesknechtsaussagen in Deuterojesaja (Jes 42,6; 49,6) werden auf Jesus in seiner Heilsbedeutung für die ganze Welt angewandt, wobei deutlich wird, daß das Heil der Heidenvölker von Israel als auserwähltem Gottesvolk seinen Ausgang nimmt.

33–35 Diese Bezeugung der Messianität des Kindes durch Simeon erstaunt die Eltern Jesu, ähnlich 2,18, aufs Neue, obwohl der Verkündigungsengel (1,31–35) und die Hirten (2,10–17) dieselben Inhalte mitgeteilt hatten. Simeon segnet die Eltern und sagt dann Maria voraus, daß ihr Kind, der Messias Jesus, in Israel Anstoß zur Trennung und Zeichen des Widerspruchs sein wird, damit auf Passion und Hinrichtung Jesu, aber auch auf Nachfolge und Kirche Jesu hinweisend. Die Ablehnung Jesu durch Israel (Apg 28,27) wird die Mutter des Messias, hier vielleicht von Lukas auch schon als Sinnbild der glaubenden Kirche verstanden, wie ein »Schwert durch die Seele« treffen; auch innerhalb der Kirche wirkt das Ringen um und die Entscheidung an Jesus wie ein schmerzliches Schwert durch die Seele.

36–40 Weiterhin tritt, ohne daß der bewegende Geist genannt würde, die 84jährige Witwe und Prophetin Hanna zu dem Kind Jesus und bestätigt die Prophetie Simeons. Sie spricht zu allen über das Kind und dessen messianisch-erlösende Weltaufgabe und bestätigt durch ihr Zeugnis, daß sich die Erlösungserwartungen Jerusalems in Jesus erfüllt haben. – Der Evangelist schließt den Erzählzyklus der Geburtsgeschichten mit der Notiz ab, daß Jesus von den Eltern nach Nazaret in Galiläa zurückgebracht wird und hier zu seiner Prophetenaufgabe heranreift. Gott erfüllt seinen Messias mit prophetischer Weisheit (sophia) und Gnade (charis), so daß er das von seinem Ursprung in Gott ihm eigene Sein des »Sohnes Gottes« entfalten und zur Wirkung bringen kann.

Der zwölfjährige Jesus im Tempel (2,41–52)

Aus Kleinkindzeit und Jugendzeit Jesu berichtet das Evangelium keine Einzelheiten und vor allem keine außerordentlichen, wunderhaften Begebenheiten, die dann freilich von der nichtbiblischen frommen Erbauungsliteratur in Fülle erfunden wurden. Lediglich diese Perikope vom Zwölfjährigen bildet die Verbindung zwischen Kindheit und öffentlichem Wirken Jesu. Nach Lukas versteht sich der junge Jesus zwar schon durchaus als »Sohn Gottes« (V. 49), wächst und reift aber dennoch erst in seine gottgewollte Sendung als Lehrer, Prophet und Messias Israels und Retter der Welt hinein. Er ordnet sich demütig dem Unverstand der eigenen Eltern unter (V. 50), obwohl er an »Weisheit Gottes« (Sir 24,1) allen überlegen ist.

Wie alle gesetzestreuen Juden pilgern auch die Eltern Jesu jedes Jahr zum Osterfest (Pascha) nach Jerusalem (Ex 23,14–17; Dtn 16,16f.). Jesus muß nicht das erste Mal bei dieser Wallfahrt dabei gewesen sein. Ohne daß das turbulente Osterfest nun näherhin geschildert würde, geht die Erzählung sofort auf die Rückreise der Eltern ein. Sie stellen nach einem Tagesmarsch fest, daß ihr zwölfjähriger Junge Jesus nicht bei ihnen und nicht auffindbar ist. Daher kehren sie nach Jerusalem zurück und finden ihn »nach drei Tagen« (V. 46) mitten unter Gesetzeslehrern sitzend im Tempel, seine Lehrer hörend und (kritisch) rückfragend. Die Erzählung stellt sich wohl Jesus als gleichrangigen Diskussionsteilnehmer mit Fachkollegen der Gesetzesauslegung und Schriftdeutung vor, denen er aber an Verstehen und Antworten gewachsen ist, so daß er allgemeines Staunen auslöst. Es ist vorausgesetzt, daß auch Jesus befragt wurde. Es wird nicht gesagt, daß der Junge den rabbinisch-pharisäischen Gesetzeslehrern überlegen gewesen wäre oder sie blamiert hätte. Nur die göttliche Weisheit und Verständigkeit wird von der Erzählung betont.

Die Eltern sind sehr betroffen, ihren Sohn in dieser ungewöhnlichen Situation vorzufinden, zumal sie hier anscheinend noch nichts von der Messianität ihres Kindes ahnen. So versteht sich der Vorwurf der Mutter, die wegen des Ungehorsams des Kindes ungehalten reagiert, vom Kind Jesus aber durch eine gezielte Gegenfrage auf sein Wesen als Sohn des Vaters im Himmel hingewiesen wird. Der junge Jesus weiß sich zuerst Gott zu Gehorsam verpflichtet, nicht den menschlichen Eltern, er gehört als »Sohn« Gott und somit in das Haus Gottes, den Tempel. Das christologische Glaubensbekenntnis der frühen Kirche haftet bereits dem Kind und Jugendlichen Jesus an, der von seinem Ursprung in Gott her das ist, was sich bei besonderen Situationen immer wieder symptomatisch offenbart, so auch in dieser einzigartigen Jugenderzählung aus Jesu Kinderjahren. Ähnlich wie die eigenen Eltern dem Geheimnis des Gottessohnes verständnislos gegenüberstehen und doch glaubend Gottes Wirken an ihrem Kind erkennen und anerkennen, so steht auch der Hörer dieser Erzählung vor dem Mysterium des Gottessohnes in unserer Welt und Geschichte: »Doch sie verstanden nicht, was er damit sagen wollte« (V. 50). Erst beim weiteren Hören des Evangeliums wird der Leser erfahren, was dieser anfängliche Gehorsam Jesu vor Gott bedeutete und wie er am Ende seines Weges nach Jerusalem auf Kreuz und Passion zuging, um in der Auferstehung und Erhöhung diesen Weg beim Vater in den Himmeln, wo er herkam, zu beschließen.

Das Kind Jesus zieht dann mit den Eltern nach Nazaret zurück und ist ihnen dort »gehorsam«, war also im Grunde auch bei der Jerusalemepisode nicht ungehorsam, sondern erfuhr und vermittelte die Spannung, die zwischen Dienst vor Gott und Verpflichtungen gegenüber Menschen entstehen kann. Jesu Reifen, sein Fortschritt in der Weisheit und seine Gottwohlgefälligkeit werden am Schluß der Erzählung betont (1 Sam 2,26), um damit die Brücke zum öffentlichen Auftreten Jesu zu bilden. Wie in 2,19 wird Maria dargestellt als die alle Worte und Ereignisse des Lebens Jesu bewahrende und bedenkende Mutter, Urbild der Glaubenden, Vorbild des Hörers des Evangeliums, der das Wort der Schrift aufnehmen, bewahren, bedenken und tun soll. Zum ersten Mal im Evangelium hat in dieser Tempelerzählung Jesus sich selbst gedeutet, sein eigenes Wesen offenbart und die Verkündigung seiner selbst eingeleitet, die nun im weiteren Verlauf des Evangeliums Hauptvorgang wird: der sich mehr und mehr offenbarende Messias und Sohn Gottes Jesus von Nazaret.

III. Die Vorbereitung des Wirkens Jesu (3,1 – 4,13)

Johannes der Täufer (3,1–20)

Die Erzählung gliedert sich in drei Abschnitte: VV. 1–6 berichten von der Berufung und Aufgabe des Johannes, VV. 7–18 von seiner Umkehrpredigt und Täufermission, VV. 19–20 von seiner Verhaftung und Verfolgung. Seine Stoffe schöpft Lukas aus Mk 1,2–3, aus Q (Mt 3,7–10) und seinem Sondergut, ordnet aber alles auf die typische Vorläuferfunktion des Johannes und seine Christusverkündigung hin. Kannte Mk 1,4 noch keine Berufung des Täufers, so spricht Lukas eigens vom Wort Gottes, das an den Täufer in der Wüste erging und ihn zur Predigt am Jordan veranlaßte. Thema und Inhalt der Johannespredigt lauten »Umkehr und Taufe zur Vergebung der Sünden«. Absichtlich verknüpft Lukas die Täufergeschichte durch sechsfache Angabe über Regierungszeiten mit der großen politischen Weltgeschichte, um so die universale Bedeutung des von Johannes vorangekündigten Christusgeschehens zu proklamieren. Tiberius war Kaiser von 14 – 37 n. Chr. Es ist nicht eindeutig festzulegen, welche Zeit das 15. Regierungsjahr dieses Kaisers umfaßt. Pontius Pilatus war Statthalter (Präfekt) über die römische Provinz Judäa von 26 – 36 n. Chr. und spielte im Prozeß Jesu eine entscheidende Rolle im Zusammenwirken mit der jüdischen Führungsschicht. Judäa und Samaria wurde 6 n. Chr. unmittelbar der römischen Zentralverwaltung unterstellt und aus der Provinz Syrien herausgegliedert (bis 41 n. Chr.). Pilatus war der sechste Präfekt der Provinz Judäa. Unter der Oberhoheit Roms regierten die »Vierfürsten« (Tetrarchen) als Nachfolger Herodes' des Großen die Provinzregionen. Herodes Antipas regierte 4 v. – 39 n. Chr. Galiläa und Peräa, sein Halbbruder Philippus 4 v. – 34 n. Chr. die vorwiegend heidnischen Gebiete Nordtransjordaniens, Lysanias († zw. 28 u. 37 n. Chr.) das nordwestlich von Damaskus in Syrien am Antilibanon gelegene Abilene, das 37 n. Chr. mit Galiläa an Agrippa I. überging. Neben den politischen Machthabern werden als religiöse Autoritäten die beiden Hohenpriester Hannas (6 – 15 n. Chr.) und sein Schwiegersohn Kajaphas (18–36 n. Chr.) angeführt. Durch diese umfassende synchrone Zeitangabe wird das Ereignis des Täuferauftretens und damit letztlich des

Christusgeschehens weltgeschichtlich geortet und in einen großen historisch-politischen Rahmen eingespannt und feierlich-öffentlich proklamiert. Für Lukas setzt mit der von Gottes Wort an Johannes eingeleiteten Täufermission das neue Heilshandeln Gottes durch Jesus ein, so daß diese feierliche Intonation am Platz ist; daraus kann aber nicht abgeleitet werden, daß das Lukasevangelium früher einmal ohne Lk 1 – 2 existiert hätte und eigentlich mit 3,1 begonnen hätte.

4–6 Der Prophet Johannes zieht in »das ganze Umland des Jordans« und tritt dort als Wanderprediger auf. Den Inhalt der Johannespredigt über »Umkehr und Taufe zur Vergebung der Sünden« erläutert das Zitat Jes 40,3–5 in LXX-Fassung. Die Taufe, die Johannes spendet, ist Zeichen der Umkehr (metanoia) und ermöglicht so Sündenvergebung; sie wurde wohl nur einmal im Leben beschnittenen Juden als Sakrament der Rettung vor dem Zorngericht Gottes gespendet, ohne daß sie Ritus der Aufnahme in eine feste Gemeinde im Sinn von Kirche (ekklesia, synagoge) gewesen wäre, wohl auch kein Initiationsakt neuer Seinsweise, wie die christliche Taufe »in Christus« verstanden wird (Apg 13,24). Sein Zitat findet Lukas »im Buch der Reden des Propheten Jesaja«, betont also den kanonischen Textcharakter seiner Heiligen Schrift. Die Bußpredigt des Johannes erfüllt also die Verheißung des Jesaja, daß der prophetische Rufer aus der Wüste Gott den Weg bereitet, wobei Lukas unter »Herrn« offensichtlich Jesus versteht oder durch Jesus Gottes Kommen meint. Haben Mk und Mt nur den Anfang des Zitats benutzt, so fügt Lukas noch die VV. 5f. hinzu, weil ihm der Universalismus »alles Fleisch wird das Heil Gottes sehen« wichtig ist, wie auch in 2,30–32; Apg 28,28 deutlich wird. Mit der hebräischen Wendung »alles Fleisch« sind alle Menschen, die ganze Menschheit gemeint.

7–18 Volksscharen ziehen zu dem Propheten Johannes in das Jordanumland und lassen sich von ihm taufen, ihnen gilt seine Predigt. In Q und Mt hingegen redet Johannes vor allem zu »vielen von den Pharisäern und Sadduzäern«, also zu einer begrenzten Führungsgruppe. Nur die Zöllner und Soldaten (VV. 12–14) werden eigens hervorgehoben. Lukas baut die Johannespredigt dreistufig auf: Androhung des Gottesgerichts (VV. 7–9), praktische Handlungsbeispiele einer Umkehrethik (VV. 10–14), Vertrauen auf den kommenden Parusie-Herrn und seinen Heiligen Geist (VV. 15–17); vielleicht war das das Schema kirchlicher Katechese zur Zeit des Lukas (Apg 17,30–34; 1 Thess 1,9f.). Die Missionspredigt folgte vielleicht erst nach der Taufe als vertiefende Unterweisung der schon Getauften (postbaptismale Katechese). Johannes als Prediger schont seine Zuhörer nicht, er redet sie mit »Schlangenbrut« an (giftige, niederträchtige Verschlagenheit), die in Illusionen lebt über die Radikalität des kommenden Gottesgerichts über restlos alle Menschen. Die schon Getauften werden vor falscher Heilssicherheit gewarnt, so als ob Taufritus, Konfessionszugehörigkeit, Abrahamkindschaft gleichsam automatisch zur Rettung vor dem Gericht und zum Heil führen müßten. Nicht die Berufung auf die Volkzugehörigkeit zu Israel, nicht das Judesein als solches, verbürgen Gottes Heil, sondern nur »die Früchte«, ethisch gute Werke, Praxis des Glaubens im sozialen Feld der Taten und des Engagements. Äußere Israelzugehörigkeit gibt keine Heilsgarantien, denn Gott braucht nicht Israel, er »kann aus diesen Steinen Kinder Abrahams machen«. Das Bild von der Axt an der Wurzel spielt wohl auf das bald hereinbrechende Unheil im Gericht an, in dem Selbstmächtige-Gottlose wie Bäume stürzen werden. Umgehauen und verbrannt werden alle Bäume, die keine gute Frucht bringen. Es kommt also auf die der Umkehr notwendig folgende Konsequenz ethisch-sittlich-sozialen Verhaltens an. Ob Lukas bei dieser Gerichtsandrohung auch an die Zerstörung Jerusalems im Jahr 70 n. Chr. durch die Römer als Strafgericht für die nicht christusgläubig gewordenen »verstockten« Juden dachte, läßt sich nicht entscheiden.

Die Volksscharen sind auf die aufrüttelnde Predigt des Johannes hin verunsichert, ratlos und suchen nach neuer Orientierung: »Was sollen wir tun?« (V. 10). Diese drei Mal gestellte Frage ist für Lukas wichtig (Apg 2,37; 22,10), weil er so das Evangelium als praktische Handlungsweisung für konkrete Lebensplanung und Weltgestaltung anbieten kann; das Evangelium sagt, was jeweils zu tun ist, wenn Selbstmächtige von allein nicht mehr weiter wissen, und vor allem gibt das Evangelium Impulse zur konkreten sittlich-sozialen Haltung, ohne Übermenschliches oder Ausgefallenes zu fordern: Mit Armen und Notleidenden teilen, auch im beruflich-amtlich-politischen Bereich Gerechtigkeit walten lassen,

»Menschenrechte« und »Personwürde« achten, indem niemand mißhandelt/erpreßt wird. Ganz einfache, fast normale Forderungen, und doch ein ganzes sozialpolitisches und ethisches Programm für die Völker der Welt! Die römischen Soldatensöldner des Antipas sollen mit ihrem Sold zufrieden sein, also keinen Militärputsch zu gewaltsamem Umsturz anzetteln. An einzelnen markanten Volks- und Berufsgruppen zeigt der Lehrer (didaskalos) Johannes exemplarische Haltungen ethisch-sozialer Verantwortung und Fruchtbarkeit auf. Die Mahnung zu brüderlichem Teilen, zu Solidarität, Nächstenliebe und Genügsamkeit steht im Vordergrund.

Das Volk vermutet aufgrund der Täuferpredigt und -taufe in Johannes den angekommenen Messias, doch der Prophet lehnt das sofort ab und verweist auf den »Stärkeren«, der »mit Heiligem Geist und mit Feuer tauft«. War Mk 1,7 vom Täufer Jesus »nach mir« gedacht, so läßt Lukas diese Zeitverschiebung weg und sieht den Messias Jesus gleichzeitig mit Johannes (vgl. Lk 9,23; 14,27; 21,8; Apg 13,25). Der Würdeabstand zwischen dem Propheten Johannes und dem Messias wird dreifach betont: Dieser darf dem Messias nicht einmal den Sklavendienst des Schuheaufschnürens leisten, seine Wassertaufe ist viel weniger als Jesu Geist- und Feuertaufe, der Messias ist selbst Weltenrichter an Gottes Statt. In der Taufe des Messias wird Gottes Geist mitgeteilt, in ihr vollzieht sich auch das endzeitliche Gottesgericht, so daß sie »Feuertaufe« genannt werden kann (Apg 19,1–7). Der messianische Endzeitrichter trennt die Spreu vom Weizen und verbrennt die Spreu in nie erlöschendem Feuer, und dieses Gericht steht bald bevor, da er schon die Schaufel in der Hand hält. Diese Gerichtserwartung muß nicht im Sinne einer Nächsterwartung der Parusie, der Wiederkunft Christi, verstanden werden, sie kann sich auch auf das hier und heute ablaufende Gottesgericht in der Geschichte beziehen. So mahnte (paraklesis) Johannes das Volk in seinem »Evangelium«, das freilich noch nicht das Evangelium Jesu Christi ist.

Wie Mk 1,14; 6,17f. berichten, wird Johannes verhaftet und kommt ins Gefängnis. Das Martyrium des Johannes Mk 6,19–29 läßt Lukas aus, setzt aber seinen Tod Lk 9,7–9 voraus. Der Prophet wurde wegen seiner Kritik an dem Vierfürst Herodes Antipas, der illegal die Frau seines Bruders Philippus geheiratet hatte, verhaftet (Mk 6,17). Herodias war nicht diese Frau des Philippus, sondern eine andere.

Für Lukas ist Johannes der Täufer ein vom Mutterschoß an mit Heiligem Geist erfüllter Prophet (1,15.76), ein »Großer vor dem Herrn«, Vorläufer des Messias und daher »mehr als ein Prophet« (7,26–28a). Er soll Israel bekehren und das Volk für den Messias Gottes zubereiten (1,17), bildet aber keine eigene Bewegung oder Gemeinde (vgl. die Täuferjünger Apg 19,1–7; 13,24f.).

Die Taufe Jesu (3,21–22)

Lukas folgt im wesentlichen der Vorlage Mk 1,9–11 in dieser Offenbarungserzählung (Epiphanie-Gattung). Er hebt an mit der Formel »Es geschah aber«, die die heilsgeschichtliche Bedeutung des Vorgangs einleitet. Es folgt der Hinweis »als alles Volk sich taufen ließ«, durch den die Taufe Jesu in eine breite Massenbewegung eingereiht wird: »ist auch Jesus getauft worden«. Die Gotteserscheinung wird in drei symbolischen Bildern erzählt: Der Himmel öffnete sich, der Heilige Geist kommt auf Jesus herab in Gestalt einer Taube, eine Stimme erschallt aus dem Himmel. Diese Stimme wird als Anrede an Jesus, als Deutung seiner Würde und Proklamation seiner Gottessohnschaft zitiert. Jesus befindet sich unter den Volksscharen der Johannes-Taufbewegung. Es wird nicht erwähnt, wie Jesus von Galiläa an den Jordan kam und welches Verhältnis er zu den Täuferjüngern hatte. Johannes selbst wird hier nicht als Täufer Jesu genannt, vgl. Mt 3,14f. Nicht der Wassertaufakt löst die Erscheinung aus, sondern das Gebet Jesu, in dem Jesus die bestätigende Antwort Gottes erfährt. Da Jesus bereits von seinem Ursprung in Maria her vom Geist gewirkt ist, erfolgt hier nicht seine Geistbegabung, auch nicht seine Bewußtwerdung als Sohn Gottes, die ja schon 2,49 vorausgesetzt ist. Der Heilige Geist proklamiert vielmehr Jesus vor den Volksscharen als Gottessohn. Die Darstellung des Gottesgeistes als Taube hat eine breite Vorgeschichte im religionsgeschichtlichen Umfeld und ist nicht erst christlicher Symbolik entnommen. Die Himmelsstimme lehnt sich an Ps 2,7; Gen 22,2; Jes 42,1 an und deutet Jesus als messianischen König Israels und der Menschheit, der durch Gnadenwahl Gottes »geliebter Sohn« ist.

Die Vorfahren Jesu (3,23–38)

Ganz anders als der Stammbaum Jesu in Mt 1,1–17 lautet, legt Lukas seine Ahnenliste Jesu (Genealogie) an. Wie andere biblische Stammbäume, etwa Gen 5,1–32; 11,10–32, sollen sie die gottgewollte Entwicklung der Geschichte auf die Person des Heilsbringers nachzeichnen und den Nachweis führen, daß Gottes Plan langfristig vorbereitet ist und Gottes Verheißung sich unaufhaltsam verwirklicht. Daß Jesus der verheißene Messias ist, erweist sich auch aus seinem Stammbaum, der bei Lukas im Unterschied zu Matthäus über Abraham hinaus bis auf Adam und damit auf Gottes Schöpfertat selbst zurückreicht. Es ist nicht möglich, die Ahnenlisten des Mt und Lk zu harmonisieren, zumal Lukas nicht das Schema 3 × 14 (die Quersumme der hebräischen Zahlenbuchstaben für David) zugrundlegt, sondern die Namen von Josef bis David in 6 Reihen zu je 7 Namen ordnet und auch die Namen von David bis Adam 5mal nach 7er-Gruppen gliedert. Gott steht somit auch genealogisch (11 × 7 Generationen) am Anfang von Jesu Gottessohnschaft, wenn in diesem Sinn auch jeder Mensch Gott als Schöpfervater in Adam hat (Apg 17,24ff.). Eine Christus-Adam-Typologie wie Röm 5; 1 Kor 15 ist hier nicht beabsichtigt. Vielmehr soll Jesu davidische Messianität auch »dem Fleisch nach« aufgewiesen werden, vgl. Röm 1,3f. Darüber hinaus wird die geschichtsmächtige Verbundenheit des Gottessohnes Christus mit der Gesamtmenschheit in Adam festgehalten.

Das Alter Jesu wird mit »ungefähr 30 Jahre« angegeben. Nach 2 Sam 5,3f. war auch David bei seiner Königssalbung und Inthronisation so alt, vgl. auch Gen 41,46; Num 4,3; Ez 1,1. Von dieser Angabe aus läßt sich kein Geburtsdatum Jesu rückberechnen. Bezüglich Jesu Vater wird im Hinblick auf die geistgewirkte Empfängnis der Jungfrau Maria formuliert: »Man hielt ihn für den Sohn Josefs.« Nicht die physische, sondern die gesetzliche Abstammung von Josefs Davidfamilie ist für die Messianität entscheidend. Daß in V. 31 der Prophet Natan als Sohn Davids im Stammbaum erscheint, mag die lukanische Absicht, Jesu prophetische Berufung zu begründen, verdeutlichen.

Die lukanische Christologie
Wie hat der Evangelist Lukas Jesu Heilsbedeutung, seine göttliche Würde und soteriologische Retter-Aufgabe für Israel und die Menschheit dargestellt und interpretiert? Welche christologischen Hoheitsnamen und Würdeprädikate benutzt er, um Jesu Verhältnis zu Gott, seine Rolle in der Heilsgeschichte und sein Seins-Wesen zu umschreiben?

Nach Lukas hat Jesus seinen menschlichen Ursprung in Gott selbst, weil der Heilige Geist in Maria die irdische Existenz des Gottessohnes begründet (1,35). Daher ist Jesus zuerst und vor allem »Sohn Gottes«, wie in der Vorgeschichte, in der Taufszene, in 4,3.9; 9,35; 23,46 und in der ausführlichen Befragung vor dem Hohen Rat (Synedrium) 22,67–70 deutlich wird. Nicht erst in Auferstehung und Erhöhung wird Jesus zum Sohn Gottes inthronisiert, und er wird auch nicht in Präexistenz von Ewigkeit her in seiner Würde bekannt, vgl. dagegen Röm 1,3f.; Phil 2,6–11. Als *Messias/ Christus* ist Jesus »Sohn Gottes« (Apg 9,20–22), weil er der von Gott gesalbte und erhöhte Sohn ist (Ps 2,7), der »Herr« (Lk 7,13.19; 10,1.41; 11,39; 12,42; 13,15; 16,8; 17,5.6; 18,6; 19,8). Als »Menschensohn« ist Jesus besonders zur Rettung der Sünder und Verlorenen gesandt (15,1–32; 19,10). In diesem Sinn ist Jesus der endzeitliche »*Retter*« (2,11; Apg 5,31; 13,23; vgl. Lk 1,77; 2,30; 3,6; Apg 28,28), der »*Davidssohn*« (1,27.32.69; 2,4.11; 18,38f.; 20,41), der endzeitliche »*Prophet*« (7,16; 13,33; 24,19), der »*Heilige*« (4,34; Apg 3,14), der »*Gerechte*« (23,47; Apg 3,14; 7,52), der »*Anführer zum Leben*« (Apg 3,15; 5,31) und der »*Knecht Gottes*« (Apg 3,13.26; 4,25.27.30). Lukas wählt diese Titulationen in bewußtem Rückgriff auf archaische Traditionen des palästinischen und hellenistischen frühen Christentums, wobei er Hoheitstitel des hellenistischen Herrscher- und Heroenkultes konsequent auf Christus umdeutet, inhaltlich neu füllt und so christianisiert, vgl. »*Wohltäter*» (22,25; Apg 10,38).

> Jesus ist von seiner Entstehung her unauflöslich mit Gott und seinem Geist verbunden, kommt aus Gott und geht auf Gott hin. Sein »Weg« ist von Gottes Willen bestimmt und im Gehorsam des Sohnes erfüllt, so daß der Sohn dem Vater untergeordnet ist (23,46), aber nicht im Sinne einer »Adoption« durch den Vater (keine adoptionistische Christologie!), sondern in dem Sinn, daß sich Jesus vollkommen dem göttlichen Heilsplan unterwirft und diesen ausführt (22,22). Daher hat Gottes Gnadenwahl »Wohlgefallen« an Jesus und wählt und salbt ihn zum Messias (4,18; Apg 4,27; 10,38) und setzt ihn zur Rechten Gottes als Mitherrscher ein (Apg 2,36). Die zahlreichen christologischen Titel sind vor allem funktional gebraucht, um das Wesen des Gottessohnes und seiner Heilsbedeutung zum Ausdruck zu bringen. Jesus ist der »Christus Gottes« (9,20; 23,35). Jesus trat in der »Mitte der Zeit«, zwischen der Zeit Israels und der Zeit der Kirche, in die Geschichte ein und erfüllte damit die alttestamentlichen Verheißungen vom Kommen des Gesalbten Gottes, des endzeitlichen Heilsbringers und Retters (19,10).

Die Versuchung Jesu (4,1–13)

Diese Erzählung von einer dreifachen Versuchung Jesu findet sich auch Mt 4,1–11 und entstammt der Logienquelle, wobei Matthäus die Reihenfolge der Versuchungen änderte. Der Erzählungsanfang 4,1 folgt Mk 1,12f. Jesus kehrt vom Jordan zurück voll heiligen Geistes. Die Anknüpfung an die Geistesepiphanie der Taufszene 3,21f. ist deutlich; der Messias Jesus hat von Gott die Geist-Salbung empfangen (4,18; Apg 4,2; 10,38), so daß er über die Teufelsmacht siegen kann. Nun führt ihn der Geist »in der Wüste umher«. Wüste als Ort der Leere, Bedrohung durch viele Gefahren, der Hilflosigkeit und Ohnmächtigkeit, der Anfechtung und Versuchung. Wüste als Ort der Ruhe, der Stille, des Zusichselbstkommens, der Besinnung und der Reifung. Wüste als Ort der Gotteserfahrung (Exodus), der Nähe Gottes, der unmittelbaren Gottesbegegnung. »Vierzig Tage« ist Umschreibung der von Gott bestimmten (heiligen) Zeit, über die Gott in seinem Heilsplan verfügt (Israel 40 Jahre in der Wüste, vgl. Num 14,33f.; Am 2,10; 5,25; Hos 2,17; 11,1; 13,4f.; Ez 20,10–26; Ps 95,10). Während die Väter Israels in Meriba und Massa ihr Herz verhärteten und Jahwe »versuchten« (Ps 78,18.41; 81,12; 95,8; 106,14), bleibt der Messias Jesus solchen Versuchungen gegenüber standhaft und gottgehorsam, wie seine Passion zeigt (22,3.53). »Teufel« (diabolos) und »Satan« (Mk) sind Begriffe jüdischen Glaubens an Mächte und Gewalten, die als personale Wirkweisen des »Antijahwe« auftreten. »Und nichts aß er in diesen Tagen« (Mt: hatte gefastet) besagt, daß sich Jesus in der Zurückgezogenheit der Wüste einem religiösen Fasten zur Selbstbesinnung und geistigen Läuterung zur Umkehr unterzogen hatte. Als »sie sich vollendeten, hungerte ihn«. Der natürliche Hunger, die normalen Bedürfnisse des Menschen Jesus, am Ende einer Fastenperiode werden vom Teufel zum Anlaß genommen, ihn zu gottwidrigen Wundertaten zu verführen. Auch der Teufel geht von dem in 3,22 proklamierten Bekenntnis zur Gottesherrschaft Jesu aus. Als Gottessohn hat Jesus die Macht, sich selbst zu helfen, warum sollte er jetzt nicht aus Steinen Brot machen, um seinen Hunger zu stillen? Kann sich Jesus nicht selbst helfen, so trifft der Spott jener unter dem Kreuz zu: Lk 23,35–39. Die Erzählung soll der Gefahr entgegenwirken, Jesus als göttlichen Wundermann, als Magier in eigenen Anliegen, mißzuverstehen. Jesus antwortet mit dem Schriftzitat Dtn 8,3 und bezieht sich auf das Manna im 40jährigen Exoduswüstenzug Israels, um auf das *Wort Gottes* als eigentliche, wesentliche Sinn-Speise des Menschen zu verweisen.

Der abgewiesene Teufel nimmt einen zweiten Anlauf und führt Jesus »hinauf«. Gemeint ist der »hohe Berg« Mt 4,8, der in der Bibel Ort direkter Gottesbegegnung, der Offenbarung und des Gebets ist, hier aber zum Ort der gottwidrigen Versuchung wird. Lukas läßt die Ortsangabe »Berg« vielleicht deswegen weg, weil er weiß, daß es keinen Berg gibt, von dem aus der ganze Erdkreis (oekumene) überblickt werden kann. Stellt sich Lukas vor, daß Jesus vom Teufel in Himmelshöhen geführt werde, um die ganze

Welt »in einem Augenblick« schlagartig zu überschauen? Der Teufel verspricht Jesus alle Königreiche der Welt unter der Bedingung der Satansanbetung. Der Teufel sagt von sich als »Gott dieser Welt« (2 Kor 4,4) vollen Machtbesitz aus, er verleihe den Herrschern seine Macht weiter. Die Versuchung Jesu besteht darin, selbst universale Weltbeherrschung anzustreben, dafür Gott abzuschwören und den Teufel anzubeten. Wiederum antwortet Jesus mit dem Schriftzitat Dtn 6,13, daß Gott allein Anbetung gebührt.

Darauf führt der Teufel Jesus nach Jerusalem auf die »Zinne des Tempels« und lädt ihn ein, in die Tiefe zu springen, wobei der Teufel selbst die Schrift Ps 91,11 zitiert, daß Jesus als Sohn Gottes ungebrochen Schutz Gottes erwarten dürfe. Jesus antwortet mit dem Schriftzitat Dtn 6,16, man solle Gott nicht versuchen, »daß es dir wohl ergehe« (V. 18). Auch der Sohn Gottes darf und will Gottes Allmacht und Schutzverheißung nicht sinnlos provozieren und damit Gott selbst »versuchen«. Des Teufels Bitte um ein großes Schau-Wunder vor aller Öffentlichkeit wird mit dem Hinweis auf Jesu Gottesgehorsam, der Gott nicht versucht, abgelehnt. Da der Teufel seine dreifache Versuchsserie »vollendet« hat, muß er von Jesus ablassen, aber nur »bis zu gelegener Zeit«, nämlich bis zum tödlichen Angriff der Teufelsmächte auf Jesus in der Passion (22,3). Jesus wird nicht in eine teufelsfreie Zukunft entlassen, sondern nur verschont für die Endversuchung am Kreuz, die er in Glaubenstreue und Durchhalten auf die Auferstehung hin besteht.

Die Versuchungserzählung korrigiert ein falsches Verstehen der Gottessohnschaft Jesu im Sinne sensationeller Selbstrettung religiöser Wundertäter. Sie verdeutlicht Jesu Gehorsam vor Gott, der ihm die Glaubenskraft verleiht, über die Mächte der Finsternis und des Todes in der Auferstehung zu siegen.

IV. Das Wirken Jesu in Galiläa und Judäa (4,14 – 9,50)

Erstes Auftreten in Galiläa (4,14–15)

Im Anschluß an Mk 1,14 wird in Lk 4,14, abgesehen von 1,26; 2,4.39; 3,1, zum ersten Mal Galiläa als Handlungsraum Jesu genannt. In der Logienquelle fehlt der Landschaftsnamen. Mit der Wendung »anfangend von Galiäa aus« (23,5; Apg 10,37) gliedert Lukas den Weg Jesu. Von 4,44 ab wandert Jesus aber bereits weit über Galiläa hinaus ins ganze Judenland (Judäa), nachdem er Kafarnaum, eine »Stadt in Galiläa«, verlassen hat. Kennt Lukas in 3,1; 5,17; Apg 9,31 Galiläa, Judäa und Samaria als Regionen Palästinas, so bezeichnet er in 4,44 damit wohl ganz Palästina. In 24,6 greift er in der Leidensweissagung wieder auf Galiläa zurück. Hier in 4,14 lokalisiert Lukas in summarischer Zusammenfassung (Sammelbericht) die Tätigkeit Jesu. Jesus kehrt in der Kraft des Geistes aus der Wüste nach Galiläa zurück. Sein Ruf verbreitet sich in der ganzen Umgebung (Mk 1,28; Mt 9,26), und zwar aufgrund des Auftretens Jesu in den galiläischen Synagogen, den Gebetshäusern der Juden, wo sich Jesus zuerst an Israel wendet und an die Erwartungen der Juden anknüpft. Jesus hat also schon in zahlreichen Orten Galiläas gepredigt, als sein Auftritt in der Synagoge von Nazaret erfolgt (4,16–30). Während Mk 6,1–6 diesen Auftritt erst später ansetzt, läßt Lukas damit Jesus den Anfang seiner öffentlichen »Lehre« machen.

Die Ablehnung Jesu in seiner Heimat (4,16–30)

Lukas hat Mk 6,1–6a stark redaktionell überarbeitet und durch die Jesajalesung VV. 17–21 und die Anspielung auf Elija und Elischa VV. 25–27 erweitert. So deutet Lukas in der Nazaret-Perikope die Predigt Jesu programmatisch als Erfüllung der Schrift (des AT) und begründet damit die Ablehnung durch Israel, den Übergang des Heilsangebots auf die Heidenvölker und den unausweichlichen Ausgang (Exodus) Jesu am Kreuz auf Golgota.

Im Lauf seiner Galiläa-Mission kommt Jesus auch nach »Nazara« (so auch Mt 4,13), wo er »aufgezogen wurde«. Als

Frommer geht Jesus an jedem Sabbat in eine Synagoge zum Gemeindegottesdienst, so auch an diesem Sabbat in Nazaret. Als die Eröffnungsgebete und die Tora-Lesung (Parasche) des Sabbatgottesdienstes vorbei sind, steht Jesus auf, um aus der Schrift die Prophetenlesungen (Haftara) vorzutragen. Man reicht ihm das Buch des Propheten Jesaja, er schlägt es auf und stößt durch göttliche Führung auf die Zitatenkombination aus Jes 61,1f. und 58,6 sowie 29,18 in der griechischen Septuagintafassung. Auf den Lektor Jesus selbst trifft zu, daß der Geist des Herrn auf ihm ruht, daß der Herr ihn in der Taufe zum Messias Israels gesalbt hat, daß er gesandt ist, das Evangelium den Armen zu verkünden, ein Evangelium vor allem der Befreiung (aphesis) für die Gefangenen. Blinde werden das Augenlicht wiedergewinnen, Zerschlagene werden in Freiheit geschickt, ein »Erlaßjahr« des Herrn wird ausgerufen.

Jesus rollt die liturgische Schriftrolle (biblion) wieder zusammen, gibt sie dem Synagogendiener und setzt sich, da die homiletische Predigtauslegung der Heiligen Schrift allgemein im Sitzen geschah. In der Synagogengemeinde herrscht große Spannung, wie Jesus wohl »zuhause« predigen würde. Überraschend für alle deutet er das Prophetenwort so, daß sich »heute erfüllt hat diese Schrift in euren Ohren«. Durch das Zuhören der Anwesenden erfüllt sich also hier und jetzt die prophetische Schriftverheißung der umfassenden Befreiung, die Gemeinde ist Zeuge der sich ereignenden Befreiung. Wo Jesu Heilswort in der Verkündigung angenommen wird, bricht das endzeitliche Heil, die vielfältige Befreiung des Menschen und der Gesellschaft an. Lukas legt auf diese gegenwärtige und auch heute gültige Wirksamkeit des Wortes Gottes großen Wert. Ist nach Markus »die Zeit erfüllt«, so erfüllt sich nach Lukas »die Schrift«. Die Heilswirkung wird umfassend als »Befreiung« bezeichnet. Die Anwesenden stimmen als Zeugen dieser Auslegung Jesu voll zu und sie staunen über die »Worte der Gnade« (Apg 14,3; 20,32), die Jesus in seiner Predigt vorträgt. Aus dieser Überraschung heraus stellen sie die Frage, in der Jesus als leiblicher Sohn Josefs vermutet wird und in der sich zeigt, daß die Anwesenden nicht um die geistgewirkte Herkunft und um sein wahres Wesen als Gottessohn wissen.

Jesus greift ihrem Ansinnen, ein Bestätigungswunder von Jesus mitzuerleben, voraus und weist solches Ansinnen mit zwei Sprichwörtern zurück: Für ihn gilt nicht, daß er sich selbst zuerst heilen muß, um seine Heilkraft zu bekunden; aber auf ihn trifft zu, daß kein Prophet in seiner Heimat anerkannt ist (Thomasevangelium 31). Jesus will in Nazaret kein Wunder vollbringen, nur mit Worten lehren; daran entrüstet sich der schwache Glaube der Zuhörer. Jesus provoziert diese Entrüstung noch stärker durch die pointierten Hinweise auf Elija, der von Gott nicht zu frommen Juden, sondern zu einer heidnischen Witwe in Sarepta in Sidon/Syrien gesandt wurde (1 Kön 17,1–7), und auf Elischa, der den heidnischen Syrer Naaman vom Aussatz heilte (2 Kön 5,1–27). Womöglich stammt dieses Sondergut des Lukas aus der Argumentation der Heidenmission gegenüber Judenchristen der Beschneidung. Lukas läßt anklingen, daß auch Jesu Weg aus dem »Judenland« hinaus zu den Heiden führt (4,30.44) und daß die Jünger Jesu die Völkermission des universalen Weltkreises eröffnen sollen (Apg 1,8). Diese provozierenden Hinweise auf den Übergang des verheißenen Heils Gottes vom Volk Israel auf die Heidenwelt versetzen die Zuhörer in Wut, sie wollen Jesus in fanatischer Lynchjustiz in den Abgrund stürzen. Er aber geht in der Erhabenheit und Macht des unerkannten Gottessohnes durch ihre Reihen fort, entzieht sich ihrem Zugriff und setzt seinen Weg der Mission im Judenland fort, der schon hier Weg in die Passion von Golgota ist, wie der Mordanschlag von Nazaret zeigt.

Jesus in der Synagoge von Kafarnaum (4,31–37)

Der Markusvorlage 1,21–39 folgend, erzählt Lukas im Anschluß an die Nazaretepisode den Auftritt Jesu in der Synagoge von Kafarnaum, wiederum am Sabbat, im selben Rahmen wie in der vorhergehenden Perikope. Die Zuhörer sind hier »bestürzt« von Jesu Predigtlehre (didache), »weil sein Wort in Macht war« (9,43; Apg 13,12). Das Wort der Schrift und Jesu Auslegungswort der Predigt bergen gewaltige Vollmacht in sich, zu verändern, Umkehr zu wirken, Heil und Befreiung zu schaffen. Diese befreiende Kraft der Jesus-Lehre zeigt sich noch stärker in den das Wort begleitenden Wundertaten, die im Anschluß erzählt werden.

Ein Besessener in der Synagoge (Mk 1,23–28), der den Geist

eines unreinen Dämons hatte, erkennt in Jesus den »Heiligen Gottes«, der die Dämonen vernichtet. Jesus befiehlt dem Dämon, zu schweigen und den Kranken zu verlassen; der Dämon zerrt den Besessenen in die Mitte der Synagoge und verläßt ihn, so daß alle Zeugen der Machttat Jesu werden und bestürzt sind von der Macht des Wortes Jesu. Wiederum liegt die eigentlich heilende und befreiende Kraft im Verkündigungswort Jesu, dessen Ruf sich in der ganzen Gegend (Galiläa) ausbreitet. Die Exorzismuserzählung folgt jüdisch-hellenistischen Erzählmustern.

Die Heilung der Schwiegermutter des Petrus (4,38–39)

Lukas bearbeitet Mk 1,29–31. Da nach Lukas die Jünger noch nicht berufen sind, begleiten sie Jesus auch noch nicht bei dieser Heilung. Jesus verläßt die Synagoge von Kafarnaum und besucht das Wohnhaus des Simon (Petrus) in Kafarnaum, wo die Schwiegermutter des Simon mit hohem Fieber liegt. Anwesende Verwandte bitten um Jesu Hilfe für die kranke Frau. Ohne näherhin über Art und Ursache der Krankheit unterrichtet zu sein, beugt sich Jesus über sie und »droht dem Fieber«, das sofort die Kranke verläßt. Das Fieber ist als Wirkung eines Dämons aufgefaßt, so daß auch hier Jesu exorzistisches Wirken »sofort« der Frau zur Befreiung vom Dämon verhilft, sie steht auf und bewirtet die Gäste, so daß die schlagartige Heilung demonstrativ anschaulich wird. Der Dienst der Frau an Gästen und Mitmenschen ist wohl exemplarischer Hinweis auf die christliche Diakonie, Caritas und Gastfreundschaft, die von Jesus geheilte Menschen praktizieren sollen und werden, wenn sie in der Jesusnachfolge soziale Frucht bringen wollen.

Die Heilung von Besessenen und Kranken (4,40–41)

Lukas bringt eine summarische Notiz von zahlreichen Krankenheilungen und Dämonenaustreibungen in Anlehnung an Mk 1,32–34; 3,10–12. Von der doppelten Zeitangabe bei Markus »als es aber Abend geworden war, als die Sonne unterging« übernimmt Lukas nur die zweite. Nennt Markus zweimal Kranke und Dämonische, so spricht Lukas zuerst nur von Kranken und dann erst von

Besessenen. Der geballte Sammelbericht vermittelt einen abschließenden Gesamteindruck vom umfassenden exorzistischen Wirken Jesu zu Beginn seines öffentlichen Wirkens. Jesus heilt durch den traditionellen Ritus der heilenden Handauflegung, vgl. 13,13; Mk 5,23; 7,23; 16,18 mit Gen 48,14–20; Mt 19,13. Hier ist noch nicht direkt an den Ritus einer sakramentalen Geistübertragung gedacht, wie er vorliegt in Apg 8,17–19; 9,12.17; 19,6; Hebr 6,2; vgl. später die Amts-Sukzession 1 Tim 4,14; 5,22; 2 Tim 1,6. Auch in Qumran (1 QapGn 20,22.29) ist die Vorstellung belegt, daß Abraham den ägyptischen Pharao durch Gebet und Handauflegung heilte. Hier aber betont Lukas, daß Jesus »alle«, die man zu ihm brachte, heilte. Der typisch lukanische Universalismus, daß Jesus für »alle« Heiland, Retter und Befreier ist, kommt ebenso zum Ausdruck wie die Idee der Stellvertretung, daß andere die Kranken bringen müssen, damit diese geheilt werden; der Glaube der Bringenden ist ebenso vorausgesetzt wie der Glaube der geheilten Kranken.

Die Austreibung der Dämonen wird erst im Anschluß an die Krankenheilung erzählt. Die flüchtenden Dämonen rufen das christologische Bekenntnis aus: »Du bist der Sohn Gottes!« Jesus droht ihnen zu schweigen. Das Verstummen der Dämonen wird mit ihrem Wissen begründet, daß Jesus der Christus/Messias ist. Die beiden grundlegenden christologischen Credo der Kirche des Lukas finden sich im Dämonenbekenntnis: Gottessohn und Messias. Jesus wirkt in der Macht Gottes, kommt aus Gottes Geist-Kraft, ist Gott in Glaubensgehorsam untergeordnet und führt Gottes Heil in seinen befreienden Wundertaten aus. Jesus von Nazaret ist der »Christus Gottes« (9,20; 23,35). Dieses Bekenntnis steht am Ende der Nacht der Krankenheilungen und Dämonenaustreibungen.

Aufbruch aus Kafarnaum (4,42–44)

Lukas erzählt die Beendigung der Galiläa-Tätigkeit Jesu gemäß seiner Vorlage Mk 1,35–39. Jesus dehnt seine Predigtmission auf das ganze Judenland (Judäa) aus. Ausgehend von V. 40f. bleibt der Leser in der Vorstellung, daß Jesus die ganze Nacht über Kranke heilte und Dämonen austrieb und nun bei Tagesanbruch die Stadt verläßt. Er zieht sich nach dieser großen Beanspruchung durch die Menschenscharen und Heilungsbitten an einen einsamen Ort (eremos/Wüste) zurück. Es wird im Lk nicht gesagt, was Jesus dort genau machte, den markinischen Hinweis, er wolle beten, läßt Lk weg. Doch die Volksscharen suchen ihn und wollen ihn am Weggehen hindern. Der Stimmungsumschlag im Vergleich zu Nazaret, wo sie ihn umbringen wollten, ist spürbar. Hier schlägt ihm durchaus starke Sympathie entgegen, aber doch so, daß sie sich seiner bemächtigen, über ihn verfügen wollen. Jesus entzieht sich diesem Versuch, ihn für sich allein zu beanspruchen, durch den Hinweis auf seine Aufgabe (dei/müssen), auch anderen Städten das Evangelium vom Reich Gottes zu verkünden. Die Treue zu seiner von Gott verfügten Sendung (4,18) läßt nicht zu, länger dieses Angenommensein durch die Scharen zu pflegen. Die Botschaft von der »Königsherrschaft Gottes« (basileia tou theou) erlaubt kein verzögerndes Verweilen. Und Jesus predigte in »ganz Palästina« (Judäa), seine Lehrtätigkeit in der Synagoge richtet sich über das regionale Galiläa hinaus auf ganz Israel und die Völkerwelt.

Die Berufung der ersten Jünger (5,1–11)

Dem kurzen Galiläa-Abschnitt 4,14–44 folgt der ausgedehnte Judäa-Abschnitt 5,1 – 19,27, dem dann der Jerusalemaufenthalt und die Passion Jesu folgt. Stellt sich Lukas Jesus noch in Galiläa als einzelnen Wanderprediger vor, der die Volksscharen faszinierte, so treten ab 5,1 Mitarbeiter und Jünger ins Gesichtsfeld, die der Jesusbewegung eine erste innere Struktur und Ausrichtung auf Kontinuität geben. Aus der großen anonymen Nachfolger-Bewegung wird ein engerer Kreis persönlicher Mitarbeiter, die zwölf Apostel, ausgewählt (6,12–16), die Jesu Verkündigungsprogramm mittragen, dazu die vielen Jünger und die Frauen, die die Jesusbewegung unterstützen und auch finanzieren, so daß sich der Wirkraum der Jesusmission auf ganz Palästina ausdehnen konnte, wie es Lk 23,5 heißt: »er lehrte im ganzen Judenland/Judäa«. Lukas hat rückblickend aus seiner Epoche auf die Anfänge der Kirche im Wirken Jesu hier in Judäa die Ursprünge kirchlicher Verfaßtheit und Ordnung gesehen, so daß die Erzählungen über die Bildung dieser Grundstrukturen der Kirche und ihres Amtes, Petrus – die Zwölf – die Jünger, für Lukas ein »ekklesiologisches Programm«, eine die Kirche aller Zeiten orientierende und verpflichtende Rückbindung an den irdischen Jesus darstellen. Einen kleinen Einschnitt in diese großangelegte Jesusmission in Palästina bildet der Entschluß Jesu 9,51, den Weg nach Jerusalem in die Passion anzutreten. Die flächendeckende Mission in Judäa (5,1 – 9,50) wird von da ab durch einen entschlossenen Zug (Exodus) auf Jerusalem hin zu seiner »Hinaufnahme« abgelöst und weitergeführt (9,51 – 19,27).

Lk verwendet Mk 1,16–20 bei seiner Erzählung vom reichen Fischfang und der Berufung der ersten Jünger mit der Verheißung an Petrus 5,1–11; seine Sondertradition spiegelt sich auch in der Fischfangerzählung Joh 21,1–14, die wohl aus einer gemeinsamen Überlieferung stammt. Setzt Joh den Akzent auf die Erscheinungserzählung, so Lk auf die Berufungserzählung. Für Lukas ist Simon Petrus der erste von Jesus berufene Mitarbeiter und künftige Missionar, dem das Menschenfischerwort und dessen Verheißung gilt, er soll als erster der Apostel (Apg 2,14) vorrangig Zeugnis der Verkündigung und des Glaubens Jesu geben.

Das Volk drängt sich zum Prediger und Lehrer Jesus am Ufer des Sees von Gennesaret, um von ihm das »Wort Gottes« zu hören (8,11–21). Der Massenandrang zwingt Jesus, in eines von zwei daliegenden Booten zu steigen, um das Volk vom Schiff aus zu lehren (Mk 4,1). Jesus lehrt vom Boot aus das »Wort Gottes«, die Menschen drängen sich zu ihm. Petrus ist mit ihm im Boot. Jesus beendet seine Lehrpredigt und wendet sich an Simon, er solle auf den See hinausfahren und sie sollen die Netze auswerfen zum Fischfang, es sind mehrere Fischer im Boot. Trotz vergeblicher Nachtschicht auf dem See wirft Simon gehorsam das Netz nochmals am Tag aus, da er um Jesu Macht weiß (4,39). Jesus wird von Jüngern »Meister« (epistates) angeredet (8,24.45; 9,33.49; 17,13), von Nichtjüngern »Lehrer« (didaskalos). Simons persönlicher Glaubensgehorsam führt zur Initiative, trotz allem wieder das Netz auszuwerfen auf Jesu Wort hin. Der Lohn solchen Glaubensmutes ist groß: Sie fangen so viele Fische, daß sie den Fang nicht bewältigen können; sie rufen Hilfe und füllen beide Boote, so daß sie fast untergehen. Die ungeheure Vollmacht und Wunderkraft des Wortes Gottes leuchtet in dieser Szene auf, aber auch die fundamentale Rolle des Vertrauens und Glaubensgehorsams gegenüber Jesus und seinem Wort.

Simon-Petrus (V. 8) fällt vor Jesus nieder und bekennt sich vor allen als Sünder, sicher nicht ohne Blick auf sein Versagen in 22,54–62. Durch Simon, den Sünder, ließ Gott den reichen Fischfang kirchlicher Mission anheben, in seiner See-Erfahrung liegt sinnbildhaft die reiche Ernte und der reiche Fischfang der Kirche aufgrund ihrer missionarischen Verkündigung des »Wortes Gottes« an die Völker der Welt (Apg 4,31; 6,27; 8,14 u. ö.). Gott läßt durch die Kirche sein Wort »wachsen« (Apg 6,7; 12,24).

Simon erträgt nicht die Nähe des »Gottessohnes« und bittet um Abstand von sich als Sünder. Ebenso erstaunt über das Wunder sind auch Jakobus und Johannes, die Söhne des Zebedäus, die erst hier unter den Gehilfen des Simon namentlich erwähnt werden, gleichsam in einer redaktionell angehängten Notiz. Abschließend löst Jesus das Entsetzen der Anwesenden, indem er zu Simon sagt: »Fürchte dich nicht!« »Von jetzt an« verdeutlicht, daß die Berufung im Erleben von Jesu Wort und Mächtigkeit begründet ist. Die künftige Aufgabe des Simon soll sein, Menschen zu »fangen« (zogreo), nicht etwa nur »fischen«. Es sollen alle aktiven Anstrengungen unternommen werden, Menschen für Christus und sein »Wort Gottes« zu gewinnen, sie für einen neuen Lebens-Sinn zu faszinieren und zu erziehen. Dabei darf »fangen« nicht negativ im Sinn von listig manipulieren, gewaltsam pastorieren, der Freiheit berauben, festlegen, unterjochen verstanden werden, sondern als Einladung zu befreiender Jesusnachfolge unter der Verheißung des »Wortes Gottes«, das der Welt Heil und Leben bringt. Die Fischer jedenfalls sind von dieser Verheißung so ergriffen, daß sie alles zurücklassen und Jesus bedingungslos nachfolgen. Jesu Ruf und die Mächtigkeit des »Wortes Gottes« können in die totale Hingabe an Gott und seinen Christus führen, können in die radikale Jesusnachfolge verlocken (14,33).

Petrus im Lukasevangelium
Da die Logienquelle kaum Nachrichten über Petrus enthält, beruht die lukanische Petrusdarstellung auf dem Markus-

evangelium und dem Sondergut des Lukas. Er erzählt 5,3.10f.; 6,14 die Berufung des Petrus zum Menschenfischer und seine Wahl in den Kreis der Zwölf, seine Vorrangsrolle unter den Aposteln und sein stellvertretendes Messiasbekenntnis (9,20.33; 18,28). Zusammen mit Jakobus und Johannes gehört er zum engeren Mitarbeiterkreis um Jesus (8,51; 9,28). Aber auch die Erzählung von der Verleugnung Jesu durch Petrus übernimmt er (22,34.54–62). Die lukanischen Sonderüberlieferungen umfassen die Erzählung vom reichen Fischfang, vom Gebet Jesu für den Glauben des Simon und von der Ersterscheinung des Auferstandenen (22,31f.; 24,34). Einige für Simon Petrus weniger günstige Erzählungen des Mk-Stoffes ließ Lukas bewußt aus, so die Vorhaltungen Jesu gegenüber Petrus wegen dessen Opponieren gegen Jesu Leidensbereitschaft (Mk 8,32f.) und den Hinweis auf den schlafenden Petrus in Getsemani (Mk 14,37). Da nach lukanischer Auffassung der Auferstandene den Jüngern in Jerusalem, nicht in Galiläa erscheint, läßt Lukas die Szene mit dem Jüngling im leeren Grab (Mk 16,7) weg. Im Mk-Stoff überwiegt der Name »Petrus« (16mal), der im Sondergut nur 2mal vorkommt; im Sondergut überwiegt der Name »Simon« (9mal), der im Mk-Stoff nur 3mal vorkommt. In Apg wird »Simon« (4mal) immer durch »Petrus« ergänzt (10,5.18.32; 11,13), »Petrus« allein kommt hingegen 56mal in Apg 1 – 15 vor. Es ist ein deutliches Anwachsen der Anerkennung eines ausgesprochenen Petrusamtes in der Urkirche feststellbar, das bei der Nachwahl des Matthias, in der Pfingstpredigt, in den Wundertaten des Petrus, seinem Zeugnis vor dem Hohen Rat, seinem missionarischen Wirken in Samaria, seiner Taufe des heidnischen Hauptmanns Kornelius oder auf dem Apostelkonzil zum Tragen kommt. Petrus hatte als erster der Apostel im Fischfangwunder seine entscheidende Begegnung mit dem Gottessohn und der Vollmacht des »Wortes Gottes« erfahren (5,8) und im Menschenfischerwort vom Gottessohn seinen missionarischen Zeugenauftrag erhalten. So wird er auch erster Osterzeuge des Auferstandenen (24,34) und Führer des nachösterlichen Zeugnisses für

> Jesus in der apostolischen Predigt (Apg 1 – 2), er ist der erste
> der Apostel (6,14), der auch die Heidenmission der Kirche
> eröffnet (Apg 10 – 11). Er spricht als Repräsentant der Apo-
> stel und der Kirche das erste Christusbekenntnis zum Mes-
> sias und Gottessohn Jesus (Lk 9,20), er soll seine Brüder im
> Glauben stärken (22,31f.) und der Gottessohn betet für
> Petrus, »daß sein Glaube nicht aufhöre«.

Die Heilung eines Aussätzigen (5,12–16)

Im Anschluß an die Sonderüberlieferung 5,1–11 folgt Lukas wieder Mk 1,40–45, das er leicht redaktionell bearbeitet. Formgeschichtlich handelt es sich um eine Heilungswundererzählung mit den typischen Zügen dieser literarischen Gattung. Lukas bringt die Erzählung als typisches Fallbeispiel der zahlreichen Heilungen des Wundertäters Jesus. Die am kranken Menschen vollzogene und vor den Priestern demonstrierte Heilungstat Jesu offenbart den Anbruch der eschatologischen Heilszeit, die im Erscheinen des Gottessohnes Jesus angebrochen ist (7,22f.).

Lukas setzt erneut mit der unbestimmten Ortsangabe »in einer der Städte« (Judäas) ein. Nach Mk 1,39f. hingegen ereignete sich die Heilung in Galiläa. »Siehe, ein Mann voll von Lepra« schildert die Konfrontation Jesu mit dem unheilbar Aussätzigen, der »auf sein Gesicht niederfällt«, als er Jesus sieht; er berührt aber nicht Jesu Knie wie Mk 1,40. Der Mann ruft sofort sein Bekenntnis aus, daß Jesus »der Herr« ist und die Macht hat, alles zu tun, was er will. Feierlich wird die Heilungsgeste Jesu geschildert: Er streckt die Hand aus, berührt ihn und spricht sein Machtwort, und augenblicklich schwindet die Lepra. Jesu Wort hat das Wunder bewirkt, unterstützt von seiner Berührung. Da Lukas allgemein Gefühlsbewegungen Jesu unterdrückt, läßt er auch den Hinweis auf »Erbarmen« Mk 1,41 weg. Ebenso streicht Lukas Jesu Drohung gegenüber dem Geheilten und seine Vertreibung Mk 1,43 und läßt sofort das Schweigegebot und die Anordnung, sich dem Priester zu zeigen und das entsprechende Reinigungsopfer darzubringen, folgen (Lev 13,49; 14,2–32; Lk 17,14). Die vollendete

Heilung muß nämlich vom Priester beglaubigt und der Aussätzige formell für rein erklärt werden. Nach Mk verkündet der Geheilte Jesu Machttat weiter, nach Lk aber verbreitet sich die Kunde über Jesu Wunder durch die Volksscharen, die ihn hören wollen und von ihren vielfältigen Krankheiten geheilt sein wollen. Vor diesem Andrang, der Jesus an der Erfüllung seines eigentlichen Verkündigungsauftrags hindert, zieht sich Jesus in eine verlassene Gegend zum Gebet zurück (so Mk 1,35, anders Mk 1,45). Der betende Jesus ist für Lukas ein beliebtes Motiv seiner Christologie und damit seiner Nachfolge-Ethik (3,21; 6,12; 9,18.28f.).

Die Heilung eines Gelähmten (5,17–26)

Lukas redigiert die Vorlage Mk 2,1–12. Er setzt die Pointe auf den zentralen Spruch Jesu von der Vollmacht des Menschensohnes V. 24, so daß es sich von der literarischen Gattung her bei dieser Erzählung wohl um ein »Apophthegma« handelt, einen Jesusspruch, der in der Rückschau des Lukas auch die Sündenvergebungsvollmacht der Kirche begründen soll und die Gemeinde zum Dank für diese Vollmacht anhalten soll. Die Erzählung wird eingeleitet mit »Und es geschah an einem der Tage«, wobei Lk die markinische Ortsangabe Kafarnaum wegläßt, da sich Jesus in seiner Konzeption inzwischen schon weit über Galiläa hinausbewegt hat und ganz Palästina im Blick seiner Mission hat. Jesus ist aus der verlassenen Gegend, in die er sich zum Beten zurückgezogen hatte, wieder in städtisch-dörfliches Milieu zur Predigt seiner »Lehre« gekommen. Zu seinen Zuhörern gehören diesmal nicht nur anonyme Volksscharen, sondern Vertreter spezifischer Berufsgruppen von Theologen, nämlich Pharisäer und Gesetzeslehrer (nomodidaskaloi), die Lk erstmals hier erwähnt. Er unterscheidet beide Berufsgruppen, anders als Mk 2,16 »die Schriftgelehrten der Pharisäer«. Vielleicht handelt es sich um ein großes Treffen dieser Theologengruppen, da sie »aus allen Dörfern Galiläas, Judäas und sogar aus Jerusalem« gekommen sind. Jesu Wort und Tat hat also ein einflußreiches und in jeder Hinsicht kompetentes Forum.

Da treibt ihn »eine Kraft des Herrn«, zu heilen. Gott selbst also motiviert seinen Jesus zu diesem Heilungswunder vor diesem bedeutenden Zuhörerkreis. »Auf einer Bahre« bringen Männer den Gelähmten und wollen ihn ins Haus vor Jesus stellen, was wegen der Menschenmenge nicht gelingt. Nach Mk decken sie daher die Lehmbacksteine des Flachdaches eines palästinischen Haustyps ab, durchbrechen die Decke und lassen das Bett mit dem Gelähmten hinab genau vor Jesus. Nach Lk hingegen steigen die Leute auf das Schrägdach eines westlichen Häusertyps, decken die Ziegel ab und lassen den Gelähmten »mitten vor Jesus« hinab. Ihre Anstrengung, den Gelähmten dicht vor Jesus zu bringen, selbst mittels schwieriger technischer Operationen, ist bereits Symptom ihres starken Glaubens (V. 20). Jesus belohnt den (stellvertretenden) starken Glauben der Träger dadurch, daß er dem Gelähmten seine Sünden vergibt, und zwar auf Dauer, wie die Perfekt-Form »Mensch, vergeben sind dir deine Sünden« andeutet. Zwischen Krankheit und Sünde besteht eine geheimnisvolle Bedingtheit, die Jesus in beiden Aspekten heilt. Die anwesenden Theologen aber sehen darin eine Gotteslästerung, weil sie in Jesus nicht den mit Gottes Vollmacht ausgestatteten Messias und Sohn Gottes erkennen. Jesus erkennt hingegen im göttlich-prophetischen Wissen ihre Herzensgedanken und Zweifel. Er legt ihnen mit seiner Frage den Beweis seiner Vollmacht vor. Kann Jesu Anspruch, Sünden zu vergeben, nicht von Menschen kontrolliert werden, so jedoch seine Heilungskraft, die er nun an dem Gelähmten vordemonstriert, indem er ihm befiehlt, aufzustehen und samt seiner Bahre heimzugehen, was dieser augenblicklich tut. Dieses Wunder beweist den Kritikern die heilende und sündenvergebende Vollmacht des »Menschensohnes«, der also kein Gotteslästerer ist. Das Erlebnis läßt die Anwesenden außer sich sein und Gott preisen, es erfüllt sie mit »Furcht« und dem Eingeständnis: »Wir haben heute Unglaubliches (paradoxa) gesehen«, nämlich Sündenvergebung auf Erden.

Die Berufung des Levi und das Mahl mit den Zöllnern (5,27–32)
Lukas bearbeitet seine Vorlage Mk 2,13–17 redaktionell in dem Sinn, daß es sich um einen großen Empfang mit Festmahl im Haus des Zöllners Levi handelt, womit der auf seine Berufung durch Jesus in die Nachfolge antwortet und seine damit vollzogene Umkehr bekundet. Geschahen die zuletzt erzählten Wunder jeweils in der Stadt, so geht nun Jesus »hinaus«, weg von dort. Die Notiz des Mk, daß er sich »am Meer« aufhält, läßt Lk weg. Er

sieht einem Zöllner bei seiner Arbeit zu und ruft ihn sofort in seine Nachfolge. Der Zöllner »verließ alles«, entscheidet sich also radikal für die Nachfolge Jesu, er gibt seine gesamte bisherige Existenzsicherung auf und widmet sich Jesus. Um diesen Neuanfang mit Jesus zu feiern, gibt er ein großes Abschiedsmahl für Jesus. Viele Zöllner und andere sind geladen. Nach zeitgenössischer Sitte bei Juden wie Griechen liegt man auf Polstersofas um die niedrigen Tische herum und wird im Liegen mit Speisen und Getränken bedient. Wußte Mk noch »Sünder« bei dieser Festgemeinschaft, so läßt Lk dieses Stichwort weg, weil die Jesusgemeinde für alle Menschen ohne diskriminierende Vorurteile offen ist. Die Pharisäer und deren Schriftgelehrten (Mk 2,16; Apg 23,9) aber kritisieren Jesu Mahlpraxis und wenden sich voll Unwillen an die Jünger, um Rechenschaft wegen dieser störenden Tischgemeinschaft mit anrüchigen Berufsgruppen zu fordern. Nicht die gefragten Jünger, sondern Jesus selbst antwortet. Die Gemeinde sucht bei Jesus Antwort auf ihre bedrängenden Gegenwartsfragen. Jesus nennt zuerst ein Sprichwort, das nicht von ihm selbst stammen muß: »Nicht die Gesunden brauchen den Arzt, sondern die Kranken«, und wendet dann den weisheitlichen Spruch auf sich selbst und seine Sendung an: Er ist gekommen, »Sünder« zu berufen, nicht »Gerechte«. Weil Gott ihn gesandt hat, Kranke und Sünder zu heilen, muß er mit ihnen Kontakt suchen, ihre Gemeinschaft eingehen und sie »berühren«, er darf keine »Berührungsängste« mit den aus der Gesellschaft Ausgestoßenen, den gekennzeichneten Unterprivilegierten und den »unreinen Kasten« haben. Im Gegenteil, die programmatische Mahlgemeinschaft mit diesen »Armen« gehört zum Heilungsauftrag Jesu, nur am Ort ihrer Armut kann er sie »zur Umkehr rufen«. Im Dabeisein bei Jesus vollzieht sich ihre Umkehr, nicht aus der Ferne. Was Jesu Kritiker beurteilen als »Siehe, ein Fresser und Säufer, Freund von Zöllnern und Sündern« (7,34) ist für Jesus Programm: »Der Menschensohn ist gekommen, das Verlorene zu suchen und zu retten« (19,10). So wurde auch dem Zöllner Levi konkret dadurch Heil und Umkehr zuteil, daß Jesus seiner alltäglichen Berufsarbeit als Zöllner zuschaute, sich für diesen Diskriminierten interessierte, ihn besuchte und ihm seine Gemeinschaft als neue Heimat der personalen Nachfolge anbot.

Die Frage nach dem Fasten (5,33–39)

Die Gemeinde weiß um das Ende der Gesetzeszeit und den Anbruch neuer Heilszeit und eines neuen Heilsweges in der Christuszeit, so daß auch das jüdische Fastengebot einen neuen Stellenwert im Blick auf die Erhöhung in Christus erhält. Auf diese Frage antwortete schon die Vorlage Mk 2,18–22, die Lk redaktionell bearbeitet und V. 39 zufügt. Ungenannte Kritiker, wohl Pharisäer und Schriftgelehrte, fragen vorwurfsvoll, warum die Jesusjünger essen und trinken, während die Johannesjünger und die Jünger der Pharisäer häufig fasten und viel beten. Der Vorwurf wird auch Jesus selbst gemacht (7,34). Die Tradition vielen Betens wird bei den Jesusjüngern nicht vermißt. Die Antwort Jesu unterscheidet zwischen dem »Jetzt« und dem »Einst«. Die Jesusjünger brauchen als »Söhne des Hochzeitssaales«, als Hochzeitsgäste, nicht zu fasten, weil der Bräutigam bei ihnen ist. Erst wenn der Bräutigam (in Kreuz und Auferstehung) genommen ist, werden sie fasten.

Und mit einem Gleichnis (parabole) untermauert Jesus seine Antwort. Niemand zerschneidet ein neues Kleid, nur um einem alten Kleid einen Flicken aufzusetzen. Das Neue in Jesus und das Alte im Glauben der Pharisäer ist unvereinbar. Die neue Christuszeit des Gottessohnes erfordert einen neuen Lebensstil. Das Neue in Jesus ist nicht Korrektur des Alten, sondern Ende des Alten und Neuanfang. Dasselbe besagt das zweite Bibelwort vom neuen Wein in alten Schläuchen. Niemand füllt noch gärenden Neuwein in schon brüchig-alte Schläuche, sonst platzen diese unter dem Gärungsdruck, und Wein wie Altschläuche sind dahin. Junger Wein braucht vielmehr neue Schläuche, die neue Christuszeit des in Welt anwesenden Messias erfordert einen neuen Frömmigkeits- und Lebensstil, der sich nicht am jüdischen Gesetz (Tora), sondern an der Lehre und dem Beispiel Jesu orientiert. Judentum und Christusnachfolge gehen getrennte Wege, Synagoge und Kirche leben sich notwendigerweise auseinander; zur Zeit des Lukas sind sie bereits formal getrennt.

Diesem entschiedenen Votum für das Neue in Jesus widerspricht zunächst V. 39 »Der alte Wein ist besser«. Tatsächlich kommt dadurch eine gewisse Ungereimtheit in die Argumentation. Wahrscheinlich will Lukas damit abklären, warum so viele Juden das

Neue in Jesus ablehnen und beim Alten der Torareligion bleiben, weil diese ihnen besser schmeckt. Damit wird nicht die sachlich bessere Qualität des Judentums behauptet, sondern nur eine menschlich verständliche Erklärung des jüdischen Konservatismus gegeben, beim Alten und Bewährt-Bekannten zu verbleiben und sich nicht dem Neuen in Jesus zu öffnen.

Das Abreißen der Ähren am Sabbat (6,1–5)

Im Anschluß an die zwischen Pharisäern und Jüngern kontroverse Fastenfrage wird in den beiden folgenden Perikopen vom Ährenraufen 6,1–5 und von der Heilung der verdorrten Hand 6,6–11 zur Sabbatfrage Stellung bezogen, nachdem das Thema schon 5,33–39 angeklungen war. Lk folgt Mk 2,23–28; 3,1–6. Als Jesus an einem Sabbat durch ein Ährenfeld geht, reißen die ihn begleitenden Jünger Ähren ab und essen die Körner. Die Pharisäer sehen das oder hören davon (Denunziation?) und weisen darauf hin, daß sogar das am Sabbat (als Erntearbeit!) verboten ist. Da Jesus die Handlungsweise der Jünger geduldet hatte, ist er als Meister gefragt und gibt selbst die Antwort. Er verweist auf die Erzählung 1 Sam 21,1–7, nach der auch David und seine Begleiter das Verbot Lev 24,5–9 übertraten und die heiligen Tempelbrote aßen, als sie Hunger hatten. David selbst nahm davon und gab den Begleitern, so daß auch David selbst Gesetzesbrecher wurde. Wenn das schon David wagte, um wieviel mehr darf Jesus in der Vollmacht Gottes die Sabbatordnung übertreten. Mk 2,27b »Der Sabbat ist für den Menschen da« läßt Lk weg. Der Schlußsatz »Der Menschensohn ist Herr über den Sabbat« stellt die göttliche Vollmacht des Messias heraus. Jesus ist selbst mehr als David (20,42–44), er steht als Herr über dem Sabbatgebot und über der Tora.

Die Heilung eines Mannes am Sabbat (6,6–11)

Das Streitgespräch folgt Mk 3,1–6. Es geht wiederum um Jesu Autorität über den Sabbat, indem er selbst, nicht seine Jünger, die Sabbatordnung demonstrativ übertritt. Der als Gottessohn hoheitlich heilende Jesus entspricht dem eigentlichen Heilswillen Gottes, wenn er die alte Sabbatordnung durchbricht um des neuen Heils willen, wie es in Jesu Wundertat aufleuchtet. An einem anderen Sabbat betritt er die Synagoge und lehrt dort. Eine Ortsangabe wird nicht gemacht. Dort sitzt ein Mann, dessen rechte Hand »verdorrt« ist, vielleicht eine Knochen- oder Muskelkrankheit, jedenfalls eine Verkrüppelung oder Lähmung. Die Schriftgelehrten und Pharisäer warten schon darauf, wie Jesus sich am Sabbat verhalten würde, um ihn wiederum anzugreifen und eine offizielle Anklage gegen ihn beim Hohen Rat zu erheben. Die Kontroverse um Jesu Autorität und die Geltung der Tora spitzt sich zu. Obwohl Jesus um das Ansinnen der Gegner weiß, schreitet er erneut zu einer demonstrativen und provozierenden Heilung am Sabbat, die im Verständnis der gesetzestreuen Juden verbotene (medizinische) Arbeit war.

Jesus läßt den Verkrüppelten sich in die Mitte stellen, damit alle Zuschauer Zeuge der Handlung werden. Er stellt eine rhetorische Frage, die nur eine Bejahung zuläßt, denn selbstverständlich darf und soll am Sabbat Gutes getan und soll Leben gerettet werden. Auch die Pharisäer bejahen die Rettung eines Menschen (und von Tieren) aus Lebensgefahr am Sabbat. Zwar ist dieser Kranke nicht in Lebensgefahr, aber es darf ihm Gutes getan werden, auch und gerade am Sabbat. Jesus sieht alle der Reihe nach an, prüfend und deren Reaktion abwartend, und befiehlt dann dem Mann: Strecke deine Hand aus! Und sofort ist die Hand wieder gesund. Die Gegner sind wuterfüllt und suchen, was sie gegen Jesus unternehmen könnten. Herodes Antipas (Mk 3,6) läßt Lk hier unerwähnt, weil er erst 13,31 dessen Gegnerschaft gegen Jesus wieder aufnimmt.

Die Wahl der Zwölf (6,12–16)

Lukas läßt die Sammelnotizen Mk 3,7–12 aus und fügt an die Erzählung von der sich stärker formierenden Front gegen Jesus (6,11) die Erzählung von der treuen Jüngerschaft und der Apostelwahl an (Mk 3,13–19). Nachdem sich die Führerschaft Israels mehr und mehr von Jesus abwendet, schafft er sich selbst seinen Führungskreis der »Zwölf«, die nicht nur Jesu Anspruch auf ganz Israel verkörpern, sondern auch die Mission Jesu über Israel hinaus in die Völkerwelt tragen sollen (Apg 1,8). Vielleicht enthielt

schon die Logienquelle eine Apostelliste vor der Bergpredigt, vgl.
Mt 10,1–4.

Mit der Formulierung »Es geschah aber in diesen Tagen« (1,5; 2,1) setzt eine wichtige neue Entwicklung in der Erzählung ein. Jesus geht »hinaus auf den Berg«, also an den Ort größerer Gottesnähe und Offenbarung, wo er die ganze Nacht im Gebet zu Gott verbringt. Damit bereitet sich Jesus selbst auf einen entscheidenden Schritt vor, nämlich die Wahl der Zwölf aus der Jüngergemeinschaft. Als es Tag wird, ruft er seine Jünger zu sich (Mk: »diejenigen, die er selbst wollte«) und wählt aus ihrem Kreis die Zwölf aus (Mk: er bestimmte sie; Mt: er rief die zwölf Jünger herbei). Lukas nennt weder Bedingungen für die Zwölf (wie Mk) noch deren Aufgaben (wie Mt). Jesus »nennt sie auch Apostel«. Dann führt Lk die Apostelliste an. Simon hat von Jesus selbst die »Amts«-Bezeichnung »Petrus« (Fels, Edelstein) erhalten; kein anderer Apostel erhält hier einen Beinamen. Andreas wird als Bruder des Petrus eingeführt. Jakobus und Johannes sind von 5,10 her schon bekannt. Philippus und Bartholomäus sowie Matthäus und Thomas folgen. Neben Jakobus, des Alphäus Sohn, nennt Lk Simon den Zeloten, an dessen Stelle Mk/Mt Thaddäus nennen. Dann führt Lk einen »Judas des Jakobus« an, während Mk/Mt aber Simon den Kananäer nennen. Schließlich endet die Liste mit Judas Iskariot (vgl. Apg 1,13), der zum Verräter wurde.

Der Andrang des Volkes (6,17–19)

Ähnlich Mk 3,7–12 bringt Lk hier einen Sammelbericht als Übergang zu dem folgenden großen Lehrabschnitt. Zusammen mit den neu gewählten Zwölf steigt Jesus vom Berg herab in die Ebene. Diese Ortsangabe veranlaßte Exegeten, die folgende Lehre Jesu »Feldrede« zu nennen, im Unterschied zur matthäischen »Bergpredigt«. In der Ebene macht Jesus mit einer großen Schar seiner Jünger halt, und »eine große Menge Volkes« aus ganz Judäa und Jerusalem und dem Küstengebiet von Tyrus und Sidon strömt herbei. Spiegelt sich für Lk in dieser Szene der Strukturaufbau seiner Kirche wider: Im Zentrum Jesus der Gottessohn, eng bei ihm die zwölf Apostel, weiter darum »eine große Schar Jünger«, also entschiedene Mitglieder der Nachfolgebewegung, und außen

Die zwölf Apostel
Von den drei Synoptikern hat Lk am stärksten eine Theologie der »Zwölf« entwickelt, die für ihn mit dem von Jesus gewählten Apostelkreis deckungsgleich sind. Paulus hingegen und die Urkirche haben die Zwölf von den zahlreichen Aposteln unterschieden, und Paulus hat sich selbst als Apostel verstanden und bezeichnet (1 Kor 15,5ff.), was Lk so nicht akzeptiert. Für ihn sind die Zwölf vielmehr die Urzeugen »von Anfang an« für das Christusgeschehen, die bis zur Himmelfahrt Augenzeugen des irdischen Jesus und seines Todes waren. Sie sind als Augen- und Ohrenzeugen des irdischen Jesus zu »Dienern des Wortes« geworden (1,2), die die wahre Jesusüberlieferung der Kirche verbürgen und damit eine fundamentale Rolle im personalen Traditionsprozeß der Lehre Jesu einnehmen. Tatsächlich spricht vieles dafür, den Zwölferkreis nicht als späte Konstruktion des Lukas abzuwerten, sondern in ihm eine vorösterliche soziologische Größe in der Führungsstruktur der Jesusbewegung zu sehen.

Der Apostelbegriff selbst hängt wohl mit dem jüdischen Schaliach-Institut zusammen, einer Rechtseinrichtung, nach der sich jemand rechtlich vollgültig durch einen anderen oder zwei Zeugen vertreten lassen konnte, so daß die Boten volles Vertretungsrecht innehatten. Aber noch andere Einflüsse aus palästinischem und hellenistischem Denken werden zur Bildung des Zwölferapostolats beigetragen haben. Die Zahl 12 selbst ist wohl am Zwölfstämmevolk Israels orientiert, weil die frühe Phase der Jesusmission sich als ausschließliche Sendung an Israel verstand (Lk 9,1–10). Nachdem Jesus immer stärker die Ablehnung seitens seines Volkes und dessen Führern erfuhr, schuf er sich selbst die Führungsgruppe seiner eigenen Bewegung, die deren Kontinuität auch über den Tod des Gründers hinaus verbürgen sollte. Lk läßt die Zeit der Apostel mit dem Apostelkonzil (Apg 15) zu Ende gehen, für ihn ist damit im Jahr 47 die »apostolische Urzeit« abgeschlossen. Wurde für Judas noch eine Nachwahl durchgeführt, so kam sie schon beim Tod des Jakobus (Apg 12,2) nicht mehr in Frage.

weit herum die Menschenmenge, die Jesus hören und seine Heilskraft erfahren will? Die Volksscharen aus jüdischem und heidnischem Gebiet repräsentieren den Anspruch Jesu auf die universale Mission der Weltvölker. Der personale und leibliche Aspekt der Jesusnachfolge und sein Zusammenhang mit dem sakramentalen Handeln der Kirche des Lukas kommt zum Ausdruck, wenn wiederum das »Berühren Jesu« als Voraussetzung und Mittel der Heilung genannt wird; die göttliche Heilkraft, die von Jesus und seinem Wort ausgeht, wird zeichenhaft-personal übertragen und vermittelt, wie in den Sakramenten der Kirche. »Und heilte alle« steht am Ende des Abschnitts, wiederum Hinweis auf das universale Heilsangebot Jesu an die Menschheit. Alle, die Jesus hören wollen, können in der nun folgenden großen Rede seine Lehre und sein Heilswort vernehmen.

1. Die Feldrede (6,20–49)

Die sogenannte »Feldrede« Lk 6,20–49 ist aus zahlreichen Einzelsprüchen der Jesusüberlieferung komponiert und lag Lukas weitgehend in der Logienquelle Q so vor. Damit ist das hohe Alter und die Dichte dieser Sprüche zur Predigt des irdischen Jesus verbürgt. Hier ist Jesu programmatische Rede über Inhalt und Form wahrer Jüngerschaft zusammengefaßt. Am Anfang stehen die Seligpreisungen und die Weherufe, dann folgen die Darlegungen über die Feindesliebe, die Bruderliebe in Gemeinde und Familie und schließlich die wahre Frömmigkeit, die an ihren praktisch-konkreten Früchten erkannt wird, und ein Schlußgleichnis vom Haus auf Felsen oder Sand rundet die Rede ab. Die Radikalität der Forderungen und die Aufforderung zu weltfremdem Handeln mitten in der Welt liegt in der eschatologischen Verheißung Jesu angesichts der in seinem Kommen angebrochenen Endzeit begründet: Jetzt gilt es »unweltlich« zu handeln, um Gottes Barmherzigkeit in der Welt durchzusetzen und den ewigen Lohn dafür zu erhalten. Verzicht auf Vergeltung, auf richtendes Urteil, auf allgemein übliche Vorsicht beim Leihen, Geben, Teilen gründet in der alles überragenden Zuversicht, »von Gott bald« in reichem, vollem, gehäuftem, überfließendem Maß beschenkt zu werden (V. 38), so daß ein gegen alle Welterfahrung sprechender Lebensstil des Verzichts auf eigene Interessen in Gottes Lohnverheißung den Grund seiner Hoffnung hat. Das Jetzt der Welterfahrung mit ihren Prinzipien und Techniken der Selbst-Durchsetzung von Eigeninteressen wird dem »Dann« des eschatologischen Lohnausgleichs des barmherzigen Gottes gegenübergestellt. Lukas baut diese grundlegenden Weisungen an dieser Stelle nach der Berufung der zwölf Apostel in sein Evangelium ein, um den Jüngern, Gemeinden und interessierten Außenstehenden eine zuverlässige, auf Jesus selbst zurückgehende, ethisch-kirchliche Orientierung für konkrete-praktische Formen der Nachfolge Jesu zu bieten. In der Logienquelle Q waren diese Jesusweisungen eventuell für die auf die Taufe folgende Gemeindekatechese gesammelt, so daß sie ihren »Sitz im Leben« in einer geistlich fortgeschrittenen Jüngergemeinde hätten und nicht allgemeine sozialpolitische Maxime sein können. Das gilt es bei allen Konkretisierungen für Fragen sozialer und politischer Entscheidungen wie Abrüstung, Friedensdiskussion, Ethik in Justiz und Staat, zu bedenken.

Seligpreisungen und Weherufe (6,20–26)

Von 6,20 an folgt Lukas allein der Logienquelle, die in ihrem Anfangsteil die Redekomposition 6,20–49 enthält. Die Bergpredigt des Matthäus (Mt 5 – 7) bringt zu allen Aussagen Parallelstücke in derselben Reihenfolge, wenn auch mit anderem Stoff der Logienquelle stark erweitert. Lukas bietet also im wesentlichen die Stoffe seiner Q-Quelle unverändert. Die Seligpreisungen (Makarismen) 6,20b–23 und die Weherufe 6,24–26 bilden die beiden sich entsprechenden Strophen der dichterisch wie theologisch gefüllten Rede. Die Vierzahl der Seligpreisungen war in der Logienquelle vorgegeben, Matthäus hat sie erweitert; die vier Weherufe bringt Matthäus erst Mt 23,23–36, doch hat Lk sie wahrscheinlich ebenfalls in der Logienquelle hinter den Seligpreisungen gefunden.

Die Rede Jesu ist an die Jünger gerichtet, so auch Mt 5,1f. Dabei sind die Apostel und die Volksmenge von Lk 6,17 nicht ausgeklammert, vielmehr sind alle, die hören wollen, Adressaten der Botschaft, die Amtsträger, das Kirchenvolk und die interessierte nichtchristliche Mehrheit. Schon in der Gegenwart des Jetzt und

Heute sind jene selig und des Reiches Gottes gewiß, die als Arme, Hungernde, Weinende ihr Leben durchhalten, wenn auch das endzeitliche Heil Gottes noch aussteht und zukünftig ist. Doch wer Jünger Jesu ist und aus seinem Wort lebt, ist schon jetzt selig, auch wenn er arm, unterprivilegiert, diskriminiert, sozial deklassiert, vom Schicksal benachteiligt, irgendwie leidend ist. Das hier angesprochene Armsein ist im konkret-praktischen Sinn der Erfahrung von Not, Hilflosigkeit und Bedürftigkeit gemeint, nicht etwa in einem übertragenen oder vergeistigten Sinn (wie Mt »im Geist«), so daß auch die große Armut vieler Menschen und Völker der Dritten Welt darunter zu erfassen ist. Das entsprechende »Wehe« über die Reichen gilt im selben konkreten Sinn: Reiche haben es hier schon gut, Arme erwarten ihr Glück ausschließlich vom Reich Gottes, das kommt. Wer nur von Gott sein Heil erwartet, ist selig.

Die Seligpreisung der Ausgestoßenen und Gehaßten spiegelt schon die Verfolgungssituation der jungen Kirche wider, wird aber auch auf den irdischen Jesus zurückgehen, da auch ihm die Androhung der »Exkommunikation« aus der Synagogengemeinschaft und der Volksgemeinschaft bekannt war. So erleiden auch die Jünger Haß »um des Menschensohnes willen«, so daß Jesus das eigentliche Motiv der Verfolgung ist. Am Tag des Ausschlusses sollen sich die Jünger freuen wegen des zu erwartenden Lohnes im Himmel. Verfolgung erfuhren schon die alten Propheten Israels seitens ihres eigenen Volkes, daher muß auch der Prophet Jesus ebenso wie seine prophetisches Zeugnis ablegenden Jünger verfolgt werden. Mit »ihre Väter« distanziert sich Jesus von den Juden.

Die Weherufe künden allen, die sich nicht in die Nachfolge Jesu begeben wollen, Unheil und Vergeltung an. Die drei ersten »Wehe« gehören parallel zu den ersten drei »Selig« sachlich zusammen: Arme – Reiche, Hungernde – Satte, Weinende – Lachende. Beim endzeitlichen Gericht, das freilich schon im Jetzt/Heute beginnt, werden alle, die hier glücklich waren, leer ausgehen. Im vierten Weheruf wird den Gelobten keine Vergeltung zugesagt, sie ist aber entsprechend mitzudenken, da der Beifall für die Falschpropheten auf das Unrecht des Lobes hinweist (Jer 5,31; Mi 2,11; Apg 8,9–11); denn Lob empfangen vor allem die, die in »Schmeichelreden« (1 Thess 2,5 f.; 2 Tim 3,1–9) den Leuten nach dem Mund reden, weniger die, die die Wahrheit sagen.

Von der Vergeltung und von der Liebe zu den Feinden (6,27–36)

Zwischen Seligpreisungen/Weherufen (6,20–26) und dem Schlußgleichnis (6,46–49) hat Lukas den mit dem Liebesgebot einsetzenden Hauptteil der Feldrede (6,27–45) eingebaut. Wie Gott selbst sollen auch die Glaubenden als »Söhne des Höchsten« (V. 35) aus Barmherzigkeit gut sein (V. 36). Die Feindesliebe und der Verzicht auf Vergeltung sind nicht als soziale Logik, sondern als Nachfolge Gottes und seiner Barmherzigkeit zur Welt begründet. Nicht alle Menschen der Gesellschaft, sondern nur »ihr, die ihr mir zuhört«, also die Jünger der Nachfolge Christi, sind die Adressaten der ethisch-endzeitlichen Weisungen, eure Feinde zu lieben und Gutes denen zu tun, die euch hassen. Gemeint sind die politischen und religiösen Verfolger und Feinde der Jesusbewegung. Die Jünger sollen jene segnen, »die euch verfluchen«, und für jene beten, »die euch mißhandeln«; damit ist das »Gesetz der Vergeltung«, das ius talionis des Judentums (»Auge um Auge, Zahn um Zahn« Mt 5,38) aufgehoben und die barmherzige Liebe als oberstes Handlungsprinzip aufgerichtet.

Das wird nun an mehreren konkreten Beispielen illustriert: die Backe hinhalten, das Hemd noch dazugeben, jedem Bittenden geben, auf die Rückgabe von Weggenommenem verzichten. Für alle Außenstehenden wird das einsichtig mit der »Goldenen Regel« (V. 31) begründet: das Mindestmaß sozialer Hingabe müssen die eigenen Erwartungen an die anderen sein, wenn kein krasser Egoismus ohne jede Gerechtigkeit herrschen soll. Das Prinzip der bloßen Gegenleistung und des Liebesausgleichs, das für »Sünder« gilt (Mt 5,47 »Heiden«), reicht nicht für Jesu Jünger (VV. 32–35). Die »Liebe« muß Früchte des »Gutestun«, der praktischen Hingabe zeigen und nicht bloß verinnerlichte Gesinnungshaltung ohne Taten sein.

V. 35 ordnet die Fallbeispiele Liebe, Gutestun, Leihen wieder in den Bezugsrahmen der Feindesliebe ein, für all das soll der Jünger Jesu nichts zurückerhoffen, nur dann wird seine Hoffnung auf Gottes Lohn erfüllt und er zu den »Söhnen des Höchsten« zählen, vgl. Röm 8,14f.; Gal 4,5f. Begründet wird die Forderung mit der umfassenden Güte Gottes gegen die Undankbaren und Bösen. Barmherzig sollen die Jünger sein wie der Vater-Gott selbst (Lev

19,2), denn Gott liebt die Welt und Menschheit und behandelt sie nicht nach dem Vergeltungsprinzip, sondern nach dem Vergebungsprinzip.

Vom Richten (6,37–42)

Richtet sich die Feindesliebe gerade auf jene außerhalb der Gemeinde und der eigenen Sympathiegruppen, so befaßt sich das folgende Wort mit der Bruderliebe innerhalb der Gemeinde und Familie. Der Jünger soll auf richtende Urteile über den Bruder verzichten und Schuld gern vergeben, damit er im Endgericht selbst Gottes Barmherzigkeit erfährt. Wer gibt, dem wird von Gott im Endgericht reich zurückgegeben. Der anschließende Vergleich mit dem blinden Blindenführer verdeutlicht, daß der Jünger einen »sehenden Führer«, der selbst den Weg gegangen ist, den er anderen zeigt, haben soll. Daß Jesus dieser Führer ist, wird aus dem folgenden Spruch deutlich, daß der Jünger nicht über seinem Meister (Jesus) steht; allgemeine sprichwörtliche Weisheit wird hier auf Jesus als den Anführer auf dem Weg zu Gott angewandt (vgl. Apg 3,15 Jesus »Anführer ins Leben«). Wer sich in der Gemeinde als »sehender Führer« der anderen profilieren will, soll nicht über Jesu ehtische Forderungen noch hinausgehen wollen. Der Gemeindelehrer soll wie der Meister Jesus sein. Am Liebesgebot als oberster Norm orientiert sich brüderliche Zurechtweisung, Urteilen und Gemeindeführung. Nur wer seine eigenen Fehler erkannt hat und sich korrigiert, hat das Recht der Zurechtweisung des Bruders. Selbstkritik führt dazu, mit Kritik am Bruder und mit Verurteilung vorsichtig zu sein (V. 37). Vor überheblichem Besserwissen und dem Anspruch moralischer Überlegenheit werden die Jesusjünger gemahnt.

Von der wahren Frömmigkeit (6,43–46)

Echte Weise der Jüngerschaft in der Nachfolge Jesu läßt sich von den »guten Früchten«, vom praktischen, feststellbaren »Erfolg« her beurteilen. »Ein guter Mensch bringt Gutes hervor« gilt nicht nur für Lehrer und Meister, sondern für alle Jünger, während Mt 7,15 die Bildworte ausdrücklich auf die »Falschpropheten«

anwendet. Von den minderwertigen Pflanzen Disteln und Dornensträuchern können keine hochwertigen Früchte wie Feigen und Trauben geerntet werden, diese Erfahrungstatsache gilt auch im Umgang mit »frommen Menschen«, deren »Früchte« nur hochwertig sind, wenn »in ihrem Herzen Gutes ist« (V. 45), vgl. 8,15; 11,39. Das abschließende Sprichwort belegt das: »Aus der Überfülle des Herzens nämlich spricht sein Mund.« Die Rede des Mundes und die Taten des Menschen legen die Qualität seines Herzens offen. Während der Spruch vom Herr-Sagen bei Mt 7,21 nicht als Frage formuliert ist und sich nicht auf die Weisung Jesu, sondern auf den »Willen meines Vaters« bezieht, spricht Jesus bei Lukas vom Tun dessen, »was ich sage«, die Weisung Jesu steht also im Zentrum der Frömmigkeit einer Jesusnachfolge.

Vom Haus auf dem Felsen (6,47–49)

Auch dieses Schlußgleichnis der Feldrede betont noch einmal die Praxisdimension des Glaubens und wahrer Frömmigkeit: es kommt auf das Tun der Worte Jesu an. Nur wer zu Jesus kommt, seine Worte hört und danach handelt, hat das Haus seines Lebensentwurfs und seine Hoffnung auf ein tragendes Fundament gebaut, so daß es nicht von der Flut, der endzeitlichen Katastrophe, vernichtet wird. Wer aber nur hört und nicht danach handelt, riskiert die Vernichtung seiner ganzen Existenz vor Gott. Das Tatbekenntnis muß immer Konsequenz des frommen Christusbekenntnisses sein, wenn dieses wirklich Heil vermitteln soll. Wie Jesus »Heil« versteht, hängt eng vom praktischen Lebensstil, von der zwischenmenschlichen, sozialen und politischen Tatverantwortung ab. Christlicher Frömmigkeitsstil erhält von hier aus seinen Akzent konkreter Caritas, Diakonie und Armensolidarität.

2. Zeichen und Worte Jesu: Die Scheidung in Israel und Jesu Offenbarung vor dem Jüngerkreis (7,1 – 9,50)

Der ganze Abschnitt zeigt in wachsendem Maß die Sendung Jesu als Messias Israels, der sein Volk »heimgesucht« hat (7,16), der aber von den Führern Israels, die sich verstockt dem Heilswillen Gottes widersetzen, abgelehnt und so seinem Weg in die Passion ausgeliefert wird. Das Werben Jesu um Israel wird von seinen Aposteln mitgetragen (8,1–56), denen er sich mehr und mehr als Messias und Sohn Gottes offenbart (9,10–50), indem sie sein Wort verkünden und an seiner göttlichen Vollmacht durch Wunderheilungen Anteil erhalten (9,1–6). Daß das Versagen Israels in Gottes unergründlichem Heilsplan die positive Wirkung hat, das Heilsangebot Gottes auch auf die Heidenvölker auszudehnen und deren Glaubenskraft deshalb an Jesus als Retter rückzubinden, verdeutlicht die Anfangserzählung des großen Abschnitts, die Erzählung vom römisch-heidnischen Hauptmann von Kafarnaum, dessen Glaubenskraft den Glauben Israels überragt (7,9). Gott schafft sich an den traditionell als fromm geltenden Judenführern und deren Wut (6,11) vorbei ein neues Volk aus Heiden, Zöllnern und Sündern (7,29–50) und gehorsamen Kindern Israels.

Der Hauptmann von Kafarnaum (7,1–10)

Lukas fand die Erzählung in der Logienquelle vor, vgl. Mt 8,5–13. Wie Mt bringt er sie sofort im Anschluß an den großen Redekomplex 6,20–49 (Mt 5 – 7). Auch in die johanneische Überlieferung floß diese Erzählung ein (Joh 4,46–54), wie bei Lukas leicht redaktionell überarbeitet. Diese Erzählung vom heidnischen Jesusjünger könnte ihren »Sitz im Leben« in den Fragen und Problemen jener Gemeinden gehabt haben, die nicht beschnittene heidnische Gottesfürchtige unter die Taufbewerber in die Gemeinden aufnehmen wollten und sich dabei gegen jene Kreise verteidigen mußten, die ausschließlich Juden in der Jesusbewegung sehen und jede »Proselytenmacherei« aus Heiden ablehnen wollten. Die Öffnung hin zur Heidenmission blieb ein Problem der Jesusbewegung bis

hin zum Apostelkonzil im Jahr 47 (Apg 15) und der Durchsetzung des Paulus in dieser Frage.
Jesus hat seine Rede in der Ebene beendet und geht wieder nach Kafarnaum, wo nach Mt sofort der römische Hauptmann (Centurio im Heer des Herodes Antipas, nicht in der Römerarmee?) vor Jesus hintritt. Lukas aber erzählt zuerst die Krankheit des Dieners (doulos, Mt hat noch den Begriff pais: Kind, Sohn, Knecht). Dieser ist todkrank, sein Herr schätzt ihn sehr; beide Bemerkungen erhöhen erheblich die Spannung für die Zuhörer dieser Erzählung und damit auch die Wirkung der Wundertat Jesu. Der Hauptmann wendet sich nicht sofort selbst an Jesus, sondern sucht eine doppelte Vermittlung. Er schickt einige von den »Ältesten der Juden«, eine Art Ortsrat jüdischer Gemeinden, zu Jesus, damit diese ihn bitten, zu kommen und den Diener zu retten. Die jüdische Delegation weiß von dem Militärbeamten nur Bestes zu berichten, denn er liebt die Juden und hat ihnen sogar die Synagoge gebaut. Darin liegt seine Wertschätzung und Würde als Heide (axios) begründet. Er hätte es also gar nicht nötig gehabt, sich für »unwürdig« zu halten (V. 7) und nur über Juden Verbindung mit Jesus aufzunehmen. So aber entsteht die paradoxe Situation, daß Juden selbst für die Annahme des Heiden plädieren, obwohl sie sonst die Aufnahme von Heiden in die Jesusgemeinde ablehnen. Jesus geht mit ihnen, doch der Hauptmann sendet eine zweite Vermittlergruppe, nämlich (heidnische) Freunde, die im Namen des Offiziers Jesus sagen, daß er nicht ins heidnische Haus kommen solle, sondern durch sein Machtwort den Diener heilen möge. Der Offizier nennt Jesus »Herr« (kyrios), Ausdruck seines Glaubens und seiner Demut. In einem »Schluß vom Kleineren zum Größeren« bekennt der Offizier die Vollmacht in Jesu Befehl. Jesus ist erstaunt über diese Glaubensstärke des Heiden, die er nicht einmal in Israel gefunden hat. Diese Kritik am Glauben der Juden bildet die eigentliche Pointe der Perikope. Die Hoffnung des Heiden, daß Jesus aus der Ferne seinen Diener heile, erfüllt sich, wie die zurückgekehrten Zeugen und Vermittler feststellen.

Die Auferweckung eines jungen Mannes in Naïn (7,11–17)

Lukas baut eine Erzählung aus seinem Sondergut ein, die nicht in der Logienquelle steht. Sie soll verdeutlichen, daß »Gott sein Volk heimgesucht hat« (1,68.78; 7,16; 19,44; Apg 15,14) und in Jesus Gottes Vollmacht, die Tote auferstehen läßt (7,22), wirksam ist. Am Vorbild prophetischer Totenauferweckungen (1 Kön 17,17–24 Elija; 2 Kön 4,18–37 Elischa) wird aufgezeigt, daß in Jesus der endzeitliche Prophet gekommen ist (Apg 3,18; 7,37; Dtn 18,15.18). Dieser offenbart sich in der Stadt Naïn in Galiläa, wohl identisch mit dem heutigen arabischen Dorf naim am Fuß des Bergmassivs »Kleiner Hermon«. Seine Jünger und eine große Menschenmenge folgen ihm. Am Stadttor trifft er auf eine Beerdigung, der einzige Sohn einer Witwe ist gestorben; die dramatische Not des Falls ist prägnant umrissen, die große Teilnahme der Stadt folgt daraus. Jesus »sieht« die Frau, wobei dem Blickkontakt besondere Bedeutung als Zuwendung zu diesem Menschen zukommt. Der »Herr« (kyrios) hat Mitleid mit ihr und sagt: »Weine nicht!« Er berührt die Bahre, wiederum Ausdruck der personal-leiblichen Ganzheit der Jesusbegegnung, und befiehlt dem Toten aufzustehen. Dieser richtet sich sofort auf und spricht, er ist für alle prüfbar ins Leben zurückversetzt worden, die göttliche Vollmacht Jesu im Auftrag des Tote auferweckenden Gottes hat sich hier offenbart. Jesus gibt ihn der Mutter zurück (1 Kön 17,23) und alle Anwesenden sind von der prophetischen Vollmacht Jesu in Furcht ergriffen. Sie proklamieren als »Chorschluß« ein doppeltes Bekenntnis: Gott hat mit Jesus den großen endzeitlichen Propheten erstehen lassen; und Gott hat sich seines Volkes angenommen, es »heimgesucht«. Die Kunde davon (»dieses Wort«), nämlich vom Bekenntnis des Volkes, verbreitete sich in ganz Judäa und darüber hinaus in der Völkerwelt der Heiden, denen das Evangelium ebenfalls gilt und die dafür offen sind, wie sich am Beispiel des Hauptmanns zeigte.

Die Frage des Täufers (7,18–23)

Lukas kehrt zur Abfolge in der Logienquelle zurück und bringt nacheinander die Täuferanfrage an Jesus und das Jesuszeugnis über den Täufer (Mt 11,2–6.7–19). Die Selbstoffenbarung Jesu in 7,22f. erinnert an jene in 4,18f. in der Synagoge von Nazaret und betont, daß sich in Jesu Kommen die eschatologische Verheißung eines Messias erfüllt hat. Eine frühe Auseinandersetzung der Jesusgemeinde mit den Täuferjüngern mag durchaus vorösterliche Hintergründe haben, zumal noch keine ausgesprochen christologischen Hoheitstitel auftauchen. Nach 3,20 ließ Herodes Johannes den Täufer ins Gefängnis werfen; dort erfährt der Täufer »alles« durch seine Jünger. Er schickt zwei von ihnen (Zeugen nach Dtn 19,15) »zum Herrn« und läßt anfragen, ob Jesus »der Kommende« sei, vgl. Hab 2,3 LXX. V. 21 bringt ein Summarium der Heilungstätigkeit Jesu, eingeleitet mit dem für Lukas wichtigen »in jener Stunde« (10,21; 12,12; 13,31; 20,19; Apg 16,33), das den Anbruch der Endzeit in Jesus umschreibt, von dem »damals« der Einheitsübersetzung unzureichend wiedergegeben. Obwohl Lukas bisher keine Blindenheilung erzählt hat, erwähnt er sie hier vor V. 22. Jesus antwortet den beiden Boten des Täufers mit einer Zitatkombination aus Jes 26,19; 29,18; 35,5f.; 61,1. Sie sollen dem Täufer melden, was sie selbst »in jener Stunde« als Augenzeugen der Vollmacht und Heilungstätigkeit Jesu erlebt haben. Die abschließende Seligpreisung gilt dem, der an Jesus keinen Anstoß (skandalizo) nimmt, sie hat werbende Aufgabe für die Jesusnachfolge. Eine historische Konkurrenz zwischen Täuferjüngern und Jesusbewegung läßt sich nicht daraus ablesen. Auch Johannes erkennt, daß Gott in Jesu Kommen und Vollmacht, wie es seine beiden Boten erfahren haben, die verheißene messianische Heilszeit heraufgeführt hat.

Das Urteil Jesu über den Täufer (7,24–35)

Jesus selbst redet nun vor der Menge über den Täufer, und zwar in drei Fragen, warum sie überhaupt »hinausgezogen« sind zum Täufer an den Jordan und sich von ihm taufen ließen, wie V. 29 ausdrücklich ergänzt. Die Fragen bilden eine steigende Interpretation des Täufers, die beiden ersten negativ, die dritte positiv. Johannes ist kein im Wind schwankendes Schilfrohr, er ist kein Mann in feiner Kleidung und im Wohlstand der Königspaläste, vielmehr ist er ein Prophet, ja sogar mehr als ein Prophet, nämlich

Wegbereiter des Kommens Gottes, wie Mal 3,1; Ex 23,20 verheißen. Hier ist der Täufer selbst als Endzeitprophet Gottes anerkannt, während er in anderer Perspektive des Neuen Testaments als Vorläufer des Endzeitpropheten Jesus gesehen wird. Jedenfalls ist Johannes Wegbereiter des Kommens Gottes in Welt und Geschichte, das sich in der Menschwerdung des Gottessohnes Jesus vollzogen hat. Diese paradoxe Position des Täufers wird im V. 28 umschrieben, der Kleinste in der Jesuszeit und dem wachsenden Reich Gottes ist größer als der Größte der vormessianischen Wartezeit. Alle, die sich von Johannes taufen ließen, haben den Willen Gottes anerkannt, Pharisäer und Gesetzeslehrer aber widersetzten sich Gottes Heilswillen und verweigerten die Johannestaufe. Ihre Opposition zu Jesus hatte schon ein Vorspiel in der Ablehnung gegenüber dem Täufer.

Mit V. 31 setzt eine doppelte Frage nach der Eigenart der »Menschen dieser Generation« ein. Sie gleichen völlig desinteressierten, passiven, überfütterten Kindern, die trotz Einladung zum Tanzen oder Weinen zu nichts Lust haben, sie können sich für nichts entscheiden, sie haben die Hoffnung aufgegeben. Sie kritisierten Johannes, weil er zum Weinen einlud, zu Fasten und Askese, und sie kritisierten den »Menschensohn« Jesus, weil er zum Tanzen, zum Essen und Trinken, zur Freude endzeitlicher Heilshoffnung einlud (5,30.33f.). Sie haben den Zeitpunkt ihres Heils nicht erkannt und versperren sich in einer alles und jeden nörgelnd ablehnenden Negation und Passivität ihre einzige Zukunftschance, die ihnen Gott, ihr Herr, bietet: Hoffnung auf Gottes Allmacht und den von ihm gesandten Sohn und damit Aussicht auf Rettung und Zukunft in Gott zu haben. »Menschensohn« als Selbstbezeichnung des irdischen Jesus findet sich auch in 5,24; 6,5; 9,58; 12,8; 19,10. In V. 35 werden jene, die Johannes und Jesus glaubten, als »Kinder der Weisheit Gottes« (Spr 8,32f.; Sir 4,11) belobigt. Johannes wie Jesus sind als Träger und Künder der Weisheit Gottes (sophia, sapientia) verstanden, nicht aber als personifizierte Weisheit Gottes selbst; vgl. Lk 11,49 »Deshalb hat auch die Weisheit Gottes gesagt«, wo sich auch Jesus nicht als die menschgewordene Weisheit Gottes selbst versteht, sondern Gottes Wille offenbart. Anders wird Jesus bei Paulus als »Weisheit Gottes« verstanden, vgl. 1 Kor 1,23ff.

Die Begegnung Jesu mit der Sünderin (7,36)

Wiederum greift Lukas auf sein Sondergut zurück. Weil die Erzählung eine gewisse Nähe zur Salbungsgeschichte Mk 14,3–9 hat, läßt er diese in seiner Passionsdarstellung aus. Das Stichwort vom essenden und trinkenden Menschensohn und dessen Freunden, den Zöllnern und Sündern, in V. 34 gibt Lukas Anlaß, sofort die Mahlszene im Haus des Pharisäers zu schildern. Damit wird die eigentliche Pointe der Erzählung offenkundig, nämlich Jesu Mahlgemeinschaft mit den Sündern als Ausdruck des Erbarmens Gottes zu interpretieren. – In VV. 40.43f. wird der Name des einladenden Pharisäers mit »Simon« angegeben. Jesus folgt seiner Einladung und »legt sich zu Tisch«, ähnlich wie er das beim Festmahl des Zöllners Levi (5,29) getan hatte. Eine Frau, die als »Sünderin in der Stadt« bekannt war, kommt mit einem Alabastergefäß voll parfümierten Salböls und tritt von hinten an den liegenden Jesus heran, wobei ihre Tränen auf seine Füße fallen. Sie trocknet mit ihren Haaren seine Füße, küßt sie und salbt sie. Diese orientalische Szene ist durchaus realistisch geschildert. Das Skandalöse des Vorgangs liegt darin, daß wohl eine Prostituierte Jesus angeht und dieser sich von ihr berühren läßt. Freilich setzt V. 47 voraus, daß sie Jesus aus einer früheren Begegnung schon kennt und damals durch ihn Sündenvergebung erfahren hatte. Der Hausherr vermutet, daß Jesus die Sündhaftigkeit der Frau nicht durchschaut, zieht aus diesem Nichtwissen gleichzeitig aber auch den Schluß, daß Jesus kein Prophet sein kann, sondern nur Rabbi/Lehrer ist.

Jesus antwortet ihm in einem Gleichnis: Ein Geldverleiher erläßt einem Schuldner 500 Denare, einem anderen nur 50 Denare; natürlich freut sich jener mit dem größeren Kreditnachlaß am meisten, zumal das einzige Motiv für diese Freigebigkeit in der Zahlungsunfähigkeit der beiden liegt. Jesus überträgt das Gleichnis nun auf den Pharisäer Simon und die Sünderin, um das Maß der Liebe jener Sünderin zu Jesus zu begründen und die unterlassene Höflichkeit des Hausherrn dreifach zu kritisieren: Er hat ihm keine Fußwaschung geboten, keinen Willkommenskuß gegeben und das Haar nicht gesalbt. Die Sünderin hingegen vollzog diese drei Dienste an Jesus in überbietender Form: Tränen über die Füße, mit Haar getrocknet, unaufhörlich sogar die Füße geküßt, die Füße gesalbt. Das sind Symptome ihrer großen Liebe, die ihrerseits so stark ist, weil ihr viele Sünden vergeben wurden. Denn zwischen erfahrener Sündenvergebung und Stärke der Liebe liegt eine Korrespondenz, die von Gottes verzeihender Barmherzigkeit ausgeht und die in christlicher Gemeinde praktiziert werden soll: Vergebung soll Liebe provozieren, nicht umgekehrt: Kritik und Verurteilen verderben Leben. V. 48 sagt Jesus der Sünderin nochmal ausdrücklich Sündenvergebung zu, obwohl das Gleichnis voraussetzt, daß ihr bereits solche Sündenvergebung zuteil wurde und sie deshalb Jesus so sehr liebt. Abschließend wird der »Glaube« der Sünderin als eigentliche Ursache ihrer »Rettung« genannt, vgl. 8,48; 18,42; 17,19. Die Sünderin hat in Jesus den messianischen Retter erkannt (19,10), und das führt sie zum Frieden mit Gott, vgl. 5,24; 8,48; 17,19.

Frauen im Gefolge Jesu (8,1–3)

Das Summarium VV. 1–3 gilt für die gesamte folgende Zeit des Wanderpredigers Jesus und seiner im Aufbau befindlichen Umkehr- und Erneuerungsbewegung, wie sie in Kap. 8 und 9,1–50 geschildert wird. Es handelt sich um eine über Mk und Q hinausgehende redaktionelle Einleitung, in der er Namen und Informationen seiner Sonderüberlieferung verarbeitet. Jesus führt offensichtlich das Programm durch, in allen Städten und Dörfern Galiläas und Judäas (4,43f.) aufzutreten und in großen Volksversammlungen in und außerhalb der Synagogen seine Botschaft von der Ankunft der Gottesherrschaft zu verkünden. Wort- und Tatverkündigung ergänzen sich dabei. Jesus ist stets von einer großen Mitarbeitergruppe begleitet. Dazu zählen zunächst die »Zwölf« als engste Mitarbeiter, dann aber auch zahlreiche Jünger und darunter Frauen, die er geheilt hatte und die sich aus Dankbarkeit in der Jesusbewegung engagieren. Namentlich genannt werden Maria Magdalena, Johanna, die Ehefrau des herodianischen Beamten Chuzas, und Susanna. »Viele andere« Frauen bleiben hier anonym. Maria Magdalena sollte nicht mit der unbekannten »Sünderin« 7,36–50 identifiziert werden, wie es die spätere Tradition zu Unrecht tat, sie ist eine andere Frau, die durch Jesus von sieben Dämonen befreit wurde (so auch Mk 16,9), wobei nicht mehr zu sagen ist, um welche Krankheit es sich dabei gehandelt haben könnte und warum gerade die Zahl Sieben hier zur Anwendung kommt. Zusammen mit Johanna, der Ehefrau des Chuzas, wird Maria Magdalena 24,10 als Besucherin des Grabes Jesu und Osterzeugin genannt. Susanna bleibt unbekannt, sie ist nicht als dritte Osterzeugin »Maria des Jakobus« zu identifizieren. Die ausdrückliche Nennung dieser drei Frauen und all jener, die Jesu Mission ideell und finanziell unterstützten und mittrugen, zeigt die große Bedeutung, die Frauen in der Jesusbewegung hatten. Es gab in ihr reiche und gesellschaftlich wie politisch einflußreiche Frauen, die sich für Jesus verwandten und seiner Mission die Wege ebneten und die Türen öffneten. Welche Aufgaben, Funktionen, Dienste und Ämter diese Frauen konkret in der vorösterlichen Jesusbewegung ausübten und wie sich ihr Einsatz gegenüber dem der männlichen Jünger und Mitarbeiter abhob, ist nicht mehr festzustellen. Jedenfalls zeigt Jesus eine für das jüdische Milieu ungewohnte und Grenzen des Gewohnten durchbrechende Offenheit für die Mitarbeit von Frauen. Einem jüdischen Rabbi war ansonsten solche Kooperation mit Frauen in seinem Gefolge nicht gestattet, wie denn auch Jesu unbefangene Zuwendung zu den Frauen laufend die Kritik der pharisäischen Gegner hervorrief.

Das Gleichnis vom Sämann und seine Deutung (8,4–15)

Der folgende Abschnitt 8,4–21 hat als Thema das »Wort Gottes« und seine Wirkweise. Lukas bearbeitet Mk 4,1–20, er rahmt es mit dem einleitenden Hinweis auf die aus allen Städten zusammenströmenden Menschen (V. 4) und die Aufforderung zum Fruchtbringen aus dem Wort Gottes (V. 15). Das Gleichnis 8,4–8 wird den Volksscharen erzählt, VV. 9–18 sind die Jünger die Adressaten. Jesus erzählt ein »Gleichnis« (parabole). Es ist für die Leute gedacht, obwohl auch die Zwölf, die Jünger und die Frauen als Zuhörer gedacht sind. Werden in der »Feldrede« primär die Jünger angeredet, so wird hier die Volksmenge angesprochen, erst 9–18 die Jünger allein.

Im Unterschied zu Mk spricht Lukas von »seinem« Samen, dem Wort Gottes in der Predigt Jesu. Der Samen (das Wort Gottes) kann ein vierfaches Schicksal erfahren: 1) Teilweise auf den Weg fallen, zertreten werden, von Vögeln gefressen werden. 2) Auf Felsen fallen, aufgehen, aus Wassermangel verdorren. 3) In Dornen fallen, mit Dornen aufwachsen, ersticken. 4) Auf guten Boden fallen, aufgehen, hundertfach Frucht bringen. Wiederum drei negative und ein positiver Aspekt. Das Gleichnis visiert mit diesen vier Möglichkeiten nicht verschiedene Hörerreaktionen an, sondern drückt Jesu Zuversicht aus, daß trotz allem Mißerfolg das Wort Gottes dennoch irgendwann aufgeht und Frucht bringt, ja sogar überraschend hohen Erfolg, eben »hundertfach«, vgl. Gen 26,12: »Isaak säte in dem Land, und er erntete in jenem Jahr hundertfältig, denn der Herr segnete ihn.« Mit »Frucht« kann sowohl die fruchtbare Wirkung der apostolischen Missionspredigt, als auch die praktische Frucht einer neuen Haltung und neuen Lebensstils in der Nachfolge Jesu gemeint sein, vgl. Apg 6,7; 12,24; 19,20. Jesus ruft abschließend der Volksmenge zu: »Wer Ohren hat zum Hören, der höre!« Ein akustisch-informelles Hören wird von einem ins Herz gehenden, tiefer hörenden Erfassen der Botschaft unterschieden, nur bei letzterer Art von Hören kommt Gottes Wort zur Entfaltung und Wirkung. Die Hörer sollen »gutes Erdreich« sein (V. 15), Gottes Wort »befolgen« (V. 21) und Frucht bringen (V. 8).

9–10 Während die Vorlage Mk 4,10–12 die sogenannte markinische Gleichnistheorie bietet, läßt Lukas ebenfalls die Jünger nach der Bedeutung des Gleichnisses fragen, gestaltet die Antwort Jesu aber anders, indem er zwischen dem Verstehen der Jünger und dem Nichtverstehen der anderen Menschen unterscheidet. Nur den Jüngern ist gegeben, die Geheimnisse des Reiches Gottes zu kennen. Damit ist keine schwärmerische Gnosis im Sinn von Geheimnissen esoterischer Gruppen gemeint, sondern das innere Begreifen der Botschaft Jesu und dessen angemessene Verkündigung. Die Mysterien des Reiches Gottes werden den Nichtjüngern nur in Gleichnissen zugeredet, da sie nach Jes 6,9 nur partiell sehen und hören. Die Stufung im Verstehen der Mysterien führt eine Scheidung zwischen Jüngern und Volk herbei, wobei erstere das Wort Gottes befolgen und bewahren (8,21; 11,28).

11–15 Jesus erklärt den Jüngern, daß der Samen das Wort Gottes ist und dieses auf verschiedene Hörersituationen trifft, in denen es oft zum Scheitern verurteilt ist: 1) Das Wort hören, aber der Teufel reißt es aus dem Herzen. 2) Das Wort freudig aufnehmen, aber keine Wurzeln, abtrünnig. 3) Das Wort hören, weggehen und im Leben ersticken, ohne Frucht. 4) Das Wort hören, festhalten, durch Ausdauer Frucht bringen. Lukas sieht, wie Wortverkündigung von vielfachen Schwierigkeiten und Lebenssituationen bedroht ist, hat aber die Zuversicht, daß das Wort Gottes dennoch bei nicht wenigen mit »gutem und aufrichtigem Herzen gehört und festgehalten wird und durch ihre Ausdauer Frucht bringt«. Das »Festhalten« (katecho) ist auch Frucht guter Verkündigung, und das »Fruchtbringen« ist Resultat »geduldiger Ausdauer«, des »Darunterbleibens« unter den konkreten Existenzbedingungen, und nicht vor der Realität zu flüchten (hypomone).

Vom rechten Hören (8,16–18)

Im Anschluß an Mk 4,21–25 werden drei Sprüche geboten: Von der Lampe. Nichts bleibt verborgen. Wer hat, dem wird gegeben. Das Bildwort von der Lampe kommt 11,33 wieder vor (Q), das vom Offenbarwerden des Verborgenen in 12,2 par Mt. Mit »wer hat« ist wohl im Anschluß an V. 15 auf das richtige Hören und Festhalten des Wortes Gottes, das auf guten Boden gefallen ist, angespielt; die Jünger sollen richtig auf Gottes Wort hören, dann werden sie dessen Wirkung und Heil dazubekommen. – Das Bildwort von der Lampe enthält nach der älteren Fassung Mt 5,15 die Volksweisheit, daß in einem palästinischen Flachdachhaus mit nur einem Raum niemand die Öllampe unter den Scheffel stellt, sondern immer auf den Leuchter. Lukas geht von der Vorstellung einer größeren Villa mit einem Eingang aus und ersetzt »Scheffel« durch »Gefäß«. Der Zweck der Lampe – und diesem entsprechend muß sie plaziert werden – ist jedenfalls, »allen, die eintreten, zu leuchten«. So soll die Verkündigung des Wortes Gottes in und durch Gemeinde so geschehen, daß »alle« davon erhellt werden, die sich der Botschaft öffnen und »eintreten« in die Jesusnachfolge. Der universale Charakter der Wortverkündigung, die nicht in sektiererischen Geheimzirkeln behandelt werden darf, sondern in aller Öffentlichkeit auf dem Leuchter stehen muß, wird betont.

Auch was Jesus zunächst nur den Zwölf und den Jüngern als engerem Mitarbeiterkreis anvertraut hat, muß »offenbar werden«

in aller Öffentlichkeit. Die Lehre Jesu umfaßt nicht grundsätzlich »Geheimes«, wenn sie im katechetischen Lernprozeß auch Stufen der Einführung ins Mysterium Gottes kennt. Der Glaube der Jüngergemeinde ist nicht Geheimwissen einer esoterischen Sekte, sondern auf Publizität hin angelegt. V. 18 fordert zum richtigen Hören auf, nach dem Saat-Gleichnis (VV. 11–15) ist das »Wie« des Aufnehmens von Gottes Wort für deren Wirkung entscheidend. Gottes Wort »haben« heißt, unter seinem Anspruch durchhalten, an ihm »festhalten« (V. 15); wer das tut, dem wird Gnade und Segen gegeben. Wer aber »nicht hat«, mit Gottes Wort falsch umgeht, wie die drei negativen Fälle im Sämann-Gleichnis (VV. 11–15), »dem wird weggenommen, was er zu haben meint«. Es gibt also die Gefahr der Illusion im »Besitz« des Wortes Gottes, das nicht wirkt.

Von den wahren Verwandten Jesu (8,19–21)

Gestützt auf Mk 3,31–35 erläutert Lukas mit Hilfe eines »biographischen Apophthegmas« weiterhin das Wesen des »Wortes Gottes«, vgl. Mt 12,46–50. Im Unterschied zu Mk läßt Lukas alle negativen Notizen über die leiblichen Verwandten Jesu weg. Auch die Erwähnung von »Schwestern« Jesu in Mk 3,32.35 unterdrückt er. Viele Forscher sind der Meinung, daß es gute Gründe gibt anzunehmen, daß Lukas unter »Brüder« eigentlich Vettern und weitere Verwandte verstanden hat. Der spätere Glaube der Kirchen, daß Jesus das einzige Kind Marias und Maria auch nach dessen Geburt noch Jungfrau geblieben ist (virgo post partum), kann deshalb nicht als schriftwidrig betrachtet werden. – Jesu Mutter und Brüder kommen zu Jesus, können aber wegen der Menschenmenge nicht zu ihm; man meldet ihm, daß sie »draußen« stehen, womit eine örtliche oder auch eine ideelle Distanz zu Jesus gemeint sein kann: Nicht alle Verwandten Jesu gehörten zu den an ihn Glaubenden und auf sein Wort Hörenden. Aber sie möchten Jesus »sehen«. Jesus antwortet, daß seine wahren, neuen (geistigen) Verwandten jene sind, die »Gottes Wort hören und danach handeln« (Mk: der den Willen Gottes tut). Wer das Wort Gottes in der Predigt Jesu festhält, begibt sich in die »Familie Jesu«, in die jesuanische Jüngergemeinschaft.

Der Sturm auf dem See (8,22–25)

Nach dem thematischen Block »Wort Gottes« (8,4–21) folgen drei markante Wundertaten Jesu: Die Stillung des Seesturms, die Heilung des Besessenen von Gerasa und die Auferweckung der Tochter des Jaïrus (8,22–56). Sie ergänzen die Wortverkündigung durch die machtvolle Tatverkündigung Jesu. Dem hoheitlichen Befehlswort Jesu folgen Naturgewalten, Dämonen und sogar der Tod. Diese steigende Wundertrilogie beruht auf Mk 4,35 – 5,43, wobei Lukas die Erzählungen strafft und christologisch konzentriert. »An einem der Tage« ereignen sich alle drei Wunder. Jesus will mit seinen Jüngern »ans andere Ufer« fahren, sofort fahren sie ab. Jesus schläft im Boot ein, bevor ein Sturm auf dem See Gennesaret aufzieht. Das Boot gerät in Seenot. Sie wecken den »Meister« (epistata; Mk: Lehrer). Jesus steht auf, droht dem Wind und den Wogen, »und sie hörten auf«; die Naturgewalten unterwerfen sich momentan dem göttlichen Befehlswort Jesu (vgl. Ps 104,6f.; 106,9; Nah 1,4; 2 Makk 9,8). »Und es ward Stille« erinnert an den ursprünglichen Ruhe-Zustand der Schöpfung sowie an die endzeitliche, verheißene Ruhe (anapausis). Jesus fragt vorwurfsvoll nach ihrem Glauben (Mt 8,26: »Ihr Kleingläubigen«). Eigentlich hätte der Glaube der Jünger in der Notsituation stärker werden sollen, anstatt zu verzweifeln; der Glaube soll durch Krisen, Probleme und Rettungserfahrungen wachsen und reifen. Die Jünger aber entdecken bei ihrem Schrecken und Staunen nicht in Jesus den »Herrn der Schöpfung«, dem die Elemente gehorchen.

Die Heilung des Besessenen von Gerasa (8,26–39)

Lukas bearbeitet Mk 5,1–20, eine Exorzismus-Erzählung, die er zu einer Verkündigungserzählung ausbaut: Der Geheilte wird der erste Jünger Jesu und Missionar in der heidnischen Dekapolis (Zehn-Städte-Verband mit eigenem Münzrecht und eigener Zeitrechnung im Ostjordanland: Damaskus, Dion, Gadara, Gerasa, Hippos, Kanatha, Pella, Philadelphia [Amman], Raphana, Skythopolis [Beth-Schean], vielleicht auch Abila). Die Erzählung begründet ebenfalls die spätere Heidenmission der Kirche, indem sie Jesu

Vollmacht auch in heidnischem Territorium demonstriert und aufzeigt, wie auch Heiden durch das Evangelium »von der Gewalt Satans« (Apg 26,18) befreit werden. – Jesus fährt mit seinen Jüngern ans gegenüberliegende Ufer. Ein nackter Besessener aus der Stadt Gerasa, der ausgestoßen in Grabhöhlen lebt, läuft ihm entgegen. Er sieht Jesus, schreit auf, fällt vor ihm nieder und ruft das christologische Bekenntnis »Jesus, Sohn des höchsten Gottes!« (vgl. 4,41). Er bittet, Jesu Vollmacht möge doch nicht die Dämonen (V. 27) in ihm quälen. Die vielen Dämonen (Legion VV. 30ff.) bilden den einen »unreinen Geist« (V. 29). »Legion« ist eine römische Militäreinheit von 6000 Mann (vgl. Mk 5,13: 2000 Schweine). Die Gewalt des unreinen Geistes wird dramatisch ausgemalt: Fesseln an Händen und Füßen, Zerreißen der Fesseln, in Wüsten getrieben. Jesus erfragt den Namen des Dämons, wer nämlich den Namen kennt, hat Macht über ihn. Die Dämonen bitten, sie nicht in die »Unterwelt« (abyssos) zu schicken, vielmehr in die Schweineherde fahren zu lassen (in unreine Tiere). Jesus erlaubt es ihnen. Sie fahren aus dem Besessenen in die Schweine, die Herde stürzt sich den Abhang hinunter in den See und ertrinkt. Hirten melden das Ereignis in Städten und Dörfern. Die Leute kommen und finden den Besessenen geheilt bei Jesus, ordentlich gekleidet und bei Verstand, wie ein Schüler zu Jesu Füßen, dessen Worte zuhörend. Die Leute fürchten sich. Als sie Einzelheiten der Heilung hören, bitten sie Jesus, »von ihnen wegzugehen«, da sie große Angst haben. Jesus fährt zurück. Die Bitte des Geheilten, bei Jesus bleiben zu dürfen, lehnt er ab, vielmehr sendet er ihn als Jünger und Missionar in sein Haus und seine »ganze Stadt«, um vor den Heiden Gottes Großtat, die Jesus vollbrachte, zu verkünden. Jesus vollbringt Gottes Heil an Menschen, weil »Gott mit ihm war« (Apg 10,38).

Die Auferweckung der Tochter des Jaïrus und die Heilung einer kranken Frau (8,40–56)

Vorlage des Evangelisten ist Mk 5,21–43 (Erweckung eines Mädchens, Heilung der Blutflüssigen). In den Rahmen einer Erwekkungserzählung ist die Heilung der Frau eingeschaltet. Jesus zeigt sich als Herr über Krankheit und sogar den Tod. – Viele Menschen warten bereits am anderen Ufer auf den rückkehrenden Jesus. Der Synagogenvorsteher Jaïrus fällt Jesus zu Füßen und bittet, in sein Haus zu kommen und sein einziges Kind, ein zwölfjähriges Mädchen, das im Sterben liegt, zu retten. Hatte der Offizier 7,6 es nicht gewagt, Jesus »unter sein Dach« einzuladen, so tut das der jüdische Vornehme. Während Jesus in das Haus geht, drängt sich das auf Wunder neugierige Volk um ihn (6,19). Eine Frau tritt von hinten an ihn heran (vgl. 7,38), berührt die Quaste seines Gewandes und sofort ist ihre Blutungskrankheit, die seit zwölf Jahren unheilbar war, beendet. Die markinische Bemerkung über die »Quälereien« der Ärzte läßt Lukas weg. Die Berührung allein, ohne Geste oder Wort, genügt zur Heilung, da Jesus anders als die magischen Wundertäter aus seiner Geistvollmacht wirkt (4,14; 5,17; Apg 1,8; 10,38). Jesus fragt, wer ihn berührt habe. Da sich niemand meldet, vielmehr Petrus und seine Gefährten auf das Gedränge hinweisen, betont Jesus, daß es sich nicht um ein zufälliges Anstoßen, sondern eine »gläubige Berührung« handelt, da er eine Kraft von sich ausströmen fühlte. Die geheilte Frau gibt zu, daß sie die Berührung mit Jesus absichtlich gesucht habe, um geheilt zu werden. Jesus bestätigt, daß ihr Glaube ihr geholfen hat und entläßt sie in den Frieden Gottes (vgl. 7,50; 17,19; 18,42).

49–56 Die unterbrochene Erzählung von der Jaïrus-Tochter wird fortgesetzt. Ein Hausbote kommt und berichtet dem Jaïrus, daß seine Tochter gestorben ist, er solle den Meister Jesus nicht länger bemühen. Jesus sagt Jaïrus, er solle nur glauben, dann werde das Mädchen gerettet. Der Osterglauben und die Auferstehungserfahrung der Jünger sind hier vorweggenommen: Der stellvertretende Glaube vermag einem anderen Menschen, einem Toten, das Leben zurückzugeben. Nur die drei Hauptzeugen Petrus, Johannes und Jakobus sowie die Eltern des Kindes läßt Jesus ins Haus. Als Jesus der Trauergemeinde sagt, das Kind sei gar nicht tot, sondern schlafe nur, wird er ausgelacht, denn »sie wußten, daß sie tot war«. Glaube und Wissen werden in einer dialektischen Spannung gesehen. Der physische Tod ist für Jesus nur begrenzter Schlaf, da er von Gott durch ewiges Leben überwunden wird. Von »scheintot« weiß die Erzählung nichts, vielmehr ist ganz auf eine wirkliche Totenauferweckung abgehoben. Jesus faßt sie bei der Hand und ruft sie ins Leben zurück, wobei der Befehl »Stehe auf!« doppeldeutig ist im Sinn von einfachem Sich-Erheben und von Totenauferweckung. Als Demonstration ihres echten Lebens läßt Jesus ihr zu essen geben. Er legt den Zeugen ein »Schweigegebot« auf, damit seine Wundertaten von den Ungläubigen nicht mißverstanden werden als magischer Zauber (vgl. das markinische Messiasgeheimnis und dessen Schweigegebote).

Die Aussendung der zwölf Jünger (9,1–6)

Quelle für den Abschnitt ist Mk 6,7–13, durch den Q-Stoff Lk 10,1–12 par Mt beeinflußt. Es handelt sich im Anschluß an Lk 5,1–11; 6,12–16 um eine Weisung für christliche Missionare (22,35). Jesus rüstet seine »Zwölf« mit Kraft und Vollmacht über Dämonen und alle Krankheiten aus. Ihr Verkündigungsauftrag lautet, Israel zur Umkehr einzuladen. Die Rückkehr der Missionare in 9,10 verbindet ihren Auftrag mit der Speisung der Fünftausend, mit dem Auftrag zur Feier der Eucharistie als dem eigentlichen Zeugnis der Kirche. Die mit der Wahl der Apostel 6,13 intendierte Funktion verwirklicht sich jetzt erstmalig in ihrer Aussendung zur selbständigen Mission. Sie sollen »verkündigen« und »heilen«, weil sich darin die Nähe der Gottesherrschaft dokumentiert. Wenn die Apostel in der Kraft Jesu Dämonen vertreiben (11,20) oder Kranke heilen (10,9), kommt das Reich Gottes an. Jesus schreibt die äußerliche Ausrüstung seiner Missionare vor: Nichts mitnehmen auf den Weg, keinen Wanderstab (den Mk noch erlaubt!), keine Vorratstasche, kein Brot, kein Geld, kein zweites Hemd. Stab und Beutel waren typische Kennzeichen kynischer Wanderprediger (eine asketisch lebende Gruppe, die der philosophischen Richtung der Kyniker anhing und eine dürftige Lebensweise bevorzugte), deren Image Jesus vermeiden will. Verbietet Mk auch Sandalen, so läßt Lukas die Frage offen, aber 10,4 verbietet Schuhe. Das Verbot eines zweiten Hemdes, wohl keine hygienische Frage, soll die Bedürfnislosigkeit des Missionars veranschaulichen. Der Missionar soll in ein und demselben Haus bleiben, nicht von Haus zu Haus ziehen (10,7) mit all den Mißständen, die das mit sich bringt. Wenn sie nicht aufgenommen werden, sollen sie in der Symbolhandlung des Staubabschüttelns

Gottes Gericht über die Leute herabrufen (10,11; Apg 13,51; 18,6). Die Zwölf besuchen Dorf um Dorf und verkünden und heilen »überall«, so daß Jesu Reich-Gottes-Botschaft universal gehört wird.

Das Urteil des Herodes über Jesus (9,7–9)

Lukas schaltet Mk 6,14–16 ein, wobei er die Erzählung Mk 6,17–29 von der Hinrichtung des Johannes übergeht und nur den Tod berichtet, nachdem 3,19f. die Verhaftung erwähnt hatte. Der Tetrarch Herodes Antipas (3,1) hört vom Wirken Jesu und seiner Missionare. Er gerät in Ausweglosigkeit (aporie, dieporei), denn das Urteil der Leute über Jesus ist gespalten. Die einen sehen in Jesus den auferstandenen Johannes, andere den wiedererschienenen Elias, andere einen auferstandenen Propheten. Alle aber vermuten in Jesus den endzeitlichen Propheten Gottes (7,16). Da Herodes einerseits weiß, daß er selbst den Täufer hatte enthaupten lassen, nach Flavius Josephus in der ostjordanischen Festung »Machärus«, andererseits nicht wie viele Juden an die Auferwekkung des getöteten Propheten glaubt, wünscht er, Jesus zu sehen. Lk 13,31 weiß dann bereits von der Absicht des Herodes, Jesus zu töten, was 23,6–12 zur Gegenüberstellung führt.

Die Rückkehr der Jünger und die Speisung der Fünftausend (9,10–17)

Alleinige Vorlage des Lukas ist Mk 6,30–44, die er freilich stark bearbeitet und kürzt. Lukas ordnet diese Erzählung genau zwischen die Herodesfrage, wer wohl Jesus sei, und das Petrusbekenntnis 9,20 ein, so daß der christologische Aussagegehalt der Perikope deutlich ist. Alle Hirten-Züge in der Mk-Vorlage tilgt Lukas (ausruhen, wie Schafe ohne Hirte, grüne Aue, vgl. Ps 23), da für ihn Jesus nicht der missionarische Hirte, sondern der Lehrer und Retter ist (9,2.11). – Die zurückgekehrten Apostel, die Jesus 9,1–6 ausgesandt hatte, berichten ihm über ihre Missionstätigkeit. Er zieht sich mit ihnen allein in die Nähe der Stadt Betsaida beim Jordaneinfluß im Norden des Sees Gennesaret zurück (Mk 6,45; 8,22). Doch sie bleiben nicht allein, die Volksscharen folgen ihnen;

Jesus empfängt die Leute freundlich, redet zu ihnen vom Reich Gottes und heilt alle Kranken. Gegen Abend (vgl. 24,29) empfehlen ihm die Zwölf, die Menschen wegzuschicken zum Abendessen und zum Übernachten in den umliegenden Dörfern und Gehöften. Die Jünger weisen auf den abgelegenen, einsamen Ort hin (eremos, Wüste). Jesus provoziert sie mit dem Auftrag: »Ihr, gebt ihr ihnen zu essen!« Sie aber weisen auf den geringen Proviant, fünf Brote und zwei Fische, hin. Ihr Vorschlag, für die riesige Volksmenge Essen zu kaufen, läßt sich offensichtlich ebenfalls kaum verwirklichen. V. 14 nennt die Zahl der Anwesenden: 5000 Männer, dazu wahrscheinlich Tausende Frauen und Kinder. Jesus ordnet durch die Jünger an, daß sich die Menge in Gruppen zu je fünfzig Personen lagert (Mk: je 100 und je 50; vgl. Ex 18,25). Die Jünger weisen die Plätze an. Jesus nimmt die fünf Brote und zwei Fische, blickt zum Himmel, spricht den Segen und bricht das Brot (natürlich nicht die Fische) und läßt das Brot und die Fische durch die Jünger austeilen. Die ganze Szene ist dem eucharistischen Einsetzungsbericht 22,19 nachgebildet. Jesus als eschatologischer Spender des wunderbaren Mannas in der Wüste ist in Anlehnung an eine Mosetypologie gezeichnet und auf die eschatologische Mahlfeier der Kirche hin gedeutet. Die »Jünger« VV. 14–16 sind nach Ostern selbst Vorsteher der Eucharistiefeier der Gemeinden. Beim eucharistischen Mahl in der Kirche sind »alle« eingeladen zum Sattwerden, zur Sinnfindung und Existenzerfüllung in der Nachfolge Jesu. Die Masse der Reste verdeutlicht die Heilsfülle in Jesus. Die Angabe »zwölf« Körbe bezieht sich vielleicht auf die zwölf Apostel, die ihrerseits Körbe voll Segensgaben für die hungernde Menschheit bereithalten.

Das Messiasbekenntnis des Petrus und die erste Ankündigung von Leiden und Auferstehung (9,18–22)

Der Evangelist bearbeitet Mk 8,27–30. Jesus ist (immer noch) in der Einsamkeit/Wüste und er betet (3,21; 6,12; 9,28); die Jünger sind bei ihm. Die markinische Ortsangabe Caesarea Philippi (Banias) übergeht Lukas. Er fragt sie zu seiner eigenen Person (vgl. 7,49; 8,25; 9,9). Die Jünger geben dieselbe Antwort wie die Berater des Herodes 9,7f.: Er sei der wiedererstandene Täufer

Johannes, der wiedererschienene Elija oder ein auferstandener alter Prophet. Da fragt Jesus die Jünger nach ihrer persönlichen Einstellung zu ihm. Stellvertretend für alle antwortet Petrus: »Der Messias Gottes« (Christus/Gesalbter). In diesem Bekenntnis kommt die besondere Nähe Jesu zu Gott zum Ausdruck (2,26; 23,35; Apg 3,18; 4,26). In dieser Verbundenheit mit Gott geht Jesus auf seine Passion zu, »muß« er leiden. Das Schweigegebot (bis Ostern) trägt dem Jüngerunverständnis Rechnung. Die Jünger könnten ebensowenig wie die Volksmenge das Leidenmüssen des Gottessohnes/Menschensohnes jetzt verstehen. Es ist durchaus möglich, daß die engsten Mitarbeiter Jesu schon vor Ostern in der Erfahrung mit dem irdischen Jesus eine Ahnung seiner Heilsmittlerrolle bekamen und seine Messianität bekannten, wenn sich auch das hoheitliche Bewußtsein Jesu nicht in einem einzigen Titel »Messias« aussagen ließ. Jesus ergänzt dieses Bekenntnis durch den Hinweis, der Menschensohn müsse leiden und getötet werden, aber am dritten Tag auferstehen. Es handelt sich um ein sehr altes Menschensohnwort, das ohne weiteres einen Anhalt beim irdischen Jesus haben kann, der sein bevorstehendes Verfolgungsschicksal ahnte und voraussah. Seinen tiefsten Grund aber hat Jesu Leiden und Tod nicht in der vorauskalkulierbaren politischen Entwicklung, sondern im von Gott verfügten »Muß« (dei). Das »nach drei Tagen« des Markus ändert Lukas in »am dritten Tag« (13,32; 18,33; 24,21.46; Apg 10,40); ebenso kann die Nachfolge Christi nicht am Leiden vorbei, wie die folgende Perikope verdeutlicht.

Von Nachfolge und Selbstverleugnung (9,23–27)

Mk 8,34 – 9,1 folgend bringt Lukas fünf Einzelsprüche für »alle«, also nicht nur für Jünger. In ihnen werden die Bedingungen des »Hinterhergehens hinter Jesus« (V. 23), der Jüngerexistenz, zu der »alle« berufen sind, genannt. Nachfolge Jesu heißt, seinen »Weg« mitzugehen, heißt Selbstverleugnung (Mk: »Kreuztragen/Martyriumsbereitschaft«), täglich unter seinem Kreuz bleiben und durchhalten (wie Simon von Zyrene 23,26). Jesusnachfolge fordert sogar Lebenshingabe, sei es zu Zeiten der Verfolgung im Martyrium, sei es zu Zeiten der Mission im Engagement um Jesu willen für die Menschen. Sich-Selbst-Behalten, egoistische Selbstrettung, führt zum Verlust der eigentlichen eigenen Existenz. – Das zweite Logion V. 25 geißelt menschliche Gewinnsucht, die die ganze Welt zu gewinnen sucht, sich selbst dabei aber verliert, vgl. 12,16–21 zur Sinnlosigkeit materiellen Gewinnstrebens, das keine Sicherheit verbürgt. – Im dritten Logion V. 26 wird Bekennermut als Bedingung genannt, das Endzeitgericht zu bestehen. Wer sich Jesu und seiner Worte hier auf Erden »schämt«, sie aus Opportunität oder Angst umgeht, dessen wird sich der Menschensohn bei seiner Parusie ebenfalls nicht als Anwalt annehmen vor dem ewigen Richter Gott. Seine Parusie findet »in seiner und des Vaters und der heiligen Engel Herrlichkeit (doxa)« statt; die Engel bilden das Forum, vor dem der Menschensohn als Anwalt der Glaubenden vor Gott auftritt. V. 27 kündet die Naherwartung der Parusie an, von den »dort Stehenden« werden einige noch leben, wenn das Reich Gottes im Kommen des Menschensohnes anbricht. Gegenüber Mk vertritt Lukas nicht mehr die Nächsterwartung der Parusie, sondern rechnet mit einer langen Zeit der Kirche, so daß hier sowohl an Gottesreicherfahrungen mit Jesus als auch an solche nach Ostern gedacht ist, vgl. 19,11ff.: das Reich Gottes wird nicht sofort erscheinen (Parusieverzögerung). Lukas sieht die Offenbarung des Reiches Gottes in Jesu Wort und Tat anheben und in der Parusie des Menschensohnes sich vollenden.

Die Verklärung Jesu (9,28–36)

In Zusammenhang mit Petrusbekenntnis und Leidensvoraussage 9,18–22 folgt nun eine zweite Christusoffenbarung mit der Bestätigung der Gottessohnschaft durch die Himmelsstimme: Gott selbst proklamiert Jesus als seinen Sohn, dem alle Glaubensgehorsam schulden. Lukas folgt der Vorlage Mk 9,2–10. Drei Zeugen sehen die österliche Herrlichkeit des göttlichen Boten der Gottesherrschaft, bevor dieser seinen »Exodus« (9,51) ans Kreuz antritt, wo seine Herrlichkeit allen kund wird (24,26). »Etwa acht Tage« nach diesen Reden über Leiden und Kreuzesnachfolge 9,22–27 nimmt Jesus die drei Zeugenapostel Petrus, Johannes und Jakobus (8,51; 22,8) mit zum Gebet »auf den Berg«, der klassischer Ort der Gottesoffenbarung und Gottesnähe ist (Sinai!). Damit ist das folgende Geschehen der natürlichen Erfahrungswelt entzogen, es spielt sich im Raum Gottes ab. Die Jünger schlafen bei dem ganzen Geschehen (V. 32) und nehmen nichts wahr. Beim Beten »verklärt sich« Gesicht und Gewand Jesu (Ex 34,29f. Mose), seine göttlich-endzeitliche Auferstehungsherrlichkeit leuchtet an ihm auf, seine Parusie-Epiphanie wird vorweg angedeutet. Zwei Männer, Mose und Elija, treten in strahlendem Licht auf. Im zeitgenössischen Judentum gelten Mose und Elija als in den Himmel entrückte Endzeitpropheten (2 Kön 2,1–14), die Gott wieder kommen läßt als Vorläufer des Messias am Ende der Geschichte (Sir 48,9.12; Mal 3,1.23f.; Mt 16,14 par; 27,47ff.; Joh 1,21.25). Beide Gestalten repräsentieren das »Gesetz und die Propheten« (16,29–31; 24,27), die das Leiden des Messias vorausgesagt haben (Apg 26,22f.). Sie sprechen vom »Exodus« Jesu, der sich in Jerusalem erfüllen sollte, also von seinem Kreuzestod in die Auferstehung Gottes hinein. (Himmelfahrt = eisodos/Einzug Apg 13,24), wie er 9,51 mit dem Weg nach Jerusalem beginnt. Den Jüngern, die noch schlafen, bleibt dieses Gespräch über das Leidensgeheimnis Jesu verborgen. Als sie jetzt wachwerden, sehen sie nur die Herrlichkeit (doxa, gloria) der drei Gestalten. Petrus möchte die drei in Hütten festhalten, das visionäre Ereignis völlig mißverstehend. Eine Wolke überschattet sie, traditionelles Motiv der Hineinnahme in den Raum Gottes (Gen 9,13f.; Ex 16,10; 19,9; 24,15ff.; Ri 5,4f.; Ijob 38,1; Ez 1,4; Dan 7,13), ominöse Begleiterscheinung einer Theophanie (Gotteserscheinung). Nicht in menschlichen Hütten, sondern im »Zelt Gottes« der Wolke, wohnen sie, vgl. Ps 18,12; 2 Sam 22,12; Ps 104,3; Jes 19,1; 1 Thess 4,17. Als die Wolke sie umfängt, geraten sie in Furcht. Die Stimme aus der Wolke formuliert mit Ps 2,7 und Dtn 18,15; Jes 42,1: »Das ist mein auserwählter Sohn, auf ihn sollt ihr hören.« Auf Jesus, den Sohn Gottes und endzeitlichen Propheten hören und sein Wort festhalten, das ist das Festhalten der Herrlichkeit auf Erden. Nicht die Himmlischen (Jesus, Mose, Elija) lassen sich in irdischen Hütten festhalten, sondern die Jünger und alle Glaubenden sind durch Gottes Offenbarungswort in die Sphäre Gottes aufgenommen, wenn sie auf den Sohn Jesus hören. V. 36: Noch als die Stimme erklang, war »Jesus allein gefunden«, die Stimme gilt also nur ihm allein, und auf ihn allein soll sich die Jüngergemeinde und Kirche als einzigen Lehrer verlassen. Wiederum schweigen die Jünger über ihre Offenbarung, bis an Ostern das Geheimnis des Gottessohnes Jesus offenkundig wird. Sie haben Jesu österliche Herrlichkeit vorausgeschaut, werden sie aber erst nach seinem »Exodus« (9,51) verstehen und verkünden können.

Die Heilung eines besessenen Jungen (9,37–43a)

Mk 9,14–29 bildet die Vorlage des Lukas, die Erzählung vom epileptischen Knaben, die Lukas stark kürzt. Am Tag nach der Verklärung steigen sie den Berg hinab; ob sich Lukas die Verklärung als nächtliche Erscheinung vorstellte? Viele Menschen kamen zu ihnen. Ein Mann bittet für seinen einzigen Sohn, der von einem Geist (der Epilepsie) gequält wird. Er hat sich bereits erfolglos an Jesu Jünger gewandt, die aber diesen Geist nicht austreiben konnten, weil Jesus sie nicht dazu bevollmächtigt und beauftragt hatte (anders Mk 9,28: Weil die Jünger nicht richtig beteten). Jesus klagt die »ungläubige und unbelehrbare (verkehrte) Generation an«, bei der er es aushalten muß. Stellt sich Lukas vor, daß der Unglaube des Volkes die Unfähigkeit und Ohnmacht der Jünger verursachte, zu heilen? Der lukanische Jesus weiß, daß er dieses »verkehrte Geschlecht« nicht mehr lange ertragen muß, da er ihm bald ausgeliefert wird und es ihn töten wird: die Frage hängt also mit der Leidensvoraussage 9,43ff. zusammen. Jesus läßt den Sohn herbeibringen; dieser hat vor Jesus einen typischen Anfall; Jesus droht dem Dämon, und der Junge wird geheilt seinem Vater zurückgegeben (vgl. 7,15). Das Volk ist außer sich über die »Majestät« (megaleiotes, 2 Petr 1,16) Gottes, in der Einheitsübersetzung mit dem Doppelbegriff »Macht und Größe« wiedergegeben.

Die zweite Ankündigung von Leiden und Auferweckung (9,43b–45)

Lukas bringt mehrere Leidensvoraussagen: 12,49f.; 13,31–33; 17,25; 18,31–34. Hier greift er auf Mk 9,30–32 zurück. Der Anlaß für die Jüngermitteilung ist das allgemeine Staunen der Leute über Jesu Taten. Die Formel »Setzt in eure Ohren diese

Worte« (V. 44a) hebt die Bedeutung der Mitteilung hervor: »Der Menschensohn wird den Menschen ausgeliefert werden«; daran erinnert 24,6f. Die Voraussage der Tötung und Auferstehung wird nicht eigens erwähnt. Die passivische Formulierung hat Gott als eigentlichen Urheber des Heilsplans, nach dem Jesus sterben »muß«. Die Jünger aber verstehen den Sinn nicht. Gott hat es ihnen verborgen, so daß (oder damit) sie ihn nicht begreifen. Die Jünger aber scheuen sich, Jesus »über dieses Wort« zu befragen. Fürchten sie, daß ihre falschen Messiasträume zerstört würden und daß das Leiden Jesu auch an ihnen nicht spurlos vorübergehen wird?

Der Rangstreit der Jünger (9,46–48)

Die Vorlage ist Mk 9,33–37, ein Wort gegen Geltungsstreben und Intoleranz im innergemeindlichen Leben und im Außenbezug. Weil die Jünger für Jesu Leidensschicksal nicht sensibel sind (V. 45), kommen Rangstreitigkeiten unter ihnen auf. Jesus erkennt diese Vorgänge in ihrem Herzen (5,22; 6,8) und demonstriert ihnen das Beispiel eines Kindes: Wer dieses Kind »auf den Namen Jesu hin« aufnimmt, nimmt Jesus selbst auf; wer Jesus aufnimmt, nimmt Gott auf. Der Kleinste in der Gemeinde ist der Größte. So wie Jesus sich mit dem konkreten Kind neben ihm identifiziert, so soll sich der Jünger mit den Kleinen, Armen, Unterdrückten, Unterprivilegierten solidarisieren, wenn er Jesus aufnehmen und Gott folgen will. Der jüdische Grundsatz »Der Abgesandte ist wie der Sendende« wird christologisch auf das Verhältnis zwischen Gott und Jesus sowie zwischen Jesus und den kleinsten von ihm gesandten Boten angewandt. Die Jünger Jesu sollen selbst »klein« sein und sollen gerade als »Kleine« wie Gott selbst aufgenommen werden. Die Jesusgemeinde soll ein Ort sein, wo Kleinsein etwas gilt und die »Kleinen« göttliche Würde erfahren. Die soziale Komponente in der Perikope darf nicht ausgeklammert werden zugunsten rein christologischer Deutung; vgl. Lk 22,24–26: »der Führende soll werden wie der Dienende«.

Der fremde Wundertäter (9,49–50)

Zugrunde liegt Mk 9,38–41, ein Spruch über die Toleranz gegenüber dem positiven Wirken von Nichtjüngern. Johannes, einer der drei Hauptapostel, beklagt, daß jemand unbefugt in Jesu Namen (Apg 3,6; 9,34; 16,18) Dämonen austrieb und sie ihn daran zu hindern suchten, weil er »nicht mit uns nachfolgt«. Der fremde erfolgreiche Exorzist steht nicht formell in der Jesusnachfolge. Wie ist der ärgerliche Heilungserfolg dieses außenstehenden Konkurrenten möglich? Die von Jesus erwartete Beantwortung dieses Problems fällt anders als erwartet aus: Er läßt den fremden Exorzisten gewähren: »Wer nicht gegen euch ist, der ist für euch.« Dieser Aufruf zu Toleranz gilt den Gemeinden des Lukas vor allem wegen der bereits aufkommenden theologischen Richtungsstreite und pastoralen Parteiungen. Wer nicht gegen das Evangelium Jesu agiert, darf legal auch ohne formelle organisatorische Einbindung in die Jesusbewegung »im Namen Jesu« verkünden und heilen, denn Jesu Vollmacht bleibt auch außerhalb der Organisationsstrukturen der Jüngergemeinde wirkmächtig. Diese Toleranzweisung vermag jedoch nicht einfachhin die These »Jesus ja – Kirche nein« zu stützen, da auch Lk 11,23 und das übrige neutestamentliche Zeugnis zur Kirche zu berücksichtigen ist. Immerhin liegt in diesem Spruch eine bestimmte Kritik zu restriktiver Anwendung der These »Außerhalb der Kirche kein Heil!«

V. Auf dem Weg nach Jerusalem (9,51 – 19,27)
Der lukanische »Reisebericht«

Der zweite Abschnitt der Erzählung von Jesu Taten und Worten in Galiläa und Judäa ist seinem Weg nach Jerusalem gewidmet. Die redaktionellen Notizen 9,51; 13,22; 17,11; 19,28 erinnern den Leser daran, daß Jesus immer noch am Wandern ist und daß er direkt auf Jerusalem zugeht. In diesem Abschnitt hat Lukas den größten Teil seiner nichtmarkinischen Traditionsstoffe (bis 18,14) untergebracht. Spricht die Exegese bei Lk 6,20 – 8,3 von der »kleinen Einschaltung«, so bei Lk 9,51 – 18,14 von der »großen Einschaltung« des Lukas in den vorgegebenen Mk-Rahmen, während das Übergehen von Mk 6,45 – 8,26 durch Lukas »die große Auslassung« genannt wird. Entscheidendes Kennzeichen der lukanischen Redaktion in diesem Großabschnitt ist die gezielte theologische und literarische Disposition der Einzelstoffe in den Großrahmen des »Reiseberichts«, dessen Motiventwurf »Reise« von Lukas selbst stammt und nicht in der Logienquelle oder seinem Sondergut vorgefunden wurde. Daher ist im »Reisebericht« keine vorlukanische Komposition, sondern ein original lukanischer Entwurf zu sehen, der der Entwicklung im Leben und Wirken des irdischen Jesus Rechnung trägt, weil sie sich durch die zahlreichen Auseinandersetzungen mit Gegnern, durch Predigten und Tatverkündigung abzeichnet.

Das »Weg«-Motiv (oder »Reise«-Motiv) hat theologischen Hintergrund, es zeigt Jesus auf einem von Gott vorgezeichneten und vorausbestimmten »Weg«, den der Messias gehen »muß«, so daß Jesus im Glaubensgehorsam seinen Blick unverrückbar nach vorn aufs Ziel richtet: Schon der Zwölfjährige im Tempel schaut auf Jerusalem als Ziel seiner Berufung (2,41f.), und Jesus geht konsequent seiner »Hinaufnahme« in Jerusalem entgegen. Der lukanische Jesus eilt sozusagen seiner Bestimmung zu, wenn man die Vorliebe des Lukas für das Verb »gehen, reisen, wandern« (poreuomai) sieht: dieses Verb kommt bei Mt 29mal, Mk 3mal, Lk 51mal, Joh 13mal, Apg 3mal vor, bei Lukas 25mal auf Jesus bezogen. Dem entspricht die lukanische Eigenart, den neuen christlichen Lebensstil der Nachfolge Jesu mit »Weg« (hodos) zu charakterisieren (Apg 9,2; 18,25f., vgl. Joh 14,1–4; Hebr

10,19–22) und im auferstandenen Christus den »Anführer ins Leben« (Apg 3,15) zu sehen, der seine Kinder auf dem Weg in die Endzeit führt. Die Jünger und die Glaubenden der Kirche sind die hinter Jesus her Gehenden, die konkret und praktisch ihm Nachfolgenden (9,52; 10,4.38) und auch an seinem Leidensweg Teilnehmenden. Die Mission der Kirche wird vom erhöhten Herrn den Weg Gottes geführt. Das literarische Schema des Reiseberichts und sein Wegmotiv drücken also mehr aus als »Jesu Leidensbewußtsein«, sie haben vielmehr ekklesiologisch-missionarische Aussageabsicht: Nachfolge Jesu fordert stetes Weitergehen unter der Führung des »Anführers (archegos)« Christus.

1. Von der wahren Jüngerschaft (9,51 – 13,21)

Die ungastlichen Samariter (9,51–56)

In diesem ersten Erzählabschnitt des Reiseberichts, der aus dem lukanischen Sondergut stammt, wird gleich zu Beginn viermal das Weg-Motiv herangezogen, um dem Leser in Erinnerung zu rufen, daß Jesus jetzt auf seinem unaufhaltsamen Gang nach Jerusalem zum Kreuz und der Auferstehung ist. In der Begegnung mit den ablehnenden Samaritern, die der Haltung der Bewohner Nazarets ähneln (4,16–30), wird eigentlich die Reaktion der Jünger gezeichnet. Der Weg Jesu entspricht dem Plan des göttlichen Heilswerkes, in ihm »erfüllen sich« (Apg 2,1) die »Tage der Hinaufnahme« (analempsis) Jesu. Lukas denkt bei diesem Bild von der »Hinaufnahme« an Leiden, Tod, Auferstehung, Himmelfahrt und Verherrlichung Jesu zur Rechten Gottes (Apg 2,34). Da »richtete er das Gesicht starr aus, auf Jerusalem zuzugehen«, heißt der griechische Urtext. Das Wort erinnert an Jes 50,6–8 LXX, wonach der Gottesknecht entschlossen dem Leiden entgegenblickt und auf Gottes Rettung hofft, und an Ez 6,2; 13,17; 14,8; 15,7 LXX, wo damit eine bewußte Entscheidung gemeint ist.

Jesus schickt Boten vor sich her (vgl. 10,1). Sie kommen in ein samaritisches Dorf, um für ihn Unterkunft zu besorgen, aber die Einwohner lehnen ab, weil er auf dem Weg nach Jerusalem ist und die Samariter als Feinde der Juden niemanden aufnehmen, der

Kontakt mit Juden pflegt. Die beiden Zebedäussöhne Jakobus und Johannes (vgl. »Donnersöhne« Mk 3,17) wollen mit 2 Kön 1,10ff., vgl. Offb 11,5 die Bewohner durch Feuer vom Himmel dem göttlichen Strafgericht unterziehen und sie vernichten, aber Jesus weist sie zurecht und betont damit, daß er nicht gekommen ist zu vernichten, sondern als Heiland zu retten. Einige Textzeugen fügen bei V. 54 an »wie es auch Elija tat« (2 Chr 1,10–12) und verdeutlichen die Aussageabsicht von V. 55 durch die Ergänzung »und sagte: Ihr wißt nicht, welchen Geistes ihr seid, denn der Menschensohn ist nicht gekommen, Menschenleben zu vernichten, sondern sie zu retten«, vgl. Lk 19,10; Joh 3,17. Jesus »wendet sich um« (10,23; 14,25), ist also der Jüngergruppe voraus, und lehnt den Vergeltungsgedanken der Jünger ab, er toleriert die ablehnende Haltung der Samariter und geht auf ein anderes Dorf zu.

Von der Nachfolge (9,57–62)

Lukas folgt der Logienquelle (vgl. Mt 8,18–22) und stellt die Anforderungen an Nachfolgewillige vor die Aussendung der Jünger 10,1–12 (Mt 11,20–24). Die Einleitung »Und als sie weiterzogen auf dem Weg« ist redaktionelle Anknüpfung des Evangelisten, um das Weg-Motiv des »Reiseberichts« konsequent fortzuführen. Die Jüngergruppe hinter Jesus verkörpert die ihrem Anführer Jesus nachfolgende Kirche auf ihrem Missionszug durch die Geschichte; daher antwortet Jesus im Grunde auf Fragen nach Charakter und Grundhaltungen in kirchlicher Gemeinschaft. Ein anonymer Mann (Mt: ein Schriftgelehrter) erklärt seine unbedingte Nachfolgebereitschaft »wohin du auch gehst«. Jesus nennt ihm die Konditionen der Menschensohn-Existenz: Kein Ort des »Zuhause«, Heimatlosigkeit und Ungeborgenheit des stets im Aufbruch befindlichen Wanderers Gottes.

Einen anderen (Jünger) fordert Jesus zur Nachfolge auf, doch dieser will »zuerst« der humanitären Pietätspflicht und dem Toragebot nachkommen, den eigenen Vater zu beerdigen; Jesus aber bricht mit Gesetz, Sitte und Normalempfinden, wenn es um die Nachfolge Gottes und die Gottesherrschaft geht, und provoziert zum Gesetzesbruch (vgl. Jer 16,1–9; Ez 24,15–24). Angesichts des eschatologisch-apokalyptischen Kommens des Gottesreiches gelten Gesetze, Sitten, Menschlichkeit nichts mehr vor Gott, sogar die Macht des Todes ist gebrochen (20,38); angesichts dieser neuen Wirklichkeit (der Auferstehungshoffnung) verlieren sogar Todesrituale und die darin liegende Humanität ihre Heilsbedeutung. Das Verlassen der Familie und der Rückzug aus der sozialen Verpflichtung kann zum Zeugnis entschiedener Nachfolge Gottes im Hoffen auf das Kommen seines Reichs werden.

Ein dritter Mann erklärt sich zur Nachfolge bereit, will aber zuerst noch das eigentlich Selbstverständliche tun, nämlich von seinen Hausgenossen Abschied nehmen (vgl. 1 Kön 19,20f. Elischas Abschied von der Familie). Jesus aber fordert, familiäre und zwischenmenschliche Bindungen ruhen zu lassen und entschieden nach vorn zu blicken (9,51) auf die Verkündigung des Reiches Gottes, wie der Pflüger stets nach vorne blickt auf die Zielgerade der Furchenführung. Die »Tauglichkeit« für den Verkündigungsdienst des Reiches Gottes wird von Jesus an radikale Entscheidungen und Lebensstile gebunden. Die Worte des irdischen Jesus an die vorösterliche Jüngergemeinschaft gelten im Verständnis des Lukas jetzt der nachösterlichen Jesusbewegung und beginnenden Großkirche.

Die Aussendung der zweiundsiebzig Jünger (10,1–12)

Die Perikope 10,2–16 beruht auf einer »Instruktionsrede Jesu« aus der Logienquelle (vgl. Mt 10,7–16), wobei Lukas den Stoff anders als Matthäus anordnet und das Spruchmaterial durch die Jüngeraussendung V. 1 und -rückkehr V. 17 rahmt, vgl. Mk 6,7.30. Mit der redaktionellen Zeitangabe »danach« knüpft Lukas sachlich an die Jüngerforderung an. Neben den »Zwölf« sucht »der Herr« noch 72 andere Jünger aus und sendet sie »zu zweit« (Mk 6,7; Dtn 19,15) aus, damit ihr Zeugnis glaubwürdig ist (jüdisches Zeugnisrecht). Einige Textzeugen geben die Zahl der Jünger mit 70 an, eine sichere Entscheidung über die ursprüngliche Lesart ist nicht mehr möglich. Ob Lukas die Zahl aus der Logienquelle übernahm oder selbst bildet, bleibt offen. Es handelt sich wohl nur um eine große Zahl in Anlehnung an Gen 10 oder an die 72 Ältesten Num 11,24, wobei nicht unbedingt Jesu Anspruch auf ganz Israel eingeschlossen sein muß. Jedenfalls wurden die Jünger in ihrer Missions-Funktion gegenüber den anderen abgegrenzt. Jesus »bestimmt« sie (anedeixen), überträgt ihnen also eine offizielle Aufgabe und Predigtvollmacht, und sendet sie als seine Stellvertreter und Helfer aus, weil die Ernte so groß ist und es nur wenige Arbeiter (Apostel) gibt. Sie sollen Gott, den »Herrn der Ernte«, bitten, mehr Arbeiter auszusenden. Lukas denkt an die überwältigenden Aufgaben der frühchristlichen Mission in der ungeahnten Expansionsgeschichte der Kirche um 70 n. Chr., als das Evangelium »weltweit« vordringt.

V. 3 wendet sich direkt an die Siebzig und umschreibt Rahmenbedingungen ihrer Sendung: Wie Schafe mitten unter die Wölfe (Apg 20,29). Die Missionare werden mit Verfolgung, Zerreißproben, eventuell dem Martyrium zu rechnen haben.

Von der Ausrüstung und dem Verhalten unterwegs spricht V. 4: Sie sollen auf Geldbeutel, Vorratstasche (9,3) und Sandalen (Mt 10,10 im Unterschied zu Mk 6,9) verzichten. Grüßen und Schwätzchen sollen sie nicht aufhalten beim drängenden Missionsdienst. Es werden konkrete Weisungen für die Hausmission (VV. 5–7), die Stadtmission (VV. 8–9) und die Ablehnung (VV. 10–12) gegeben. Der Friedensgruß (Schalom!) soll Gottes Heil und Segen auf das Haus herabrufen (Mt 10,13). Die Missionare können unbedenklich die Gastfreundschaft solcher Friedensmenschen annehmen, wobei das Recht der Missionare auf Lohn angefügt wird (1 Kor 9,14; 1 Tim 5,18). Das Herumziehen mit all seinen Folgen soll vermieden werden.

Bei der Stadtmission sollen die Missionare die Gastfreundschaft der Einwohner ohne weiteres annehmen und sich anspruchslos anpassen. Sie sollen die Kranken heilen und die Nähe des Reiches Gottes verkündigen, denn Jesus als endzeitlicher Heilsbringer sendet seine Herolde in die Stadt. Im Fall der Verweigerung der Aufnahme sollen die Missionare öffentlich Zeugnis gegen die Einwohner ablegen, indem sie den Staub abschütteln, ihnen aber zusichern, daß ihr Widerstand das Kommen des Gottesreiches nicht aufhalten kann. Das Gottesgericht wird über sie schlimmer sein als über Sodom, eine Stadt, deren Freveltaten sprichwörtlich waren (Gen 10,19; 13,19; Dtn 32,32; Jer 49,18; 50,40; Am 4,11). Diese Gerichtsthematik wird in den Weherufen fortgeführt.

Weherufe über Chorazin und Betsaida (10,13–16)

Die Weherufe heben sich innerhalb der Jüngerinstruktion vom Vorhergehenden dadurch ab, daß die drei galiläischen Städte Chorazin, Betsaida und Kafarnaum angeredet werden, die alle am Nordufer des Sees von Gennesaret liegen. Chorazin kommt in der Evangelienüberlieferung nur an dieser Stelle vor, was aber kein Indiz für lukanische Ortszuverlässigkeit sein muß. Obwohl Jesus in diesen Städten seine machtvolle Wort- und Tatverkündigung vortrug, kamen sie nicht zum Glauben an ihn, so daß sich ihr Unglaube größer als der der heidnischen Städte Tyrus und Sidon erweist, die im Endgericht nicht so betroffen werden wie diese drei Städte, weil sie Buße in Sack und Asche getan hätten (Ijob 2,8). Die Anfrage an die dritte Stadt ist in Worte des Siegeslieds Jes 14,12–15 gekleidet; die Hoffnung, Jesu Wirken in Kafarnaum würde dieser Stadt beim Endgericht zum Heil gereichen, ist trügerisch, weil ihr Unglaube zur Folge hat: »Bis zum Hades wirst du hinabgeschleudert!«

Das Logion von V. 16 ist in mehreren Formen belegt: Mk 9,37 par; Mt 10,40; Joh 13,20. Auf der Grundlage des jüdischen Rechtssatzes, daß der Abgesandte den Sendenden vollgültig vertritt (Schaliach-Institut; Apostolat), wird Jesu Autorität in und durch die Jünger bezeugt und Gottes Autorität in Jesus begründet. Vgl. die Zuordnung »hören – ablehnen« in 6,47–49. Die Lehre der Jünger besitzt in der Gemeinde und Kirche letztlich die Autorität Jesu selbst, da in der Verkündigung des Evangeliums durch die Jünger die eschatologische Entscheidung in der Gemeinde ausgerufen wird, so wie in Jesu Tat und Wort Gottes endzeitliches Heilsangebot an die Menschheit ergeht.

Der Sturz Satans (10,17–20)

Dieses Sondergut des Lukas betont im Kontext der Jüngerrückkehr die Vollmacht des Sohnes, die sich im Jüngerwirken darstellt und die auf Gottes Allmächtigkeit zurückgeht (10,22). In der Jüngermission wird die Satansmacht durch Gottes Macht gebrochen. »Voll Freude« (8,13; 24,41.52) berichten die zurückgekehrten Siebzig von ihrer erfolgreichen Mission, in deren Verlauf sie

Jesu Befehl zur Krankenheilung und Verkündigung von V. 9 ausführten und sogar durch den Namen Jesu Dämonen austrieben; vgl. jedoch 9,40 »sie konnten es aber nicht«. Jesus antwortet in drei Sprüchen: Vom Sturz Satans, vom Jüngerwiderstand gegen die Feinde, vom nahen Grund zur Freude. Jesus sah den Satan bereits stürzen, dessen Macht ist gebrochen (11,20), Gottes Macht in Jesus ist wirksamer, vgl. Apg 28,3–9. Auch die Jünger sind gegen die Angriffe des Feindes gewappnet und werden ihn überwinden, vgl. Ps 91,13. Gottes Macht schützt die Jüngergemeinde gegen alle Bedrohung. Letzter Grund zur Freude ist aber die Aufzeichnung der Namen im Lebensbuch Gottes, vgl. Phil 4,3.

Der Dank Jesu an den Vater (10,21–22)

Aus Freude über den Missionserfolg der Siebzig formuliert der lukanische Jesus seinen »Jubelruf« V. 21. Die Zeitangabe »in dieser Stunde« bezieht sich auf V. 17. Die Dreiteilung: Lobpreis Gottes, Offenbarungswort, Seligpreisung/Makarismus ist unverkennbar an die Form biblischer Psalmen angelehnt und findet sich auch in Lobliedern von Qumran. Die VV. 21.22 spiegeln bereits christliche Bekenntnistradition des nachösterlichen Credo. Die Zufügung »im Heiligen Geist« stammt von Lukas (Apg 2,46). Das Gottesbekenntnis Jesu ist also vom Heiligen Geist gewirkt. Die Anrede »Ich preise dich, Herr« ist im Alten Testament und Qumran geläufig. Die Vater-Anrede hingegen beleuchtet Jesu neue Gotteserfahrung »wer der Vater ist« (V. 22). Ist Gott als Schöpfer und Herr des Himmels und der Erde auch grundsätzlich unsichtbar und in der Verborgenheit der Transzendenz, so offenbart er sich doch gerade den Kleinen und Unmündigen, während er den Weisen und Gescheiten verborgen bleibt.

Das Wesen Gottes und seines Sohnes ist nur den beiden bekannt und wem es der Sohn offenbaren will, vgl. Joh 10,15. Der Herr des Weltalls hat Jesus alles übergeben, so daß der Sohn jetzt der Allherrscher (Pantokrator) ist, der universale Offenbarer und endzeitlich-kosmische Weltenherrscher. Nur der Vater weiß um das eigentliche Wesen des Sohnes, dessen Mysterium von Menschen und Theologie nicht eingeholt werden kann, und nur der Sohn ist der exklusive Offenbarungsträger des Wesens Gottes, das er den

Menschen in Wort und Tat gleichnishaft deutet. Indirekt kommt hier die »Gottessohnschaft« Jesu zur Sprache, die freilich im vorösterlichen Sohn-Gottes-Geheimnis noch verborgen bleibt.

Die Seligpreisung der Jünger (10,23–24)

Wiederum begegnet hier die Formel »und er wandte sich zurück an die Jünger«, die vom Evangelisten eingesetzt wird, um Jesus an der Spitze des Jüngerzuges auf Jerusalem hin zu zeigen. Also richtet sich der Makarismus an die Jüngergruppe, die gepriesen wird wegen ihrer Augenzeugenschaft bei den Ereignissen um Jesus. Matthäus spricht auch vom »Hören«. Sehnten sich Propheten und Könige Israels danach, diese Ereignisse der messianischen Heilszeit selbst zu erleben, so dürfen die Jesusjünger nun Zeugen der in Jesus anbrechenden Gottesherrschaft sein. Wenn das Wort authentischer Ausspruch des irdischen Jesus ist, kommt darin indirekt sein Hoheitsanspruch und sein messianisches Selbstbewußtsein zum Ausdruck: In Jesus erfüllt sich die Hoffnung und das Warten Israels, er ist der Advent (Ankunft) Gottes in Geschichte und Welt, der endzeitliche Heilsbringer.

Das Beispiel vom barmherzigen Samariter (10,25–37)

Die Jüngerweisungen werden fortgesetzt durch die beiden aufeinander bezogenen Perikopen vom *Tun* der Nächstenliebe (10,25–37) und vom *Hören* auf Jesu Wort (10,38–42), die weitgehend aus dem Sondergut stammen. Das wohl selbständig überlieferte Gleichnis vom Samariter ist durch Lukas mit der Frage des Gesetzeslehrers nach Mk 12,28–34 eingeleitet worden, vgl. 18,18. Dieser Jesus feindlich gesinnte Gesetzeslehrer will Jesus auf die Probe stellen. Der Lehrer stellt eine Gegenfrage nach dem Inhalt des Gesetzes. Der Lehrer zitiert Dtn 6,5 und Lev 19,18 bezüglich der Einheit von Gottes- und Nächstenliebe. Jesus stimmt der Antwort zu, weist aber betont auf das *Tun* als Voraussetzung des Lebenslohnes hin. Der Lehrer aber will sich rechtfertigen und fragt, wer denn sein Nächster sei, wahrscheinlich um die praktische Undurchführbarkeit des Liebesgebots zu beweisen, da theoretisch kaum definiert werden kann, wer unter die Kategorie »mein

Nächster« noch fällt oder nicht. Daher antwortet Jesus nicht mit einer theoretischen Begriffsdefinition, sondern mit einem Gleichnis.

Ein unbekannter Mann geht den sehr gefährlichen und einsamen Wüsten- und Schluchtenweg 30 km von der Bergstadt Jerusalem (800 m ü. M.) in die Oasenstadt Jericho nahe am Toten Meer (250 m u. M.). Er wird von Räubern überfallen, ausgeplündert, niedergeschlagen und halbtot in der brennenden Hitze liegengelassen. Ein jüdischer Priester kommt vorbei, sieht ihn und geht weiter hinab, ohne sich um den Überfallenen zu kümmern. Ebenso tut es ein Levit. Der dritte Vorbeikommende, ein mit den Juden verfeindeter Samariter, wird »von Mitleid ergriffen« und übt Barmherzigkeit an dem Gegner, entsprechend der Weisung Hos 6,6: »Liebe will ich, nicht Schlachtopfer, Gotteserkenntnis statt Brandopfer«, vgl. Am 5,21; Mi 6,8; Mt 9,13; 12,7. Priester und Levit haben sich – aus welchen Gründen auch immer – vor der Berührung mit dem Überfallenen bewahrt und ihre Unfähigkeit zu barmherziger Liebe bewiesen, während der von Juden als Heide verachtete Samariter die von Gott geforderte Liebe praktiziert. Die Repräsentanten des jüdischen Tempelkultes in ihrer Unfähigkeit zur Menschlichkeit werden dem Vertreter des Heidentums in seiner Mitmenschlichkeit gegenübergestellt. Die abschließende Frage Jesu, wer von den Dreien sich als der Nächste erwiesen habe, betrifft nicht den Hilfsbedürftigen, sondern den Hilfeleistenden. Durch das *Tun* der Liebe und Barmherzigkeit wird der Glaubende zum »Nächsten« konkreter Notleidender in unvorhersehbaren Situationen.

Die Weisung »Dann geh und handle genauso!«, vgl. 6,31 »Handelt genauso!« und 10,37 »Handle genauso!« betont die unaufgebbare Praxisdimension des Glaubens Jesu und der Nachfolge Jesu. Die prophetische Kritik Jesu entlarvt den der Liebe und Mitmenschlichkeit baren Kultbetrieb und Religionsapparat, der am konkreten Menschen und seinem Heil vorbeioperiert, vgl. 7,30: Ausgerechnet die Gesetzeslehrer haben sich dem Willen Gottes widersetzt; 11,45: Sie bürden Menschen Lasten auf, die sie selbst nicht tragen; 14,7: Sie wollen mit Hinweis auf das Sabbatgebot die Heilung eines Menschen unterbinden. Diese zweifellos auf den irdischen Jesus zurückgehende Ethik der praktischen Liebesreligion, die sich nach Lev 19,34 schon auf die Liebe zu Fremden und Ausländern bezog und durch Jesus sogar auf die Feindesliebe ausgedehnt wird, sieht in der Nächstenliebe den wahren Gottesdienst des Herzens, der dem kultisch-liturgischen Gottesdienst vorausgehen muß. Damit führt Jesus Ansätze prophetischer Religionskritik Israels fort und stellt den Gesellschaftsbezug des Gottesglaubens heraus.

Maria und Marta (10,38–42)

Ergänzend zur Lehre der Tat-Ethik Jesu im vorhergehenden Gleichnis vom Samariter wird in dieser Erzählung, die ebenfalls aus dem Sondergut stammt, das Hören auf Jesu Wort als Charakteristik für Jesusnachfolge genannt. Während die Nächstenliebe als Humanum auch dem Nichtjünger möglich ist, wie die Tat des Samariters zeigt, ist das Hören auf Jesu Wort jüngerspezifisches Typikum. Lukas rahmt die Erzählung mit dem Hinweis auf das Weiterziehen Jesu, der ja auf der Reise nach Jerusalem gedacht ist. In einem Dorf nimmt eine Frau namens Marta (»Herrin«) sie freundlich auf. Ihre Schwester Maria hört Jesus aufmerksam zu, nimmt Jesu Wort gläubig auf, vgl. 8,13; 19,6. Die beiden Gestalten werden Joh 11,1 als Schwestern des Lazarus erwähnt. Während die aktive Marta ganz von den technischen Pflichten der Gastfreundschaft in Anspruch genommen ist (»viel Diakonie«), widmet sich die meditative Maria dem Gast durch intensives Zuhören. Das führt zum Ärger Martas, daß sie alle Arbeit alleine verrichten muß, und zur Bitte an Jesus, Maria zum Helfen bei der Arbeit anzuweisen. Jesus jedoch, der »Herr«, kritisiert das *viele* Sorgen und Mühen Martas und weist darauf hin, daß nur *eines* notwendig ist. Der Gegensatz »vieles – eines« bestimmt die Rede. Dieses »eine« besteht eben im intensiven Hinhören und Meditieren des Wortes Jesus; diesem kommt exklusive Priorität vor jedem religiösen Aktivismus zu, ohne daß der Dienst der Marta oder gar die Liebestat des Samariters in Frage gestellt würden. Nächstenliebe (Caritas) und Diakonie müssen sich vielmehr aus dem Hinhören auf Jesu Wort ständig neu motivieren und in ihrem Sinn nähren, um vor dem Leerlauf eines Aktivismus und bloßem Humanitätsdenken geschützt zu sein. Insofern hat die hinhörende

Maria das Bessere gewählt, das ihr nicht genommen wird, das endzeitlich Bleibende, Gottes Wort in Jesus, vgl. 8,18; 12,19–21.37.

Das Gebet des Herrn (11,1–4)

Im Anschluß an die Nächstenliebe (10,25–37) und das Hinhören auf Jesu Wort (10,38–42) wird nun das Gebet als Charakteristik wahrer Jüngerschaft in der Nachfolge Jesu herausgestellt (11,1–13). Das »Vaterunser« leitet die große Perikope über das Bittgebet ein, die mit einer Verheißung der Gabe des Heiligen Geistes in V. 13 abgeschlossen wird. Wie Mt 6,7–15 betont Lukas das Vorbild Jesu beim Beten: »*Wenn* ihr betet...« und die Notwendigkeit des Bittgebets. Matthäus hat gegenüber Lukas die Anzahl der Bitten erweitert und die Anrede ausgestaltet. Das Beten Jesu »an einem anderen Ort« löst die Jüngerbitte aus: »Herr, lehre uns beten!« Der Verweis auf die Johannesjünger betont die Orientierung an dem ausschließlichen Lehrer Jesus; es gibt eine spezifische Gebetsweise innerhalb der Jesusbewegung, durchaus vom Frömmigkeitsstil anderer Gruppierungen im Judentum unterschieden. Typisch für Jesu Gottesbild ist die Anrede »Vater«, aramäisch *abba,* die zwar im zeitgenössischen Judentum bekannt war und benutzt wurde, aber nicht kennzeichnend war für jüdisches Jahwegebet, obwohl auch jüdische Frömmigkeit dankend die Geborgenheit in Gott, die Güte Gottes, die liebevolle Vaterhand Gottes bekennt. Dennoch geht Jesus von einem vertrauensvoll-väterlichen Gottesverhältnis aus, vgl. Mk 14,36. Die Doppelbitte, Gott selbst möge seinen Namen heiligen und sein Reich ankommen lassen, gründet im Bekenntnis der Allmächtigkeit des Schöpfergottes, der sich in Welt und Menschheit in seiner Herrlichkeit (doxa, gloria) manifestiert, vgl. Jes 5,16; Ez 20,41; 28,22. Der »Name« ist die Äußerung des Wesens Gottes nach orientalischer Auffassung, vgl. Jes 59,19.

Es folgen die drei Wir-Bitten, die im Vertrauen auf Gottes Allmacht gründen. Die Brot-Bitte V. 3 erfleht von Gott *heute* das »Brot für morgen«, keine langfristige Zukunftsabsicherung, sondern Gottes Mit-uns-sein für jeden Tag. Vgl. das Manna-Wunder Ex 16,4f.18–22 mit dem Verbot, Rest-Manna für die folgenden

Tage aufzubewahren, sich vielmehr täglich neu der Umsorgung durch Gott anzuvertrauen. Doch muß auch die eschatologische Bedeutung mitgehört werden, daß um die Teilnahme beim endzeitlichen Hochzeitsmahl Gottes gefleht wird, wenn das »Lebensbrot der Heilszeit« verteilt wird, wie es abbildhaft in der Eucharistiefeier der Gemeinde geschieht. Wörtlich lautet die lukanische Fassung: »Das Brot für morgen gib uns täglich.« Sie bekennt die Vorsehung und Güte Gottes auch im materiellen Bedarf der Glaubenden, vgl. Apg 14,17; 17,25.

V. 4 bittet um die Vergebung der Sündenschulden durch Gott mit der Begründung, daß auch wir *jedem* seine Schuld erlassen, vgl. das Gleichnis vom unbarmherzigen Knecht Mt 18,21–35. Angesichts des kommenden Endgerichts vergibt Gott schon heute Schuld, so daß die Macht der Sünde grundsätzlich gebrochen ist: Menschen dürfen in und mit ihrer Sündenlast neue Hoffnung auf Heilszukunft haben, da sie der Vergebung durch Gott sicher sein dürfen. In dieser Gewißheit gewinnen Glaubende die Freiheit, selbst *jedem* zu verzeihen. Die letzte Bitte um Bewahrung vor Versuchung hat sicher die Möglichkeit des Glaubenszweifels und des Abfalls vor Augen, vgl. 21,8–36; 8,13; in Versuchssituationen soll der Jünger beten, vgl. 22,40.46; Apg 20,19. Durch Versuchungen kann der Glaube wachsen und reifen. Eine versuchungsfreie Glaubensexistenz kennt die Bibel nicht (keine religiöse Gefühls-Schwärmerei).

Das Gleichnis vom bittenden Freund (11,5–8)

Die Charakteristik des Vaterunser-Bittgebets wird durch dieses Gleichnis aus dem lukanischen Sondergut unterstrichen, vgl. im Schlußvers »ihm geben, was er braucht«. Die frei erfundene Gleichnishandlung schließt vom Kleineren zum Größeren: Nicht aus Freundschaft, sondern wegen der leidigen Zudringlichkeit wird wohl der Freund dem Freund drei Brote für dessen plötzliche mitternächtliche Notlage durch den unerwarteten Besuch leihen. Wenn schon Menschen, ungeachtet der jeweiligen Motivation, sich in dieser Weise helfen, wieviel mehr wird Gott Menschen helfen, ungeachtet der Motivation ihrer Bittrufe. Das Gleichnis legt also sowohl Gottes Güte aus als auch eine daraus orientierte

Gemeindeethik. Wahre Jüngerschaft wird sich immer am anthropologischen Grundsatz orientieren, den Mitmenschen nicht auszubeuten, nicht zu benutzen, sondern »ihm zu geben, was er braucht«. Dazu gibt Gott den Glaubenden und Bittenden »den Heiligen Geist« (V. 13).

Vom Vertrauen beim Beten (11,9–13)

Der Fassung der Logienquelle (Mt 7,7–11) folgend wird das Thema »Bittgebet« weiter ausgeführt. Auf die Mahnung zu beharrlichem Bitten, Suchen, Klopfen wird die Verheißung gegeben: Empfangen, Finden, Öffnen. Wenn schon im familiären Vater-Sohn-Verhältnis keine Schlangen und Skorpione als Kindernahrung verabreicht werden, wie viel mehr wird Gott seine Geschöpfe nur mit guter Nahrung versorgen. Wenn Lukas das Bild »Steine statt Brot« aus Mt 7,9 ändert, denkt er vielleicht mit 10,19 an dämonische Mächte. Denn der Schluß von »bösen Menschen« auf den »guten Gott« verdeutlicht, daß Gott mehr gibt als »das Gute« allgemein, er gibt den »Heiligen Geist«, in dem die Gemeinde glaubensstark durchhalten kann bis zum Wiederkommen des Herrn.

Verteidigungsrede Jesu (11,14–23)

Eine Dämonenvertreibung aus einem Stummen wird Anstoß zur sogenannten Beelzebul-Rede Jesu, die Lukas in Mk 3,22–30 übergeht und aus Stoffen der Logienquelle (Mt 12,22–30) komponiert. Sie gipfelt in der christologischen Bekenntnisaussage, daß in Jesu Tat- und Wortverkündigung »der Finger Gottes« (V. 20) wirksam ist, daß er der von Gott gesandte endzeitliche Prophet ist. Während die Menge über Jesu Krafttaten staunt, kritisieren »einige«, daß Jesus nur mit Hilfe des Dämonenanführers »Beelzebul« solche Machttaten ausübt, also im Grunde ein Mit-Satan, ein Agent der Dämonenwelt ist. Mk 3,22 vermutet, Jesus sei selbst von Beelzebul besessen. Der Titel »Beelzebul« bezeichnet bei Juden damals den Antijahwe, die widergöttliche Weltmacht. V. 16 erwähnt die Zeichenforderung, die Lukas hier wohl in Vorbereitung von 11,29–32 einfügt. Jesus durchschaut die Gedankengänge der Gegner und antwortet mit einem zweifachen Bildwort: Jedes in sich selbst gespaltene Reich wird vernichtet, Revolution und Umsturz zerstören die Häuser. Dieser Grundsatz staatspolitischer Erfahrung gilt auch für das Satans-Imperium. Ist es in sich gespalten – nämlich in Jesu Machttaten und Teufels-Dämonenmacht – hätte es keinen Bestand, seine Schizophrenie würde es lähmen. Da Dämonenmacht aber faktisch unwirksam ist, wie der Fall des Stummen zeigt, ist sie nicht gespalten, sondern eine Widerstreit-Einheit gegen Gott. Auch jüdische Exorzisten (»eure Anhänger« V. 19) treiben Dämonen aus, und das in Gottes Macht, nicht als Kollaborateure Beelzebuls. So zeigt sich in Jesu Dämonenaustreibung Gottes Macht, der »Finger Gottes« (Ex 8,19; Ps 8,4) im Anbruch der endzeitlichen Gottesherrschaft auf Erden. »Das Reich Gottes ist schon zu euch gekommen« betont die präsentische Gegenwartsdimension der eschatologischen Gottesherrschaft, die in Jesu Wirken erfahren wird.

Ein weiteres Bildwort vom bewaffneten »Starken« verdeutlicht die überlegene Vollmacht Gottes über den angeblich Starken dieser Welt, über den Teufel, der von Gott besiegt, entwaffnet und entmachtet (Beute verteilt) wird. Diese Überlegenheit Gottes demonstriert sich in Jesu exorzistischem Wirken.

V. 23 schließt als Einzellogion die Rede ab: Im Wettkampf zwischen Gott und Teufel kann es keine Neutralität oder Unentschiedenheit der Glaubenden geben. Wer mit Jesus ist, muß mit ihm sammeln und Menschen für das Reich Gottes gewinnen, Passivität, Unentschiedenheit, Desinteresse und fehlendes Engagement »zerstreuen«. Die eschatologische Auseinandersetzung mit der Satansmacht in der Geschichte erfordert entschiedene Teilnahme am Kampf Jesu für die Durchsetzung der Gottesherrschaft auf Erden.

Von der Rückkehr der unreinen Geister (11,24–26)

Aus der Logienquelle (Mt 12,43–45) übernimmt Lukas diesen Spruch, der sich an das Stichwort »Beelzebul« anschließt, ohne das Thema vom Kampf Jesu fortzuführen. Ein unreiner Geist, gleichbedeutend mit Dämon, verläßt freiwillig einen Menschen, streift auf der Suche nach einem Ort der Ruhe durch die Wüste, findet nichts und kehrt zurück in sein Haus, das er sauber und geschmückt vorfindet. Das heißt, der betreffende Mensch wartet geradezu auf die Fortsetzung der dämonischen Besessenheit, so daß noch sieben schlimme Geister willkommen sind, die diesen Menschen innerlich besetzen. Der Mensch allein ist nicht fähig, sich von dieser Übermacht des Dämonischen zu befreien, nur Gottes Macht in Jesus vermag vor solcher Wiederbesetzung und Verschlimmerung zu retten.

Zweierlei Seligpreisungen (11,27–28)

Eine Frau aus der Zuhörerschaft ruft eine bei Juden verbreitete Seligpreisung der Mutter. Jesus aber korrigiert den Ruf durch die Seligpreisung jener, »die das Wort Gottes hören und es befolgen« (vgl. 8,21). Der sachlich-logische Zusammenhang mit dem Vorausgehenden bildet wohl die Mahnung des Lukas, auf Gottes Wort in Jesu Verkündigung zu hören und es zu tun, um nicht erneut durch unreine Geister besetzt zu werden. Gottes Wort bietet letztlich die rettende Macht, um aus dem Teufelskreis immer neuer sich verschlimmernder Dämonie auszubrechen. Der Spruch bezeugt nicht eine spezifische Mariologie, sondern den starken Glauben an die rettende Macht des Wortes Gottes im Menschen. V. 28 ist als überhöhende Korrektur des Vordersatzes zu verstehen: Wenn auch Maria selbstverständlich als Mutter Jesu seliggepriesen ist (1,48), so liegt das Wesen rettender Jesusnachfolge jetzt im Hören und Tun des Wortes Jesu. Das Verb »befolgen, bewahren« (phylasso) betont die Praxisdimension des Wort-Gottes-Gehorsams in der Tat des Glaubens, vgl. 18,21; Apg 7,53; 16,4; 21,24.

Die Verweigerung eines Zeichens (11,29–32)

Jesu Rede wird fortgesetzt. Die Szenerie erwähnt das Hinzuströmen von immer mehr Menschen. Gegen jene Kritiker unter den Zuhörern, die unbedingt ein Zeichen vom Himmel fordern, mit dem Jesus seine Gottgesandtheit beweisen solle (V. 16), denen Jesu Exorzismen nicht genügen (vgl. Mk 8,11; Mt 12,38), betont Jesus die Bösartigkeit dieser Generation, der aber nur das »Zeichen des

Jona« gegeben wird. Worin die Zeichenwirkung des Jona konkret besteht, wird nicht gesagt, wohl aber, daß der Menschensohn in seiner Parusie (Wiederkunft) wie Jona auf Ninive wirken wird. Die Auferstehung Jesu (Mt 12,40 »drei Tage«) wird von Lukas nicht als Argument angeführt, obwohl der Vergleichspunkt deutlich ist: Wie der durch Gottes Macht aus dem Bauch des Fisches errettete Jona Ninive gegenüber beglaubigt war, so der aus dem Tod erweckte Auferstehungschristus als der im Endgericht wiederkommende Menschensohn Jesus, vgl. Mk 14,62; der lukanische Jesus redet hier wohl aus der Perspektive des nachösterlichen Christusglaubens.

VV. 31–32 schließen ein doppeltes Drohwort an. Die »Männer dieser Generation« finden im Endgericht »die Königin des Südens« (1 Kön 10,1–13; 2 Chr 9,1–12) und die »Männer von Ninive« als Ankläger vor, denn sie haben sich auf die Umkehrpredigt des Salomo oder des Jona hin bekehrt, die ungläubig gebliebenen Juden aber haben sich dem Anruf Jesu verschlossen, obwohl sein Zeugnis das der alttestamentlichen Weisheit und Propheten überbietet.

Vom Licht und vom Auge (11,33–36)

Die eigentlich nicht zusammengehörenden Sprüche behandeln das in Jesus in die Welt gekommene Licht und die in ihm aufleuchtende Gottesherrschaft. Aus dem Erfahrungssatz, daß niemand ein Licht in ein Kellerloch oder unter ein Scheffelmaß stellt, sondern auf einen Leuchter, damit es allen Eintretenden leuchtet, wird abgeleitet, daß Jesus als neues Heilsangebot allen leuchtet, die in seine Nachfolge eintreten, und daß seine Reich-Gottes-Verkündigung daher nicht verborgen, sondern öffentlich für alle vorgetragen werden muß. Das weisheitliche Logion VV. 34–36 betont die ganzmenschliche Heilskraft des Wortes Gottes in Jesus; wer Jesu Umkehrpredigt so aufnimmt, wie das Licht in ein gesundes Auge fällt, der wird ganzheitlich geheilt, wer wie ein krankes Auge nicht aufnahmefähig ist, in dem bleibt anstatt Licht nur Finsternis. Wer sich ganz der Botschaft Jesu öffnet, sich ganz mit Licht füllen läßt, der wird so hell sein, wie wenn Gottes neue Heilswirklichkeit (die Lampe) ihn schon jetzt durch und durch erleuchtet. Dieses Bildwort von der Lampe wird Mt 5,15 auf die Jünger, Mk 4,21 auf das Evangelium und Lk 8,16 auf den Jüngerdienst bezogen, während es hier auf den endzeitlichen Heilbringer Jesus hin gedeutet sein will (»einer, der mehr ist als Jona« V. 32). Der vom Licht Jesu getroffene und erleuchtete Mensch wird in seiner ganzheitlichen Existenz geheilt und selbst zum Licht.

Worte gegen die Pharisäer und die Schriftgelehrten (11,37–54)

Eine Mahlszene bei einem Pharisäer (vgl. 7,36; 14,1) rahmt jeweils drei Weherufe über die Pharisäer (VV. 39–44) und die Gesetzeslehrer (VV. 46–52), die Lukas nach der Logienquelle bietet (vgl. Mt 23,13–36). Jesu Rede wird durch die Einladung zum Mittagessen bei einem Pharisäer unterbrochen. Der Hausherr staunt, daß Jesus die gesetzlich vorgeschriebene Händewaschung vor dem Essen unterläßt (vgl. Mk 7,1–9). »Der Herr« wirft den Pharisäern vor, daß sie zwar auf äußerliche Reinheit von Bechern und Tellern sehr bedacht sind, innen aber voll Raubgier und Bosheit sind. Er tituliert sie »Narren, Dummköpfe«. Gott hat das Äußere wie das Herz des Menschen zum Reinhalten geschaffen. Wenn sie den Armen Essen und Trinken spenden, den Schüsselinhalt also in soziales Teilen ausgießen, dann spielt die legalistische Kultreinheit des Händewaschens keine entscheidende Rolle mehr, dann ist die soziale Tat reinigend.

Der erste Weheruf gilt jenen Pharisäern, die zwar den vom Gesetz vorgeschriebenen Zehnten von Kräutern und Gemüsen abgeben, aber die Gerechtigkeit und die Gottesliebe vergessen. Beides soll man tun, die kultische wie die soziale wie die theozentrische Dimension des Gottesgesetzes erfüllen. Der zweite Weheruf gilt jenen, die überall Ehrenrechte beanspruchen, dabei aber von tiefer Menschenverachtung bestimmt sind. Der dritte Weheruf bezeichnet die Pharisäer als Gräber, die unerkennbar unter dem Weg liegen, so daß die Umwelt über diese unreinen Stellen hinwegläuft; vgl. Mt 23,27 »Übertünchen der Grabkammern«.

Als ein Gesetzeslehrer Einspruch und Beleidigungsklage erhebt, folgen drei Weherufe über Gesetzeslehrer: Sie heucheln nur Gesetzestreue, indem sie die Gläubigen mit Vorschriften überlasten, aber selbst sich nicht daran halten (vgl. Apg 15,10); sie bauen für die ermordeten Propheten Denkmäler und bestätigen damit gerade das zugefügte Unrecht, denn sie ehren nur tote Propheten, während sie den noch lebenden Propheten Jesus nicht annehmen wollen. Solche Haltung hat schon die Weisheit Gottes kritisiert, indem sie Propheten und Aposteln Verfolgung und Tod voraussagte und die Rache für das unschuldig vergossene Blut vom Geschlecht der Juden forderte (2 Sam 4,11; Ps 9,11), und zwar vom ersten Ermordeten, Abel (Gen 4,8–10), bis zum letzten Ermordeten, Zacharias (2 Chr 24,20–22). Jesus betont die Rache an dieser Generation Israels. Der letzte Weheruf gilt den Inhabern der Schlüssel zur Erkenntnis (gnosis), die nicht nur nicht selbst in die Hallen der Erkenntnis eintreten wollen, sondern sogar Eintrittswillige daran hindern, zum Glauben an Jesus zu gelangen.

Die Schlußverse 53–54 stellen eine redaktionelle Zusammenfassung des Lukas dar, in der er die wachsende Feindschaft der Gegner Jesu betont und deren Absicht klarstellt, Jesus sich in seinen eigenen Worten verfangen zu lassen, um ihn mundtot zu machen.

Warnung vor der Heuchelei der Pharisäer (12,1–3)

Die redaktionelle Rahmung des Lukas spricht vom Andrang »Zehntausender« von Menschen bei Jesus, der sich immer noch auf dem Weg nach Jerusalem befindet, so daß der Eindruck von einer gewaltig wachsenden Jesusbewegung entsteht. Jesus wendet sich *zuerst* an die Jünger, erst ab V. 13 ist die Volksmenge Gesprächspartner. Er warnt die Jünger, sich vor dem Sauerteig, d. h. der Heuchelei (hypokrisis) der Pharisäer in acht zu nehmen, die sich wie ein aufgehender Sauerteig als religiöse Fehlhaltung (11,39–52) ausbreitet. Jesus sieht offensichtlich in der Heuchelei eine besonders tiefe Gefährdung religiöser Verantwortungsträger, die nicht selbst die Konsequenzen ihres Anspruchs und ihrer Tehologie tragen. Doch wird das wahre Wesen von Menschen immer bekannt, es läßt sich nicht auf Dauer verheimlichen. Abmachungen aus dem Dunkeln und dem Geheimen werden trotzdem publik und jede Glaubwürdigkeit untergraben. Um eben solche Glaubwürdigkeit und Redlichkeit der Übereinstimmung von Sagen und Haltung geht es aber.

Aufforderung zum furchtlosen Bekenntnis (12,4–12)

Die Jünger werden als »Freunde« angeredet. Stichwort ist die Furchtlosigkeit (VV. 4.5abe.7b). Sie sollen nicht die fürchten, die nur den Leib töten können (im Martyrium), sondern jene, die nach dem physischen Tod den Menschen zur Hölle bringen. Sie sollen Gott fürchten, der vor solchem Höllentod retten kann (V. 5c). Ein Schluß vom Kleinen zum Größeren begründet das Gottvertrauen der Furchtlosen: Gott sorgt sich um die unscheinbaren Spatzen, um wieviel mehr um sein Geschöpf Mensch. Die Jünger sollen daher keine Angst vor Menschen haben.

Das folgende doppelte Menschensohnwort fordert das furchtlose Bekenntnis zu Jesus. Wer Jesus öffentlich bekennt, zu dem wird sich im Endgericht der Menschensohn als Verteidiger und Anwalt auch bekennen, vgl. Mt 10,32f.; Mk 8,38; Lk 9,26. Die Engel bilden das Forum Gottes, entsprechend alttestamentlich-apokalyptischer Redeweise.

V. 10 schließt das Logion über die Lästerung des Heiligen Geistes an. Lukas identifiziert den Menschensohn mit dem irdischen Jesus. Wer gegen Jesus redet, dem kann von Gott verziehen werden, wer aber gegen Gott selbst und seinen Heiligen Geist redet, begeht Blasphemie, vgl. Apg 13,45; 18,6; 26,11. In Verfolgungszeiten wird Gott selbst durch seinen Heiligen Geist die Jünger und Glaubenden vor den Synagogengerichten, Behörden und Machthabern verteidigen, indem er eingibt, was zu sagen ist, vgl. 21,12–15. Eine Aufforderung zur Bereitschaft zum Martyrium ist hier nicht herauszulesen; es geht um den Trost, in drohenden Verfolgungssituationen auf den Beistand des rettenden Gottes zu vertrauen, der sich im Zeugnis der sich verteidigenden Glaubenszeugen artikuliert.

Das Beispiel von der falschen Selbstsicherheit des reichen Mannes (12,13–21)

Aus seinem Sondergut bringt der Evangelist diese Beispielerzählung über den rechten Umgang mit irdischem Besitz. Die Gattung findet sich öfters in lukanischen Mahnreden (Paränese), vgl. 10,29–37; 16,19–31; 18,9–14. Ein Anonymus aus der Volksmenge bittet den lehrenden Jesus als gesetzeskundigen Rabbi um Schlichtung in einem Erbschaftsstreit. Jesus jedoch redet den Bittenden mit »Mensch« an (5,20; 22,58.60) und lehnt ab. Jesus will nicht Richter oder Schlichter sein, keine im eigentlichen Sinn nicht geistlich-religiösen Aufträge übernehmen. Lukas könnte damit Gemeindeleiter warnen, sich nicht in weltlich-politische Funktionen zu verwickeln. V. 15 schließt eine Warnung vor Habgier an, da Reichtum nicht Leben verbürgt, wie das folgende Gleichnisbeispiel zeigt:

Ein reicher Landbesitzer setzt all seine Hoffnung auf die Absicherung durch Reichtum und Güterhortung für die Zukunft, um aufgrund der Vorräte für viele Jahre »ruhen, essen und trinken und sich des Lebens freuen« zu können. Seine Interessen sind auf die Konsumebene diesseitiger Lebensfreude fixiert, während er sich um die »Mehrdimensionalität des Lebens« und dessen Zukunft nach dem irdischen Tod nicht kümmert. So bezeichnet ihn Gott als »Narr«, der angesichts des unmittelbar hereinbrechenden Todes umsonst angehäuft und sich materiell abgesichert hat. Daß er selbst von seinem mühsam angehäuften Reichtum gar nichts hat, kommt in der Frage zum Ausdruck: »Wem wird dann all das gehören?« Sein tiefer Existenzirrtum liegt darin, daß er ausschließlich »für sich selbst Schätze sammelt«, also weder die soziale Dimension der Nächstenliebe und Verantwortung für die Armen noch die vertikale Dimension einer Zukunft in Gott berücksichtigt. Bei all seinem verbissenen Sorgen um irdische Zukunftssicherung hatte er den entscheidenden Existenzfaktor »Tod« und dessen Überwinder Gott nicht bedacht, so daß er in seinem Egoismus auch die andern aus dem Blick verlor und sein Ich jetzt in abgrundloser Enttäuschung erkennt, wie sinnlos seine Lebensauffassung und wie illusionär seine kalkulierende Selbstsicherheit ohne Gott war. Hätte er sein Vermögen mit den Armen geteilt, wäre er bei Gott reich geworden und hätte über seinen Tod hinaus Zukunft und Schätze gehabt, vgl. 12,33.

Von der falschen und der rechten Sorge (12,22–32)

Den Jüngern sagt Jesus diese Sprüche, die Lukas aus der Logienquelle (Mt 6,25–34) aufnimmt, als Folgerung aus der Gleichniserzählung. Die Jünger sollen sich nicht um die materielle Lebenssicherung kümmern, sondern um das wahre Leben selbst, das mehr ist als Nahrung und Kleidung. Wenn Gott Leben will, erhält er es auch. Wenn Gott schon die Raben ernährt, um wieviel mehr die Menschen, wenn er die Lilien und das Gras so schön kleidet, um wieviel mehr die Menschen. Die Frage V. 25 bekennt Gott als alleinigen Herrn über das Leben, und da der Mensch das Leben selbst nicht verlängern kann, ist sein weiteres Sorgen zwecklos. Der Hinweis auf die nicht arbeitenden Lilien und Salomons Pracht (1 Kön 10; 2 Chr 9,13–28) rechtfertigt natürlich keine Faulheit oder Untätigkeit, sondern will vor irrigem Aktivismus der Selbstsicherung und vor lähmender Zukunftsangst warnen: »Ängstigt euch nicht!« (V. 29). Da der realistisch eingestellte Mensch nüchtern weiß, daß er im unausweichlichen Tod wie das Gras des Feldes hinwelt und vergeht (Ps 37,2; 90,5; 102,12), soll er sich nicht auf rein innerirdische Absicherung festlegen, was fatale Charakteristik von Heiden ist, sondern soll seine Hoffnung auf den Vater im Himmel, dessen endzeitliche Lebensgabe in der Auferstehung und dessen kommendes Reich setzen. Primärer Hoffnungsinhalt der Jesusjünger muß das »Reich Gottes« sein, dann wird alles andere dazugegeben: »Suchet zuerst das Reich!« (V. 31). Der Lebensstil der Jünger soll also vom »Suchen« nach wirklicher Zukunft in Gott und von Freiheit von »Angst« geprägt sein. Das abschließende Logion V. 32 tröstet die »kleine Herde« (Jes 41,14), daß der Vater-Gott längst beschlossen hat, den Glaubenden das Reich zu geben. Die Vater-Unser-Bitte um das Kommen des Reiches (11,2) wird durch die Zusage der Reichsgabe ergänzt.

Vom wahren Schatz (12,33–34)

Entsprechend dem Q-Stoff in Mt 6,20f. wird zum Verkauf der Habe und zum Teilen mit den Armen aufgerufen, vgl. Apg 2,45; 4,34; 5,1–11. Für Nachfolge Jesu ist Besitzverzicht maßgeblich, weil dadurch ewig haltbare Geldbeutel und bleibende Schätze im Himmel geschaffen werden, vor Diebstahl und Mottenfraß sicher. Denn wer sich im irdischen Sorgen und Absichern erschöpft, dessen Herz bleibt irdisch fixiert, wer sein Suchen aber auf den himmlischen Schatz der Zukunft in Gott richtet, dessen Herz ist bei Gott. Die Gabe des Reiches (V. 32) gibt dem Glaubenden die Freiheit, auf Besitzanhäufung, Luxus-Prestige-Denken, Konsumhaltung und falsche materielle Absicherungen zu verzichten. Freilich sind all diese Warnungen vor falscher Vorsorge und Absicherung nicht kurzschlüssig auf heutzutage notwendige finanzielle, wirtschaftliche und politische Vorsorgemaßnahmen und Versicherungen zu übertragen, da die Impulse der eschatologischen Individualethik nicht ohne weiteres auf komplizierte Gesellschaftssysteme und ihre Absicherungsmechanismen zu übertragen sind. Wohl wird der einzelne Glaubende durch die Mahnungen vor der Illusion materieller Selbstsicherheit bewahrt, da nur Gott allein letztlich Sicherheit, Ruhe, Geborgenheit und ewige Zukunft über die Mauer des Todes hinaus schenken kann.

Das Gleichnis vom treuen und vom schlechten Knecht (12,35–48)

Diese Rede an die Jünger stammt aus der Logienquelle (Mt 24,43–51, vgl. Mk 13,33–37). Lk 12,47f. ist lukanisches Sondergut. Die Rede ruft die Jünger zur Wachsamkeit in ihrer Verantwortung für die Gemeinden auf, weil der Termin des Hereinbruchs der Parusie nicht bekannt ist und die »Rückkehr des Herrn« sich eventuell noch verzögern kann. Daher ist stete Dienstbereitschaft gefordert: Immer gegürtet (vgl. Eph 6,14; 1 Petr 1,13); stets brennende Lampen (Lk 8,16; Mt 25,1–12 Gleichnis von den zehn Jungfrauen); immer wartend und bereit zu öffnen. Der Parusiechristus aber wird sich selbst wie ein Diener gürten und die zum Endzeitmahl Geladenen bedienen. Zur Einleitung mit »Amen« vgl. 13,22–30; 14,24; 22,27.30. Eine Parusieverzögerung deutet sich in V. 38 an, wo die Durchhaltenden, Ausharrenden seliggepriesen werden.

Es schließt sich das Gleichnis vom Einbrecher an, vgl. 1 Thess 5,2; 2 Petr 3,10. Der unbekannte Termin des Einbruchs gleicht der unbekannten Stunde der Parusie des Menschensohnes, so daß ständige Bereitschaft gefordert ist, um für die bevorstehende Endzeitkatastrophe gerüstet zu sein. Die Naherwartung ist noch nicht aufgegeben, mit der Plötzlichkeit des Kommens der Endzeit wird gerechnet.

V. 41 bildet einen redaktionellen Einschub des Lukas, in dem Petrus nach der Geltung dieses Gleichnisses vom Dieb fragt. Ob Petrus mit »zu uns oder zu allen« den Gegensatz Apostel – Jünger oder Jünger/Apostel – Volk oder Jesusnachfolger – Heiden meint, bleibt offen, wenn auch vom Kontext her wohl die Alternative Apostel – Jünger/Christen angesprochen ist, zumal mit den »getreuen und klugen Hausverwaltern« (V. 42) wohl die Gemeindeverantwortlichen gemeint sind, denen auch die Mahnungen V. 35ff. galten.

Die Petrusfrage beantwortet Jesus mit dem Gleichnis vom Hausverwalter (oikonomos). Ein Herr, der selbst abwesend ist, gab dem Verwalter den Auftrag, der Dienerschaft Verpflegung zuzuteilen. Wenn der rückkehrende Herr ihn bei dieser Pflichterfüllung findet, gilt ihm die Seligpreisung und die Beförderung zum obersten Vermögensverwalter. Falls aber der betreffende »Knecht« meint, angesichts der ausbleibenden Rückkehr des Chefs die Angestellten drangsalieren zu dürfen und sich selbst besaufen zu müssen, dann wird der urplötzlich auftauchende Herr den Knecht in Stücke hauen und ihn zu den Ungläubigen einweisen. Die Gemeindeverantwortlichen sollen angesichts der unvermuteten Plötzlichkeit der Wiederkunft des Menschensohnes die ihnen Anvertrauten sorgfältig pflegen, ihren Dienst der »Pastoral« gewissenhaft ausführen.

VV. 47–48 sind Sondergut des dritten Evangelisten, das sich ebenfalls auf die Gemeindeverantwortlichen bezieht. Wer trotz besseren Wissens sich nicht um die Weisung des Herrn kümmert, wird hoch bestraft. Wer aber, ohne den Willen des Herrn zu kennen, etwas Böses tut, wird mild bestraft. Vielleicht wird damit die gesetzeskundige Heuchelei der Schriftgelehrten der Unwissenheit des Volks gegenübergestellt. Im Endgericht fordert Gott von den Begabten viel zurück und von hohen Verantwortungsträgern wird um so mehr gefordert. Die Sprüche gelten wohl einer redlichen Kritik an Amtsträgern in der Kirche des Lukas.

Von Frieden und Zwietracht (12,49–53)

12,51–53 aus der Logienquelle hat in Mt 10,34–36 seine Parallele, vielleicht stammt auch V. 49f. aus Q. Die apokalyptische Spruchreihe schließt die Rede an die Jünger ab mit der Forderung entschiedener Nachfolge. Jesu Auftreten in Israel wirkt wie eine Katastrophe, wie Feuer, Krieg, Schwert, Entzweiung, wodurch die Geister für und gegen Gott geschieden werden. Jesu Sendung vom Vater besteht darin, ein Feuer auf die Erde zu werfen, den Brand seiner Reich-Gottes-Verkündigung und seines Umkehr-Rufes. Das Bildwort vom eschatologischen Weltbrand findet sich im Alten Testament in Gerichtsaussagen, vgl. Sach 13,9; Mal 3,2f.; Lk 3,9.16f. und in bezug auf die Wirkung von Gottes Wort, vgl. Jer 5,14; 20,9; 23,29; Sir 48,1, es deutet hier auf die Spaltung des Volkes Israel hin: für oder gegen Jesus. Jesus hat Angst davor, mit der Taufe seines bevorstehenden Kreuzestodes getauft zu werden, seine Todesgewißheit kommt zum Ausdruck, vgl. Mk 10,38. Da sich an Jesu Wort die Geister scheiden, ist seine unausweichliche Folge die Spaltung, nicht der künstliche Friede. Sogar Familien müssen in der Auseinandersetzung um Jesu Verkündigung und Nachfolge wie in der eschatologischen Scheidung auseinanderbrechen, vgl. Mi 7,6; Sach 13,3. Der Familienzusammenhalt muß geopfert werden, wenn die Nachfolge Jesu dies erfordert, vgl. 9,59ff. zu Vaterbestattung und Familienabschied. Es geht nicht etwa um einen Generationenkonflikt, sondern um Entscheidung auf allen Ebenen im Namen einer radikalen Jesusnachfolge, die »von nun an« den endzeitlichen Streit (diamerismos) provoziert und die letztlich keine Neutralität mehr zuläßt. Insofern erlaubt die Botschaft Jesu nicht einen »Frieden unter allen Umständen« oder »Frieden als höchstes Ziel«, sondern nur einen Frieden im Kontext umfassender eschatologischer Auseinandersetzungen, vgl. aber 2,14.

Von den Zeichen der Zeit (12,54–57)

Aus der Logienquelle (Mt 16,2f.) übernimmt Lukas womöglich den Spruch von den Wetterzeichen. Wolken im Westen und Südwind vermögen die Leute zu deuten, die Zeit aber nicht. Das Volk ist also angeredet, die engere Jüngerunterweisung ist abgeschlossen. Jesus kritisiert die abwartende, unschlüssige Haltung der Leute als »Heuchelei«, da sie sich nicht von selbst zu einem rechten Urteil durchzuringen vermögen, obwohl sie die »Zeichen der Zeit« doch sehen, indem sie Zeugen der Tat- und Wortverkündigung Jesu sind und somit Zeugen des Anbruchs der Gottesherrschaft auf Erden. Das Volk wird zur Umkehr und Nachfolge eingeladen, so lange dazu noch Chancen bestehen vor dem hereinbrechenden Endgericht, das sich schon abzeichnet.

Von der Versöhnung (12,58–59)

Mit V. 58 beginnt eine Du-Anrede in bezug auf das »Gleichnis« Mt 5,25f. vom bevorstehenden Gottesgericht. Wer unaufhaltsam auf einen Prozeß vor Gericht zugeht, sollte mit allen Mitteln versuchen, der Verurteilung zu entgehen und gütlich mit dem Prozeßgegner zu einem Vergleich zu gelangen, bevor der Prozeß beginnt. Da allen das Endgericht Gottes bevorsteht, sollten sie alles versuchen, noch vorher mit Gott ins Reine zu kommen, um drohender Verhaftung, Gefängnisstrafe und Rückzahlungsverurteilung zu entgehen. Es ist bereits höchste Zeit, sich auf diese Weise dem Verdammungsgericht Gottes zu entziehen (»bemüh dich noch auf dem Weg«), es ist allerdings auch noch nicht zu spät, sich mit Gott zu einigen.

Mahnung zur Umkehr (13,1–9)

Die Perikope aus dem lukanischen Sondergut umfaßt mit VV. 6–9 Anklänge an Jesu Gleichnishandlung am unfruchtbaren Feigenbaum Mk 11,12–14 par Mt, die Lukas in Kap. 19 übergangen hat. Einige Leute berichten Jesus, daß der römische Statthalter Pilatus im Jerusalemer Tempel Galiläer während der Opferdarbringung umbringen ließ. Ein solches Vorgehen der Besatzungsbehörde ist historisch durchaus möglich, zumal Flavius Josephus berichtet, daß Pilatus auch samaritanische Pilger auf ihrem Weg zum Kultheiligtum auf dem Berg Garizim im Jahr 35 n. Chr. abmetzeln ließ. Das theologische Problem dieser politischen Bluttat liegt darin, daß einerseits im Rahmen des jüdischen Vergeltungsdenkens der Tod dieser Frommen als Strafe Gottes verstanden werden mußte, andererseits die unschuldigen Frommen doch nicht Anlaß solchen Strafgerichts Gottes sein konnten. Daher läßt Jesus die Frage nach der Ursache dieses Strafgerichtes an den Frommen offen, droht aber den Juden an, daß sie genauso umkommen werden, wenn sie nicht »umkehren«, womit vom Kontext her die Hinwendung zu Jesu Wort und zur Nachfolge Jesu gemeint ist.

Ein zweites Fallbeispiel zur selben Problematik wird von Jesus selbst angeführt: Die 18 Unfalltoten beim Turmeinsturz von Schiloach in Jerusalem. Auch dieser tragische Tod gibt keinen Anlaß, bei ihnen größere als normale Schuld zu vermuten, wohl aber Anlaß, umzukehren. Eine Anspielung auf die Zerstörung Jerusalems im Jahre 70 n. Chr. durch die Römer kann bei dem »allen« Juden angedrohten Strafurteil Gottes nicht herausgehört werden, vgl. aber 21,24. Alle sind Sünder und alle sind Ursache des Leidens solcher Unglücksfälle, wer unter deren Eindruck aber umkehrt, findet im Endgericht Gottes Heil. Jesus zerbricht den automatischen Denkbezug (Kausalnexus) zwischen Unglück und Schuld, ohne das damit verbundene sogenannte »Theodizeeproblem«, warum Gott Leid und Unglück zuläßt und warum oft gerade Fromme und Gerechte unter Unglück leiden müssen, zu lösen.

Mit dem Thema »Umkehr« hängt auch das folgende Gleichnis vom unfruchtbaren Feigenbaum zusammen. Ein Weinbergarbeiter verlangt von seinem Winzer, einen seit Jahren unrentablen Feigenbaum zu entfernen, doch dieser empfiehlt, dem Baum noch ein Jahr Chance zu geben und ihn besonders zu pflegen. Gottes Endgericht gewährt gerade unfruchtbaren Bäumen, sündigen Menschen im Weinberg Gottes, eine Gnadenfrist, sie brauchen eine besonders intensive Pflege; vielleicht spricht hieraus auch eine Weisung zu besonderer pastoraler Sorge gegenüber den »Unfruchtbaren« in den Gemeinden und eine Warnung vor allzu raschen Ausschließungen jener, die die in sie gesetzten Hoffnungen nicht erfüllen (Exkommunikation!). Da im Alten Testament oft Israel mit einem Feigenbaum verglichen wird (Hos 9,10; Mi 7,1; Jer 8,13), wird hier dem Judentum eine Gnadenfrist zur Umkehr auf die Predigt Jesu hin angeboten.

Die Heilung einer Frau am Sabbat (13,10–17)

Lukas bietet hier Sondergut aus den Streit- und Schulgesprächen, das an Erinnerungen aus dem Leben des irdischen Jesus anknüpfen mag und die Heuchelei der Gesetzeslehrer illustriert. Immer noch auf der Reise nach Jerusalem, lehrt Jesus in einer Synagoge. Er sieht eine vom Dämon besessene Frau, ruft sie zu sich und sagt ihr: »Frau, du bist gelöst von deiner Krankheit« (V. 12). Die Zusage wird durch die Handauflegung begleitet. Gegen diese Heilung am Sabbat protestiert der Synagogenvorsteher mit dem Hinweis auf das Sabbatgebot Ex 20,9f.; Dtn 5,12–14. Jesus aber tituliert sie »Heuchler« und verweist auf die geduldete Praxis, am Sabbat das Vieh von der Futterkrippe zu lösen, um es zur Tränke zu führen. Der Schluß vom Kleinen zum Größeren zeigt, daß die »Lösung« von Menschen aus den Fesseln von Dämonen wohl höherwertig und damit sabbatgerechter ist als die »Lösung« von Tieren zur Tränkung, daß die lange Zeit von 18 Jahren Fesselung durch den Dämon eher die Tat Jesu rechtfertigt als der tägliche Durst der Tiere, daß die Fesselung von Menschen durch Dämonen schlimmer ist als die Fesselung von Tieren an die Futterkrippe. Daher »mußte« diese »Tochter Abrahams« von Jesus am Sabbat geheilt werden, weil sich darin Gottes Heilswille, der auch der Ordnung der 7-Tage-Woche zugrundeliegt, offenbarte. Die Gegner Jesu sind beschämt durch Jesu Argumentation, das Volk aber freut sich über Gottes Großtaten durch Jesus (Ex 34,10 LXX). Die Reaktionen der Volksführer, Schriftgelehrten und Pharisäer unterscheiden sich mehr und mehr von denen des Volkes in Israel, so daß sich die Auseinandersetzung um Jesus auf dem Weg nach Jerusalem zuspitzt.

Das Gleichnis vom Senfkorn und Sauerteig (13,18–21)

Lukas übernimmt die beiden Parabeln aus der Logienquelle (Mt 13,31–33; vgl. auch das Senfkorngleichnis Mk 4,30–32 und Thomasevangelium Nr. 20 und 96). Die beiden Gleichnisse verdeutlichen den unaufhaltsamen Wachstumsprozeß der Durchsetzung und Entfaltung der Gottesherrschaft, der die einleitende Frage Jesu gilt. Das Reich Gottes wächst wie eine riesige Senfstaude aus dem winzigen Senfkorn; der Kontrast zwischen Anfang und Ende ist ebenso überwältigend wie der Eindruck von Gottes gewaltiger Schöpfermacht. Der Senf-Baum bietet den »Vögeln des Himmels« (Ps 104,12; Ez 17,23; Dan 4,7–9) Wohnung und Heimat, sowohl Israel als auch die Völkerwelt sind ins Reich Gottes berufen, die weltweite Missionsbewegung der Reich-Gottes-Verkündigung bereichert diesen Baum, die endzeitliche Völkerwallfahrt zum Berg Zion bewegt sich auf diesen Baum des Gottesreiches zu, vgl. 13,29.

Auch die Parabel vom Sauerteig spricht vom Wachstum des Reiches Gottes. Eine Frau »verbirgt« den Sauerteig unter drei Sea (40 l) Mehl; die Fülle des Mehlteigs stellt Gottes Schöpferkraft dar, die aus verborgenen kleinen Anfängen die große Reich-Gottes-Bewegung der Weltmission entstehen läßt. Durch Gottes Wirksamkeit wird »das Ganze durchsäuert«, die gesamte Menschheit in der Mission erfaßt, nicht nur Israel. Die Missionsverkündigung des Reiches Gottes, die mit Jesu Auftreten begann (Lk 16,16), wird durch die Kirche (9,2.60; 10,9; Apg 8,12; 19,8; 20,25) bis ans Ende der Erde getragen (Apg 1,8; 28,31). Die Weltmission ist die von Gottes Kraft initiierte Bewegung, »das Ganze« der Welt mit dem Reich Gottes zu durchsetzen, alle Lebensbereiche daran zu orientieren.

2. Von der neuen Ordnung im Reich Gottes (13,22 – 19,27)

Von der engen und von der verschlossenen Tür (13,22–30)

Der einleitende Vers erinnert wieder an das Ziel der Reise Jesu: Jerusalem. Auf dem Weg dahin lehrt er in Städten und Dörfern. Ein unbekannter Zuhörer stellt Jesus die Frage, ob nur wenige gerettet werden, die Jesus mit dem Q-Logion V. 24 und dem von Lukas wohl selbst gestalteten Gleichnis von der verschlossenen Tür beantwortet. Es bedarf des »Kämpfens« (agonizein, vgl. 1 Tim 4,10; 6,11f.; 2 Tim 4,7f.), um durch die enge Tür (Mt 7,13f.) zu gelangen; viele drängen sich (zu spät) und kommen nicht mehr ins Reich Gottes. Zwischen den »wenigen Geretteten« (13,3.5) und der Rettung des »Ganzen« (13,21) bleibt eine Spannung bestehen, die den Kampf um das Gottesreich erfordert.

Im Festmahlgleichnis verschließt der Herr selbst die Tür und antwortet den Klopfenden, daß er sie nicht kennt. Es entsteht ein Dialog zwischen dem Herrn und den Einlaß Suchenden, in welchem diese darauf verweisen, mit dem irdischen Jesus gegessen und getrunken zu haben und ihn als Straßenlehrer erlebt zu haben; darin wird eventuell bereits auf die bloß äußerliche Teilnahme an Eucharistie und Predigt der Gemeinde angespielt, die keine Garantie für das Reich Gottes bieten, wenn der übrige Lebensstil nicht entsprechend ist. Mit Worten aus Ps 6,9 weist der Herr die Bittenden zurück, weil sie »alle Unrecht getan« haben. Der Ausschluß vom Endzeitmahl und aus der Gemeinschaft mit den Stammvätern und Propheten ruft Heulen und Zähneknirschen hervor. Umgekehrt werden aus allen Himmelsrichtungen durch die Mission der Kirche die Heiden ins Reich Gottes berufen, wenn sich die »Völkerwallfahrt zum Zion« Gottes erfüllt. Das abschließende Wanderlogion V. 30 formt Lukas gegenüber Mk 10,31 par Mt 19,30; Mt 20,16 so um, daß *manche* von den Letzten die Ersten sein werden«, daß also weder Juden noch Heiden als Gesamtheit Vorrang haben, sondern die Scheidelinie zwischen Ungerechten und Gerechten durch alle Lager führt. Von Verantwortungsstufen innerhalb der Gemeinde ist beim Gegensatz »Erste – Letzte« nicht die Rede.

Der Abschied von Galiläa (13,31–35)

Der Abschnitt stammt aus dem lukanischen Sondergut und beruht auf dem Grundgedanken, daß Jesus nach dem Heilsplan Gottes in Jerusalem sterben muß (V. 33b). Diese Notwendigkeit führt zur Klage über Jerusalem, das »nicht gewollt hat« und in dieser negativen Haltung schuldig wurde. Als Vertreter des schuldigen Jerusalem treten »zu jener Stunde«, da Jesus von der engen Tür zum Reich Gottes sprach, Pharisäer zu ihm und warnen vor einem Anschlag des Herodes Antipas auf Jesus. Er hatte bereits nach 3,19f.; 9,9 Johannes ermorden lassen. Jesus aber tituliert Herodes »diesen Fuchs«, weil der König schlau wie ein Fuchs Jesus ohne Aufhebens aus seinem Herrschaftsgebiet abschieben wollte. Er läßt Herodes mitteilen, daß er im Namen Gottes »heute und morgen«, also täglich, Heil vollbringt; daß er aber »am dritten Tag vollendet wird«, wobei der Gedanke an eine Vollendung im Tod mitschwingt, im folgenden Vers aber eindeutig wird. Er muß drei Tage weiterwandern, also auch den dritten Tag seiner Passion in Jerusalem durchstehen, weil es zu seinem Weg in Gottes Heilsplan dazugehört. Jerusalem wird angeklagt, daß es immer wieder in seiner Geschichte die Propheten und Boten Gottes umbrachte, obwohl Gott so oft versuchte, Israel zu sammeln. Zuletzt hat sich Jerusalem der Sammlungsbewegung Jesu widersetzt und den Tod dieses letzten Propheten beschlossen (5,21.30; 6,7; 7,30; 9,22; 10,20; 11,45–54; 19,39f.47; 20,19; 22,2.66). Als Strafe wird Gott Jerusalem und seinen Tempel verlassen (Jer 12,7; 22,5; Ps 69,26). Israel wird Jesus erst wieder als Parusiechristus zu Gesicht bekommen (Ps 118,26; Mt 21,9; Mk 11,9).

Die Heilung eines Wassersüchtigen am Sabbat (14,1–6)

Lukas bietet drei Sabbatheilungen (6,6–11 par Mk; 13,10–17; 14,1–6), die nicht direkt Wundererzählungen, sondern Streitgespräche sind. Da 14,1–6 recht schematisch aufgebaut ist, kann auf Gemeindebildung geschlossen werden. Das Jesuslogion V. 5 stammt aus Q (Mt 12,11 als Einschub in Mk 3,1–6), vielleicht ist 14,1–6 ganz Q-Stoff, den Matthäus übergangen hat. Anläßlich eines Mahles (Symposion) im Haus eines führenden Pharisäers heilt Jesus am Sabbat einen Wassersüchtigen, obwohl er weiß, daß man ihn argwöhnisch überwacht (vgl. 11,53f.). Jesus fragt die anwesenden Gesetzeslehrer provozierend, ob es erlaubt sei oder nicht, am Sabbat zu heilen (vgl. 6,9). Sie schweigen. Jesus heilt mit einer Berührungsgeste den Mann. Am wunderbaren Heilungsvorgang ist die Erzählung nicht interessiert, sondern geht sofort auf das entscheidende Jesuswort in V. 5 zu: Wer würde sein Kind, ja sogar sein Vieh, nicht am Sabbat retten? Manche Lesarten haben anstelle von »Sohn« den Begriff »Esel« (vgl. 13,15). Das Jesuswort (Apophthegma) schließt mit dem zur Form gehörenden Schluß, daß die Gegner Jesu nicht zu antworten imstande waren. Während das enge pharisäische Gesetzesdenken nur bereit ist, den *eigenen* Sohn/Ochsen zu retten, ist Gottes in Jesu Heilungen wirksame Güte bereit, an allen Menschen Heil und Nächstenliebe auch am Sabbat zu üben (4,23; 5,31f.; 9,11).

Mahnung zur Bescheidenheit (14,7–11)

Die Sondergut-Rede richtet sich gegen die Prestigesucht der Gesetzeslehrer und Pharisäer beim Gastmahl und erteilt den Jüngern die Lehre, »sich selbst zu erniedrigen« (V. 11), demütig zu sein und sich Armen, Unterprivilegierten und Notleidenden solidarisch zuzuwenden. Aus einer ursprünglichen Tischregel ist ein eschatologisches Gleichnis (parobole V. 7) geworden. Es wird davor gewarnt, bei Einladungen auf Ehrenplätze aus zu sein, damit man nicht beschämt auf den letzten Platz hinunterrücken muß. Die gleichnishafte Ermahnung (Paränese) wird mit dem Spruch V. 11 abgeschlossen, der auch 18,14 (Mt 23,12) vorkommt. Ein direkter Bezug der Mahlsituation auf die Eucharistiefeier ist für Lukas wohl nicht vorauszusetzen.

Von den rechten Gästen (14,12–14)

Jesus sagt dem Gastgeber, aus Vergeltungsdenken nicht nur solche einzuladen, die ihrerseits zurück einladen, sondern gerade solche Arme, die selbst nicht mehr einladen können, so daß Gott mit der Auferstehung der Gerechten entlohnt. Der Zwang des berechnenden sozialen Kreislaufs von Geben und Nehmen wird kritisiert und die Nächstenliebe ohne Gegenleistungserwartung und Ausgleich gefordert. Gottes Lohn wird im Gericht Ausgleich schaffen. Die Gruppe der Einzuladenden (Arme, Krüppel, Lahme und Blinde) tritt im folgenden Gleichnis noch einmal auf (14,21). Waren diese Benachteiligten vom Tempelkult (2 Sam 5,8 LXX) oder von der Endzeitgemeinde (1 Q Sa 2,3–9) ausgeschlossen, so werden sie von Gottes Güte und der Nächstenliebe der Jünger geradezu bevorzugt (6,36.38).

Das Gleichnis vom Festmahl (14,15–24)

Ein ähnliches Gleichnis liegt Mt 22,1–10 vor. Es handelt sich wohl um eine Drohung an Israel, das sich Gottes Heilsangebot in Jesu Predigt widersetzt, so daß das Heil zu den Heiden überging und Israel vom Heil ausgeschlossen wird (V. 24), weil es sich der Einladung Gottes versagte und Jesus gegenüber verstockt blieb (vgl. Apg 28,23–28). Einer der anwesenden Gäste greift die Seligpreisung durch Jesus (V. 14) auf und bestätigt sie (V. 15). Jesus antwortet mit dem Festmahlgleichnis, das den Anwesenden deutlich macht, daß sie durch ihre Haltung gerade dabei sind, die Einladung zum himmlischen Mahl im Gottesreich bei der Totenauferstehung auszuschlagen. Zu einem *großen* Festmahl sind *viele* eingeladen. Die Erstgeladenen und von Dienern höflich Gerufenen entschuldigen sich der Reihe nach. Acker, fünf Ochsengespanne, Heirat verhindern die Teilnahme. Der zornige Herr läßt die Gruppe der Armen (V. 21, vgl. auch V. 13) herbeiholen, die aber nicht alle Plätze füllen. Der Herr läßt durch den Diener Leute von Wegen und Zäunen hereinzwingen, »damit das Haus voll wird«. Dieser Befehl ist noch gültig: Die Mission der Kirche wird den Saal mehr und mehr füllen. Den Erstgeladenen (Israel) wird aber der Zugang zum Endzeitmahl verwehrt, das als »Mahl Jesu« (mein Mahl, vgl. 22,30) gedacht ist. Das verstockte Judentum hielt andere Geschäfte für wichtiger, als der Einladung Gottes ins Endzeitmahl mit Jesus zu folgen. Ein Ausschluß der Juden aus der Eucharistie der Gemeinde ist hier nicht angesprochen.

Vom Ernst der Nachfolge (14,25–35)

Die Rede richtet sich an die Volksscharen und nennt Bedingungen der Nachfolge Jesu. In einer redaktionellen Situationsangabe erinnert Lukas daran, daß sein Jesus immer noch am Wandern ist. »Viele Menschen« begleiten ihn; ihnen wendet er sich zu und stellt ihnen scharfe und strenge Anforderungen für die Jüngernachfolge. Ohne Erfüllung dieser Bedingungen *kann* man nicht Jünger Jesu sein (VV. 26.27). Jünger Jesu müssen ihre Familien »hassen« (misei). Mt 10,37–39 schwächt ab: darf sie nicht mehr lieben als Jesus. Lukas fügt hinzu: sein eigenes Leben (psyche) lassen, vgl. 9,23f.; 17,33. »Hassen« ist im Sinn von Nachordnen zu verstehen, vgl. 9,59. Das zweite Logion spricht vom Kreuztragen hinter Jesus her als Bedingung des Jüngerseins. Gemeint ist damit die Bereitschaft zum Martyrium ebenso wie das tägliche Darunterbleiben unter dem Schicksalskreuz, vgl. 9,23. Wer Jesus nachfolgen will, muß bereit sein, seinen Weg durch Passion und Tod mitzugehen.

28–33 Jüngerschaft erfordert nüchterne Berechnung und Prüfung der eigenen Möglichkeiten und Kräfte, um nicht ins Schwärmerische und Leichtsinnige zu verfallen und das Angefangene auch vollenden zu können. Das Doppelgleichnis ist auch in der philosophischen Ethik der Stoa bekannt. Werbung für die Nachfolge Jesu darf nicht über die harten Bedingungen hinwegtäuschen, Menschen vordergründig mitreißen und sie dann auf halber Strecke ihrem Schicksal überlassen, nur um statistisch viele für die Jesusnachfolge zu gewinnen, die aber für den Turmbau und den Kampf zu schwach und ungeeignet sind. So gehört auch *totaler Besitzverzicht* zu den harten Bedingungen der Jüngerexistenz, vgl. 12,33; 18,22. Von keinem persönlichen Vermögen belastet und gebunden zu sein, gehört zu den notwendigen Voraussetzungen, für den Turmbau und den Kampf gegürtet zu sein. Totaler Besitzverzicht als Ideal der Urgemeinde findet sich in 5,11.28; Apg 2,44f.; 4,32.

34–35 Das Gleichnis vom Salz stammt aus der Logienquelle (Mt 5,13; vgl. Mk 9,50). Obwohl zum Volk gesprochen, ist die Jüngerschaft im Blick. Wie die Jünger beim Turmbau und im Kampf nicht scheitern dürfen, so auch nicht in ihrer Funktion als »Gutes« und »Würze« in Gemeinde und Gesellschaft. Wenn Salz durch zu lange Lagerung seinen Geschmack verliert, ist es als Würze unbrauchbar, selbst als Dünger und Mist nicht mehr verwendbar. Möglich ist auch, daß Lukas das Salzwort im Hinblick auf den Besitz verstand, der nur dann richtig gebraucht ist, wenn er zur Nächstenliebe verwandt wird. Die Schlußmahnung findet sich wörtlich in 8,8; vgl. Mt 11,15; 13,9.43.

Die Gleichnisse vom verlorenen Schaf und von der verlorenen Drachme (15,1–10)

Kap. 15 besteht aus zwei Doppelgleichnissen zu dem Thema »Freude über die Wiederentdeckung des Verlorenen«. Die redaktionelle Einleitung des Lukas VV. 1–2 gibt die Adressatengruppe an: Es geht um Jesu Gemeinschaft mit »allen« Zöllnern und Sündern, an der die Pharisäer Anstoß nehmen. Weil Jesus demonstrativ Sünder und Diskriminierte »aufnimmt und mit ihnen ißt« (vgl. 5,29–32; 7,34), empören sich die religiösen Führer der Juden. Mit den Gleichnissen verteidigt Jesus sein Verhalten. Das Gleichnis vom verlorenen Schaf hat in Mt 18,12–14 eine Parallele, das von der Drachme überging Matthäus. Die Liebe Gottes äußert sich in Jesu Sendung zu Sündern und Ausgestoßenen. Jeder normale Hirt läßt die Gesamtherde allein, um ein einziges abhandengekommenes Schaf zu suchen, und mit Freude trägt er es auf seinen Schultern zur Herde zurück. Jesus wendet selbst das Gleichnis an auf die Freude im Himmel über jede Sünderumkehr, vgl. Ez 18,23; 34,16.

Die Frau, die nur zehn Drachmen besitzt, ist auf das Wiederfinden der einen verlorenen angewiesen, sie tut alles, um diese zu finden. Ihre Freude entspricht der himmlischen Freude über eine einzige Sünderumkehr. Wenn Jesus Zöllner und Sünder intensiv sucht und findet, handelt er in der Liebe Gottes, die gerade den Sündern und den von der Gesellschaft zu solchen gemachten gilt. Lukas appelliert an seine Gemeinden, Sünder und Randgruppen nicht in liebloser Kritik abzustoßen, sondern sich intensiv um ihre Wiederentdeckung als von Gott gewollte und geliebte Menschen zu bemühen und sich über ihre Umkehr zu freuen. Offenheit der Gemeinden gegenüber diesen Diskriminierten ist ebenso notwendig wie Vorsicht vor heuchlerischer Selbstgerechtigkeit.

Das Gleichnis vom verlorenen Sohn (15,11–32)

Lukas bietet hier Sondergut. Die Zuwendung Jesu zu den Sündern und deren Annahme durch Gott wird gleichnishaft erzählt. Eigentlich müßte es »Gleichnis vom gütigen Vater« heißen, da seine vergebende Annahme des jüngsten Sohnes der Kritik des älteren Bruders ausgesetzt ist und der Hörer sich entscheiden muß, ob er sich mitfreuen will über Gottes Güte oder verstockt bleibt in Selbstgerechtigkeit. Jesu Handeln demonstriert die Liebe Gottes zum Sünder. Der erste Teil vom Doppelgleichnis handelt vom jüngeren Sohn, der vom Vater sein Erbteil fordert. Der Vater teilt das Vermögen unter beide Söhne auf (zur Vermögensteilung vor dem Tod des Erblassers vgl. Sir 33,20–24). Der Sohn verläßt das Elternhaus und verschleudert sein Vermögen, bis er durch eine Hungersnot gezwungen wird, als Schweinehirt – für jüdisches Gesetzesempfinden eine unzulässige Tätigkeit (Lev 11,7f.) – zu arbeiten. Da es ihm auch bei dieser Arbeit nicht besser geht, denkt er an die Arbeiter seines Vaters, die es gut haben, während er, der

Sohn, so schlecht dran ist. Er spürt Gedanken der Umkehr und geht reuig zu seinem Vater und bittet um Anstellung, da er sich als Sohn unwürdig fühlt. Der Vater jedoch hatte immer auf den Sohn gewartet, läuft ihm entgegen und küßt ihn. Die verzeihende Liebe des Vaters kommt dem Schuldbekenntnis des Sohnes zuvor, die Vergebung erfordert keine Vorleistung, sondern Umkehr. V. 24 interpretiert die Umkehr des Sohnes als Auferweckung aus dem Tod zum Leben. Gott sucht den Sünder und will dessen Leben.

25–32 Der ältere Sohn, der immer beim Vater war, reagiert auf diese Annahme des jüngeren Bruders voll Eifersucht und Zorn. Trotzig will er gar nicht am Freudenfest über die Rückkehr teilnehmen. Der gütige Vater geht sogar zu ihm hinaus und hört sich die Vorwürfe des Sohnes geduldig an. Er tröstet ihn, daß er *immer* beim Vater war und an dessen Wohlstand voll teilhat, er solle sich doch über die Rückkehr des Bruders freuen. Dieser Schlußsatz enthält eine Kritik an Jesu Gegnern, die nicht an Gottes Freude über Jesu Zuwendung zu den Sündern teilnehmen wollen. Die Pharisäer bemühen sich zwar um beständigen Gehorsam gegenüber dem Willen Gottes (V. 29 Tora, Gebote), aber in ihrer formalistischen Leistungsfrömmigkeit der Gesetzeserfüllung mangelt es ihnen an Liebe und Barmherzigkeit gegenüber den sogenannten Sündern. Jesus hingegen praktiziert Gottes Sünderliebe, die den Gesetzesfrommen skandalös scheint.

Das Gleichnis vom klugen Verwalter (16,1–8)

Die Parabel gehört zum Sondergut des Lukas. Sie ist eschatologisch zu interpretieren als Hinweis, die Lebenszeit noch engagiert und klug zu nützen, bevor die Endzeitkatastrophe Handeln und Umkehr unmöglich machen wird. Der Verwalter eines reichen Mannes wird böswillig verklagt (diaballo), er verschleudere den Besitz seines Arbeitgebers. Der Herr ruft ihn, läßt die Bilanz vorlegen und will ihm kündigen (V. 2), falls sich die Schuld bestätigt. Angesichts der schlimmen Folgen seiner Entlassung und Arbeitslosigkeit faßt er den mutigen Entschluß, sich noch schnell durch Fälschung der Schuldscheine (Korruption) Freunde unter den Schuldnern seines Herrn zu machen. Der Herr lobt den *ungerechten* Verwalter wegen seiner klugen Selbsthilfe in auswegloser Situation. Der »Herr«, im lukanischen Sondergut immer Jesus (7,13; 10,39.41; 13,15; 18,6; 19,8) ruft die Jünger zu klugem Verhalten vor der unausweichlichen Endzeitkatastrophe auf. Die »Kinder dieses Äons« sind wie der korrupte Verwalter klüger als die »Kinder des Lichtes«, die Angehörigen der Gemeinde (Titel häufige Selbstbezeichnung in Qumran). Die Christen sollen angesichts der bevorstehenden Bilanzlegung im Endgericht klug und entschlossen die Gegenwart bewältigen, sofort Maßnahmen der Zukunftssicherung auf das bleibende Leben in Gott hin einleiten.

Vom rechten Gebrauch des Reichtums (16,9–13)

Die Sondergut-Spruchreihe (nur V. 13 ist Q-Stoff, vgl. Mt 6,24) kreist um das Thema »Mammon« (Geld, Besitz, Vermögen, Kapital). Der erste Weisheitsspruch (Maschal) zieht die Konsequenz aus dem vorhergehenden Gleichnis: Wie der korrupte Verwalter sollen sich die Jünger mit dem »ungerechten Mammon« Freunde machen, damit sie in die »ewigen Zelte« Gottes beim Endgericht aufgenommen werden, »wenn er aufhört«. Eschatologische Klugheit besteht darin, den Reichtum geschickt für die Armen zu verwenden, sich durch Almosengeben auf Zukunft hin bei Gott abzusichern, vgl. 12,33, da die irdische Existenzsicherung durch Geld plötzlich im Tod »aufhört«. Mit »Freunde machen« ist Gott gemeint, nicht die Armen. Der Mammon ist schon deswegen »ungerecht«, weil der ungleich verteilte Reichtum prinzipiell eine Unrechtsituation schafft, solange er nicht solidarisch und gerecht in Verteilung gebracht wird, vgl. Sir 5,8; 27,1f.; Mk 4,19.

Wer im Teilen seines Reichtums zuverlässig vor Gott ist, dem vertraut Gott das »wahre Gut« an, die »Verwalteraufgabe« der Jünger in der Gemeinde (12,42.48; 2 Tim 2,15). Der kluge Verwalter im vorausgehenden Gleichnis war nicht zuverlässig, er hat das fehlende Gut (V. 12) seines Herrn korrupt mißbraucht, ihm wird nicht sein wahres Eigentum, der Lohn des Himmelreichs, anvertraut (vgl. 1 Kor 4,1–4). Das wahre Vermögen der Jünger ist der Lohn des Reiches Gottes, das irdische Vermögen ist nur von Gott anvertrautes »fremdes Gut«, über das Rechenschaft abzulegen ist (16,2).

Das Schlußlogion stellt Mammondienst und Gottesdienst in sich ausschließendem Kontrast gegenüber. Ausgehend von dem Sprichwort, daß kein Haussklave zwei Herren dienen kann, wird der Jünger in die Entscheidung gerufen, sich nicht zum Sklaven des Geldes, Besitzes und Prestiges zu machen, was dem Dienst vor Gott zuwider wäre, sondern sich im Umgang mit Geld und darauf basierender Macht von Gott bestimmen zu lassen.

Das Urteil Jesu über die Pharisäer (16,14–15)

Das Thema »Geld und irdischer Besitz« wird mit Blick auf die geldgierigen (11,39–43; 20,47) und ehrsüchtigen Pharisäer weitergeführt. Sie lachten über Jesus, als er die prinzipielle Unvereinbarkeit von Mammondienst und Gottesdienst vortrug. Jesus wirft ihnen vor, daß sie sich vor den Menschen selbst gerecht machen (vgl. 18,9), Gott aber ihr Herz durchschaue. In ihrem Herzen aber herrscht letztlich Habgier und nicht Gottesfurcht. Was Menschen für bewundernswert und großartig halten, ist vor Gott »ein Frevel«. Habgier und Geldliebe ist ein Gottesdienst vor dem personifizierten Götzen »Reichtum und Prestige«. Der Ausdruck »Frevel« bezeichnet sowohl ein Götterstandbild als auch den Anti-Jahwe schlechthin, vgl. Dan 9,27; 11,31; 12,11; 1 Makk 1,54; Mt 24,15.

Vom Gesetz und von der Ehescheidung (16,16–18)

Der Zeit des Gesetzes und der Propheten, die bis Johannes dem Täufer galt, wird die Zeit des Evangeliums gegenübergestellt. Die Zeit Jesu und der Kirche setzt Gottes Heilsgeschichte fort. Lukas geht also von der Konzeption einer Zweiteilung der Heilsgeschichte aus, in der Johannes die Wende markiert und noch zur Zeit Israels gehört. »Jeder drängt sich (mit Gewalt)« ins Reich Gottes, wodurch einmal die Attraktivität und Ausstrahlungskraft der Gottesherrschaft, aber auch der Kampf um den Einlaß in die enge Tür (13,24) zum Ausdruck kommt.

V. 17 (vgl. Mt 5,18) betont die bleibende Geltung der jüdischen Tora in allen Einzelheiten. »Jota« bedeutet Buchstabenstrichlein. Die Heiligen Schriften der Juden sind nach Lukas also nicht etwa durch Jesus und sein Evangelium überholt oder außer Kraft gesetzt, sondern haben bleibenden normativen Wert, wie nicht zuletzt der Schriftgebrauch des Lukas selbst zeigt.

Beispiel solcher Tora-Gültigkeit ist Jesu Haltung gegenüber der von den Pharisäern erlaubten Ehescheidung. Lukas hatte Mk 10,1–12 übergangen. So betont er mit diesem Q-Logion (Mt 5,32), daß Jesus mit Berufung auf die Schrift (Gen 1,27; 2,24) die Einehe wieder in ihrer Unauflöslichkeit herstellt und die Möglichkeit »sukzessiver Polygamie« durch aufeinanderfolgende Scheidungen und Wiederverheiratungen ablehnt. Jesu neues Evangelium verschärft das alte Gesetz der Juden, das die Ehescheidung mit Scheidebrief erlaubte (Dtn 24,1). Vgl. 1 Kor 7,10f.

Das Beispiel vom reichen Mann und vom armen Lazarus (16,19–31)

Lukas übernimmt das Gleichnis aus seinem Sondergut. Es beinhaltet die Hoffnung auf Ausgleich zwischen Armen und Reichen im Endgericht und betont, daß es Reichen selbst im Erleben von Totenauferstehung nicht gelingt, sich Gott zu unterwerfen. Es handelt sich um eine erzählerische Illustration der Seligpreisung der Armen und des Weherufs über die Reichen (6,20.24) sowie der Ablehnung der Zeichenforderung (11,29f.). Die VV. 19–23 stellen die sehr unterschiedliche »Lebensqualität« der beiden Gestalten dar, ihr Schicksal im Jenseits und ihren Dialog über dieses unterschiedliche Ewigkeitsschicksal im Hades und »Schoß Abrahams«. »Purpur und Byssus« umschreiben den Luxuskomfort des genießerischen Prassers; Geschwüre, Hunger »vor der Tür« umschreiben die Armenexistenz. »Lazarus« bedeutet »Gott hilft« (vgl. Ex 6,23; Eleazar), der Arme lebt also ganz in der Hoffnung auf Gott. Der Tod und das Endgericht Gottes kehren die Lage der beiden radikal um und schaffen vollen Ausgleich nach dem Vergeltungsprinzip. Als der Reiche sich an Abraham als seinen »Vater« wendet, erklärt dieser ihm, warum er Qualen leidet und daß die im Tod errichtete Scheidung zwischen Guten und Bösen endgültig ist. Eine Hilfe durch Lazarus ist nicht mehr möglich, auch nicht, die fünf noch lebenden Brüder des Reichen besonders zu warnen. Gottes Weisung durch Mose und die Propheten muß ihnen wie allen Menschen genügen, zumal sie auf einen wiederkehrenden Toten auch nicht mit Umkehr reagieren würden. Damit spielt Lukas auf den jüdischen Unglauben gegenüber der Auferstehung Jesu an.

Warnung vor der Verführung (17,1–3a)

Die Warnung vor dem Ärgernis (skandalon) richtet sich an die Jünger und Apostel. Lukas übernimmt Q-Stoff, den Mt 18,6 durch Mk 9,42 ersetzt. Die Einleitung »Er sagte seinen Jüngern« richtet Lukas an die Gemeinden und ihre Christen. »Es ist unvermeidlich« betont das Werk des Verführers selbst, dem der Weheruf Jesu gilt. Die schwere Schuld solcher Verführer würde angemessen durch Ertränken im Meer bestraft, denn besser würde er getötet, als daß der Glaube einer dieser Kleinen »skandalisiert« würde. Die Warnung »Seht euch vor!« richtet sich an die Jünger und bezieht sich sowohl auf agierende Verführer als auch darauf, nicht selbst als Jünger Verführer zu werden.

Von der Pflicht zur Vergebung (17,3b–4)

Dem Sündigen des Bruders ist die Zurechtweisung und Vergebung angemessen, falls er sich ändert und umgekehrt; die Vergebungsbereitschaft darf keine Grenzen haben, damit Umkehr ermöglicht wird. Mt 18,15–17 hingegen kennt ein gestuftes Vergebungsverfahren in der Gemeinde. »Siebenmal am Tag« (vgl. Ps 119,164) betont die unendliche Güte Gottes, die den Sünder zur Umkehr ruft und dem die Gemeinde oder der Bruder nicht den Weg versperren darf.

Von der Macht des Glaubens (17,5–6)

In anderer Fassung begegnet der Spruch vom »Glauben wie ein Senfkorn« auch in Mt 17,20; vgl. Mt 21,21; Mk 11,23. Die Warnung vor Verführung und Ärgernis sowie die Weisung zu grenzenlosem Verzeihen läßt die Apostel die Bitte um Glaubensstärkung sprechen: »Füge unserem Glauben zu!« Der Herr erwidert, daß ein bißchen Glauben in der Größe eines Senfkorns einen Maulbeerbaum auszureißen und ins Meer umzupflanzen in der Lage ist. Vgl. 19,4 Maulbeerfeigenbaum. Daß der Baum im Meerwasser weiterwachsen kann, ist Tat des Glaubens, der wider die Natur an Gottes Allmacht festhält. Vgl. das Wort an Simon 22,31f., den Glauben der Brüder zu stärken.

Das Gleichnis vom unnützen Sklaven (17,7–10)

Lukas bietet hier Sondergut. Das Gleichnis, das auf Jesus selbst zurückgehen mag, richtet sich gegen die pharisäische Haltung eines Lohnanspruchs gegenüber Gott. Vom zwischenmenschlichen Verhalten wird auf das rechte Gottesverhältnis geschlossen. Ein Herr hat dem Knecht nicht zu danken, wenn dieser pflichtgetreu seine Arbeit tut, zu der er angestellt ist. Für die Jünger und Gemeindevorsteher heißt das, daß sie nur ihre Schuldigkeit getan haben, wenn sie »alles getan haben, was ihnen aufgetragen ist«. Ein Pochen auf religiöse Verdienste aus Frömmigkeitsleistungen, ein Vergeltungsanspruch für erbrachte Dienste vor Gott ist ausgeschlossen. Wer Gottes Gebot und Jesu Weisungen gewissenhaft erfüllt hat, soll sich nicht brüsten vor Gott und Mitmenschen, sondern sich für einen unnützen, armseligen, unwürdigen Knecht halten, und das gilt vor allem für die Gemeindevorsteher und -leiter, die »hüten und pflügen« im Acker Gottes (vgl. Apg 20,28).

Der dankbare Samariter (17,11–19)

Die Erzählung stammt aus dem Sondergut, die redaktionelle Einleitung von Lukas, das Dankbarkeitsmotiv aus Mk 1,40–45; 4 Kön 5,1–19 LXX. Die Pointe der Erzählung ist der Kontrast im Verhalten der Geheilten, nicht das Heilungswunder selbst. Der Evangelist erinnert daran, daß Jesus immer noch auf dem Weg nach Jerusalem ist. Er zieht *mitten durch* Samaria und Galiläa, wobei Lukas von der geographischen Lage dieser Region keine eigene Vorstellung hat. Vor einem Dorf trifft er auf zehn Aussätzige, die nach dem Gesetz (Lev 13,45f.) in Distanz bleiben und den »Meister« (epistata) um Erbarmen bitten. Ohne eigenen Heilungsbefehl sagt er ihnen, sich den Priestern zu zeigen, wie es das Gesetz nach einer Lepraheilung fordert (Lev 14,2–32). Da sie aber noch gar nicht geheilt sind, will Jesus ihren Glauben prüfen (vgl. 2 Kön 5,10). Erst auf dem Weg wurden sie geheilt. Nur einer der Zehn kehrt zurück, preist Gott (vgl. 5,25.26; 7,16; 13,13; 18,43) und dankt Jesus. Und dieser eine war ausgerechnet ein von den Juden als ungläubig betrachteter Samariter, ein »Fremder«. Der Nichtjude ist Gott und Jesus dankbar, die Juden hingegen nehmen ihre Heilung als Selbstverständlichkeit und danken Jesus nicht. Jesus sendet den neuen Jünger als gläubigen Menschen zum Zeugnis aus, denn sein Glaube hat ihm Rettung gebracht, vgl. 7,50; 8,48; 18,42; Mt 9,22; Mk 5,34; 10,52.

Vom Kommen des Gottesreiches und des Menschensohnes (17,20–37)

Lukas hat in seiner »kleinen Apokalypse« 17,20–37 vor allem Q-Stoff verarbeitet und die »große Apokalypse/Endzeitrede« 21,6–36 nach Mk 13 gestaltet. Auch das folgende Gleichnis vom gottlosen Richter 18,1–8 zielt noch auf die Menschensohnthematik. Angesichts entspannter Naherwartung (Parusieverzögerung) läßt Lukas die Pharisäer die Frage stellen, wann das Reich Gottes komme. Die Hauptaussagen könnten auf den irdischen Jesus zurückgehen. Er lehrt, daß das Kommen des Reiches Gottes nicht an der Beobachtung von Sternen zeitlich oder räumlich abgelesen werden kann, daß es vielmehr schon »unter euch« ist (wörtlich: »innerhalb von euch«), daß die Glaubenden selbst aktiv am Kommen beteiligt sind und das Reich Gottes das Engagement aller erfordert. Es kommt dann und dort an, wo sich Menschen in Umkehr zu Gott und Nächstenliebe in die Nachfolge Jesu begeben, denn in Jesus ist die Gottesherrschaft bereits angebrochen, vgl. 11,20. Den Jüngern sagt er, daß sie trotz ihrer Sehnsucht die »Tage des Menschensohns« nicht sehen werden, solange sie in der »Zeit der Kirche« Verfolgung und Bedrängnis als notwendige Vorzeichen des Reiches durchhalten müssen und Verführungen und Täuschungen ausgesetzt sind. Die Parusie des Menschensohnes aber kommt plötzlich wie ein Blitz und scheint der gesamten Welt auf. Zuvor aber muß die Passion Jesu und seine Verwerfung stattfinden (9,22.44; 18,32), sie hält die Endvollendung noch zurück.

Es folgen zwei Gleichnisse von Noach und der Sintflut und von Lot und der Stadt Sodom, die das plötzliche Hereinbrechen des

Strafgerichts Gottes am Tag der Wiederkunft des Menschensohnes veranschaulichen. Es ist ein Irrtum, so zu leben und die Weltgeschäfte zu betreiben, als ob das Ende nicht käme. Sowohl eine falsche, weil lähmende Naherwartung (VV. 22–25), wie auch eine Lebensführung, ohne das Ende zu bedenken (8,14; 12,18f.; 21,34), sind Illusionen.

An dem Tag der Offenbarung des Menschensohnes kann freilich nichts mehr vorgesorgt werden, man kann nicht mehr vom Flachdach ins Haus oder vom Feld heimgehen. Wie am Beispiel von Lots Weib (Gen 19,26) deutlich wird, ist ein Rückblick tödlich. – Das Logion vom »Leben gewinnen oder verlieren« kritisiert den Versuch, durch Genießen und Konsum mehr Leben haben zu wollen, während wahres erfülltes Leben nur durch Nächstenliebe und Selbsthingabe im Dienst für andere geschenkt wird. Wer im Martyrium sein Leben verliert, wird es am Tag des Menschensohnes zurückerhalten. – Am Gerichtstag der Parusie geht die Trennung zwischen Guten und Bösen mitten durch die Gemeinschaften, illustriert das Doppellogion VV. 34f. – V. 36 stammt aus Mt 24,40 und fehlt in den besten Handschriften, so daß er auch in der Einheitsübersetzung in die Fußnoten gesetzt wurde. V. 37 beantwortet die Frage nach dem Ort der Parusie mit dem Sprichwort vom Aas; wie Geier überall hinfliegen, wo Aas liegt, kommt das Gericht Gottes überall hin, wo Böses ist; überall (21,35) waltet Gottes Gericht.

Das Gleichnis vom gottlosen Richter und der Witwe (18,1–8)

Das Gleichnis stammt aus dem Sondergut des dritten Evangelisten. Der Einleitungsvers mit dem Hinweis auf die Notwendigkeit immerwährenden Betens stammt von Lukas, der damit auf die »Parusieverzögerung« antwortet. Die Parabel vom gottlosen Richter zeigt Gott als Autorität, die auf Bitten reagiert, daher brauchen die Glaubenden nicht an der Hilfe Gottes zu zweifeln, wenn sie inständig »Tag und Nacht zu ihm schreien« (V. 7). Gott wird der Gemeinde zu ihrem Recht verhelfen, sie »rechtfertigen«, und zwar ohne zu zögern, »unverzüglich« (Bar 4,25). Doch sollte der Menschensohn bei seinem Kommen die Gemeinden betend, ihren Glauben bezeugend vorfinden (vgl. 2 Tim 4,7).

Das Beispiel vom Pharisäer und vom Zöllner (18,9–14)

Das Gleichnis übernimmt Lukas aus seinem Sondergut; ab 18,15 folgt Lukas wieder der Markus-Vorlage. Lukas »rahmt« das auf Jesus zurückgehende Gleichnis durch die Nennung der Adressaten V. 9 und die Angabe des Grundes der Rechtfertigung des Zöllners V. 14b, wobei er 14,11 wiederholt. Die Adressaten sind Jünger, die selbstgerecht wie Pharisäer beten und Mitmenschen verachten. Die Beispielerzählung zeichnet zwei gegensätzliche Gestalten, den Pharisäer als Repräsentanten der jüdischen Gesetzesreligion, den Zöllner als öffentlichen Sünder, der von Frommen zu meiden ist. Der Pharisäer betet leise; daß er demonstrativ betet, ist nicht gesagt. Er zählt Sündenfreiheit und Frömmigkeitsleistungen auf, verzichtet aber auf Bitten. Der Zöllner hingegen hat nichts, um sich vor Gott und Menschen zu brüsten, er bleibt demütig von fern stehen, bereut und bittet um Vergebung (mit Ps 51,3). Jesus urteilt, daß der Zöllner gerechtfertigt heimkehrt, der andere nicht. Gott findet Gefallen an dem reuigen Sünder und schenkt ihm seine Güte und Gnade der Verzeihung. Lukas fügt den Grundsatz Gottes hinzu, der die Stolzen demütigt, die Niedrigen aber erhöht (1,52), vgl. 14,11.

Die Segnung der Kinder (18,15–17)

Im Anschluß an die »große Einschaltung« 9,50 (par Mk 9,40) – 18,14 liegt dieser Perikope wieder Mk 10,13–16 zugrunde. Das Logion von der Erniedrigung (18,14 = 14,11) wird durch dieses »ideale Apophthegma«, das vielleicht die Kleinkindertaufe verteidigen sollte, illustriert. Lukas läßt die Umarmung, die Händeauflegung und den Unwillen Jesu aus, da er öfters Gemütsbewegungen Jesu unterdrückt, vgl. 9,47. Glaubende sollen in kindlicher Haltung vor Gott treten, ohne Pochen auf eigene Leistung, alles von Gottes Güte erhoffen und volles Zutrauen zu ihm haben. – Man brachte auch Säuglinge zu Jesus, damit er sie anrühre, um Segen Gottes zu vermitteln, vgl. 5,13. Gegenüber »Kindern« bei Markus spricht Lukas von »Säuglingen«, um die Hilflosigkeit, Unselbständigkeit und Abhängigkeit zu verstärken. Die Jünger reagieren abweisend, weil sie sich belästigt fühlen. Jesus hingegen widmet sich den Kindern, ruft die Mütter mit den Säuglingen herbei und sagt den Jüngern, sie sollen die Kinder zu ihm lassen, denn »solchen gehört das Reich Gottes«, vgl. 6,20b. Das abschließende Logion nennt als Kriterium für den Eintritt ins Reich Gottes, wie ein Kind dasselbe anzunehmen, vgl. 17,20b; 13,24.

Von Reichtum und Nachfolge (18,18–30)

Lukas folgt Mk 10,17–31; vgl. Mt 19,18–30. Ein Vorsteher (archon, vgl. 8,41; 12,58; 14,1) fragt den »guten Lehrer/Rabbi«, wie er »das ewige Leben« erwerben könne. Jesus aber will nicht als »gut« bezeichnet werden, da für ihn nur Gott, der Eine, gut ist (Dtn 6,4). Die Hauptgebote des Dekalogs (Ex 20,12–16; Dtn 5,16–20) sind ihm bekannt, er hat sie von Jugend auf befolgt. Da fordert Jesus den totalen Besitzverzicht (12,33; 14,33) als Voraussetzung und Bedingung der Nachfolge. Die Notiz Mk 10,21a, daß Jesus den Reichen »anblickte und liebgewann«, übergeht Lukas, spricht dann aber im Unterschied zu Markus vom *ganzen* Besitz. Der »sehr reiche« Mann reagierte enttäuscht, da er nicht bereit war, sein Vermögen zu verteilen, um für das Reich Gottes völlig frei und verfügbar zu werden, andererseits doch gerne das ewige Leben erben möchte. Er bleibt in dieser radikalen Alternative unentschieden. Jesus spricht ein hartes Urteil über »die Begüterten«. Das größte Tier Palästinas geht eher durch die kleinste Öffnung als ein Begüterter ins Reich Gottes; die Unmöglichkeit des Wollens wird drastisch vor Augen geführt. Resigniert fragen die Zuhörer, wer dann überhaupt noch gerettet werden kann. Jesus weist auf die Allmächtigkeit und Güte Gottes hin, vgl. Gen 18,14 LXX; Ijob 42,2; Lk 1,77. Gott kann auch bei Reichen das an und für sich Unmögliche wahr machen und sie trotz aller Gefährdung durch Geld und Luxus retten. Das Heil ist ausschließlich von Gottes Güte, Gnade und Barmherzigkeit abhängig.

Petrus weist auf ihr Opfer hin, alles Eigentum um der Nachfolge Jesu wegen verlassen zu haben. Jesu Amen-Wort verheißt allen, die Liebgewordenes »um des Reichs Gottes willen« (Mk: »meinetwillen und wegen des Evangeliums«) verlassen, »in dieser Zeit das Vielfache« und »in der kommenden Welt das ewige Leben«. Lukas denkt an die Missionare und Verkünder, die um der Predigt und

Mission willen ihre bürgerliche Existenz aufgaben und sich auf den »Wanderradikalismus« der Nachfolge Jesu einließen.

Die dritte Ankündigung von Leiden und Auferstehung (18,31–34)

Lukas weicht von der Vorlage Mk 10,32–34; vgl. Mt 20,17–19 erheblich ab, läßt alle Hinweise auf die Führer der Juden weg und hebt die Übergabe Jesu an die Heiden hervor, weil sich darin der göttliche Heilsplan verwirklicht. Jesus nimmt die Zwölf beiseite, erinnert an den Weg nach Jerusalem und sagt, daß sich dort alles über den Menschensohn Prophezeite erfüllen wird. Er wird den Heiden ausgeliefert, getötet, aber »am dritten Tag« auferstehen. Schon 9,22 war die Beteiligung der jüdischen Führer an der Passion betont worden. Das Passiv der Passionsansagen deutet Gottes Heilsplan an, nach dem der Sohn sterben »muß«. Wer für den Tod Jesu irdisch verantwortlich ist, Juden oder Römer, läßt Lukas hier offen. Während Lukas sonst »er wird auferweckt« sagt (9,22; 24,7.46), übernimmt er hier das markinische »er wird auferstehen«, ändert aber das »nach drei Tagen« in »am dritten Tag«. Dem Jüngerverständnis bleibt das Vorausgesagte »verborgen« (9,45), und sie erkannten das Gesagte nicht, bis der Auferstandene (24,19–27.45–47) ihnen die Schrift erschließen und ihnen die Ereignisse deuten wird.

Die Heilung eines Blinden bei Jericho (18,35–43)

Lukas folgt Mk 10,46–52; vgl. Mt 20,29–34. Trifft Jesus nach Mk erst *nach dem Verlassen* Jerichos auf den Blinden, so nach Lk schon *vor Betreten* der Stadt, da Lukas noch die Zachäusgeschichte in Jericho und das Q-Gleichnis vom anvertrauten Geld (19,1–10.11–27) in die Mk-Vorlage einschalten wollte. Lukas strafft und glättet die Mk-Vorlage, ersetzt das aramäische *Rabbouni* aus Mk durch das griechische kyrie (Herr) und läßt den aramäischen Namen des Blinden weg, da er für seine heidenchristlichen Zuhörer keine Bewandtnis hat. – Jesus (und seine Jünger) nähern sich Jericho (Mk: als sie die Stadt verließen). Ein Blinder am Weg erkundigt sich nach den Vorgängen, und als er hört, daß Jesus »der Nazoräer« (Apg 2,22; 3,6; 4,10; 6,14; 22,8; 26,9) vorbeiziehe, ruft er das messianische Bekenntnis: Jesus, Sohn Davids. Jesus fragt nach seinem Wunsch. Der Blinde bekennt ihn als »Herr« und bittet um das Sehenkönnen; aufgrund seines Glaubens wird er gerettet (7,50; 8,48; 17,19; Mt 9,22; Mk 5,34). Sofort vollzieht sich das Heilungswunder. Der Geheilte preist Gott und folgt Jesus nach. Die Zeugen erkennen, daß Jesus, »Herr und Davidssohn«, den Glaubenden die Augen öffnet, damit sie Gott preisen und Jesus nachfolgen in der Gemeinde (vgl. 9,45; 24,45; Apg 9,16–18; 26,18). Die Heilungserzählung steht ganz im Dienst des Nachfolgegedankens.

Jesus im Haus des Zöllners Zachäus (19,1–10)

Auf die Bekenntniserzählung »Jesus, Herr und Davidssohn« 18,35–43 folgt jene vom »Heiland/Retter der Verlorenen« (19,1–10, vgl. 15,1–32). Lukas bietet Sondergut, wobei er das Menschensohnlogion V. 10 selbst bildet (vgl. 17,22.25; 18,8; 21,36; 22,48; 24,7). – Erst jetzt kommt Jesus nach Jericho hinein und geht durch die Stadt. Der »sehr reiche« Oberzöllner Zachäus (»der Gerechte«; vgl. Esra 2,9; Neh 7,14; vielleicht Kurzform für Zacharias) »sucht« Jesus zu sehen, nicht nur aus Neugierde, sondern aus echtem Interesse an dem bekannten Wundertäter. Klein von Gestalt, erklettert er eine Sykomore, um Jesus zu sehen. Jesus schaut hinauf und fordert ihn auf herabzusteigen, denn »heute muß ich in deinem Haus bleiben«. Im »Heute« erfährt der sündige Zöllner Gottes messianische Heilsgegenwart in Jesus. Dieser »muß« beim Sünder bleiben, weil es so Gottes Heilswille ist. »Bleiben« bezeichnet die Gemeinschaft Gottes mit dem gläubigen Sünder und ist mehr als ein bloßer Besuch. Der Zöllner nimmt Jesus freudig bei sich auf. »Alle murren« wegen dieses spontanen Besuchs bei einem Sünder gegen Jesus. Der Zöllner bereut und bestätigt damit seine Umkehr. Jesus gibt ihm die Zusage, daß »heute« der ganzen Familie Rettung widerfahren ist, weil auch der Sünder »Sohn Abrahams« ist. Es ist nämlich die Sendung des Menschensohnes, gerade das Verlorene zu suchen und zu retten, vgl. 5,32; 15,1–32; Mt 9,13; Mk 2,17.

Das Gleichnis vom anvertrauten Geld (19,11–27)

Wenn das Gleichnis nicht aus der Logienquelle stammen sollte (vgl. Mt 25,14–30), so hat es doch eine gemeinsame Traditionsgrundlage mit matthäischen Quellen. Der Evangelist will mit der Erzählung eine *falsche* Naherwartung korrigieren, wenn er die Erzählung vom Thronanwärter einarbeitet. Weil die Leute und auch Jünger meinen, das Reich Gottes müsse *sofort* erscheinen, erzählt ihnen Jesus dieses Gleichnis, als er schon nahe bei Jerusalem, dem Ziel seiner Wanderung und der Stadt seiner »Hinaufnahme« (9,51; 13,33) ist. Ein Mann »von hoher Geburt« reist in ein fremdes Land, um König zu werden. Womöglich spielt Lukas auf den Herodessohn Archelaos an, der König von Judäa werden sollte (4 v. Chr.), auf Intervention der Juden beim Kaiser aber in Rom abgesetzt wurde; er wollte die Königswürde im fernen Land erlangen, doch seine »Feinde, die nicht wollten, daß er König werde« (V. 27), verhindern sein Begehren. Das Königsmotiv wird nicht weitergeführt. Vor seiner Abreise ruft der Thronanwärter zehn Diener zu sich und gibt jedem eine Mine (= 100 Drachmen). Jeder soll damit Geschäfte machen, bis der Herr wiederkommt. Mt spricht von gestaffelter Anleihe an die Diener. Die Untergebenen des Thronanwärters hassen ihn, hintertreiben seine Königsernennung, können aber nicht verhindern, daß er trotzdem König wird. Bevor er nun seine Feinde niedermachen läßt (V. 27), zieht er seine Knechte (die Jünger Jesu) zur Rechenschaft, wie sie mit dem anvertrauten Kapital gewirtschaftet haben. Der erste und zweite Diener erhalten für ihren Mehrgewinn Städte, der dritte Diener hatte das Kapital nur sicher aufbewahrt, es aber nicht vermehrt. Aus Angst vor seinem strengen Herrn, der ein brutaler Ausbeuter sei, hat er aus Vorsicht (V. 20) das Geld zu Hause verwahrt, ohne es der Allgemeinheit in einer Bank, in der Gemeinde-Diakonie oder als Almosen zur Verfügung zu stellen. Solche Haltung nennt der Herr »schlecht, faul« und läßt sein Geld wegnehmen und dem geben, der schon viel erwirtschaftet hat. Der Protest gegen diese Kapitalanhäufung (V. 25) wird mit dem Spruch V. 26 beantwortet, vgl. 8,18; Mt 13,12; 25,29; Mk 4,25. Lukas gibt im abschließenden Vers eine Interpretation des Thronanwärters auf Jesu Passion (Ablehnung durch die Einwohner), Himmelfahrt (Reise ins ferne Land) und Parusie (Rückkehr als König , obwohl sie es nicht wollten). Jene Juden, die sich dem messianischen Anspruch Jesu widersetzten und sein Königtum nicht anerkennen wollten, werden dem vernichtenden Strafurteil Gottes verfallen und können im Endgericht nicht bestehen. Ob ein Hinweis auf die Zerstörung Jerusalems im Jahr 70 n. Chr. inbegriffen ist, bleibt offen.

VI. Die letzten Tage in Jerusalem (19,28 – 21,38)

1. Die Auseinandersetzung mit den Gegnern in Jerusalem (19,28 – 21,4)

Der Einzug in Jerusalem (19,28–40)

Der Jerusalem-Teil bildet für Lukas den Höhepunkt des Gesamtevangeliums. Wirkte Jesus bisher »im ganzen Judenland«, so gelangt er nun ins Zentrum Israels und ans Ziel seiner Wanderung, zur »Hinaufnahme« (9,51; 13,33) in Passion, Auferstehung und »Herrlichkeit« (24,26), so daß von Jerusalem aus die Weltmission der Reich-Gottes-Verkündigung der Jünger beginnen kann (24,47; Apg). Den Jerusalem-Teil gliedert Lukas in drei Abschnitte: Jesu Wirken in Jerusalem und sein Lehren im Tempel (19,28 – 21,38); Leiden und Sterben Jesu (22,1 – 23,56); der Ostertag (24,1–53).

Auf der Textgrundlage von Mk 11,1–10 gestaltet Lukas seine Einzugserzählung, vgl. Mt 21,1–9; Joh 12,12–19. Durch die redaktionelle Verknüpfung »als er das gesagt hatte« wird der Anschluß zu 19,11–27 hergestellt. Jesus zieht den Jüngern »voraus« (emprosthen; Mk 10,32 »ihnen voraus ziehend«), er ist der »Anführer zum Leben« (Apg 3,15) ans Kreuz. Unmittelbares Ziel Jesu ist, täglich im Tempel zu lehren (VV. 47f.). Bei Betfage und Betanien am Ölberg sendet Jesus zwei Jünger voraus, ein Eselsfohlen abzuholen, vgl. Sach 9,9 LXX. Dem »göttlichen Vorherwissen« Jesu entsprechend finden sie das Fohlen und bringen es zu Jesus, den man auf das Tier steigen läßt, nachdem man Kleider als Reitdecke auf das Tier gelegt hat. V. 36 betont wieder das Weg-Motiv: er zieht dahin, und zwar auf den als Teppich ausgebreiteten Kleidern der Jünger (vgl. 2 Kön 9,13). Von Zweigen auf dem Weg (Mk) weiß Lukas nichts. Vor dem Abstieg vom Ölberg zur Stadt (V. 37) huldigt ihm »die ganze Menge der Jünger«, indem sie das Lob Gottes wegen »all der Machttaten, die sie gesehen hatten« (2,20; 24,52f.) anstimmten. Den aramäischen Hosanna-Ruf aus Mk übergeht Lukas, ebenso die Ankündigung des Davidsreiches, und bringt nur den Segenswunsch aus Ps 118,26, in der er »König« einfügt, wohl in Erinnerung an 19,12ff. Nicht das von den Juden erwartete »Reich für Israel« (Apg 1,6; 24,21) oder das

»Reich unseres Vaters David« (Mk 11,10) bricht an, sondern der »König im Namen des Herrn« (V. 38) sucht seine Stadt »gnädig heim« (V. 44). Die Pharisäer widersprechen und fordern die Jünger zum Schweigen auf. Doch Jesus antwortet mit Hab 2,11, daß »die Steine schreien« werden, wenn die Jünger nicht durch den Huldigungsruf den messianischen Anspruch Jesu bekennen werden.

Die Ankündigung der Zerstörung Jerusalems (19,41–44)

Lukas baut hier Sondergut in den Mk-Rahmen ein. Die Weissagung des Untergangs Jerusalems steht in scharfem Kontrast zum vorausgehenden Jubelruf, vgl. das Drohwort über Jerusalem 13,34f., das ein wiederholtes Wirken Jesu in Jerusalem voraussetzt. Die Weissagung muß nicht erst nach dem Eintritt der Zerstörung entstanden sein (vaticinium ex eventu), so wie Lk 21,20–24 auf das zerstörte Jerusalem zurückblickt. – Als sich Jesus vom Ölberg her der Stadt nähert, weint er über sie, weil er ihre Unbußfertigkeit, Uneinsichtigkeit und ihre Entscheidung gegen ihn mit den Konsequenzen voraussieht. Vgl. 23,27–31, wo auch vom Weinen über Jerusalem und seine Kinder die Rede ist. Der Stadt Israels bleibt »verborgen«, was ihr zum Frieden dient; Gott hat sie verblendet und verstockt (Passiv-Form!), weil sie sich nicht dem Anruf Jesu öffnete. Das göttliche Gericht über die Stadt in Form der Belagerung und Zerstörung durch die Römer im Jahr 70 n. Chr. ist unabwendbar geworden, und die Kinder werden zerschmettert (Ps 136,9 LXX; Hos 10,14; 14,1; Jes 3,26), Israel hat die »Zeit der Gnade« (1,68.78; 7,16; Apg 15,14) nicht erkannt, so daß es über die Zeit Jesu hinaus schuldig bleibt (23,28; Mt 27,25) und vierzig Jahre nach Jesu Tod die Vernichtung Jerusalems und des Tempels als Gottesgericht erfährt.

Die Tempelreinigung (19,45–48)

Der Erzählung liegt Mk 11,15–17.18 zugrunde; vgl. Joh 2,13–16. Jesus geht sofort in den Tempel und vertreibt dort (gewaltlos) die Händler, indem er ihnen das Schriftzitat Jes 56,7; Jer 7,11 vorhält. Jesus kritisiert den Verkauf von Opfertieren im Tempel, das

Geldwechseln für die Tempelsteuer und für das Almosengeben und den kommerziellen Handel mit Kultgegenständen und frommen Souvenirs, obwohl das alles von den Priestern und der Tempelbehörde gefördert wurde. So ist es verständlich, daß die Hohenpriester und Schriftgelehrten und die übrigen Führer des Volkes ihn umbringen wollen (V. 47). Lukas läßt im Zitat Jes 56,7 wie Mt die Schlußwendung »für alle Völker« weg, da nach der Tempelzerstörung im Jahr 70 n. Chr. der Zion nicht mehr Ziel der eschatologischen Völkerwallfahrt der Heiden sein konnte. Vielmehr soll jetzt die Mission der Evangeliumsverkündigung von Jerusalem aus hinaus in alle Welt gehen (24,47; vgl. Mt 28,19f.).

Im Anschluß an Mk 14,49 par Lk 22,53 wird hier das »tägliche Lehren« Jesu im Tempel erwähnt, vgl. 2,46–49. Die gewaltlose Lehre des Rabbi Jesus wird von den Jerusalemer Autoritäten aber durch die Gewalt der Passion beantwortet. Nicht Jesu Lehre ist überwunden, nur seine irdische Existenz wird vernichtet, während der Fortgang der Mission die Kraft seiner Lehre erweist. Die jüdischen Führer können aus psychologischen Rücksichten ihren Plan, Jesus umzubringen, noch nicht in die Tat umsetzen, weil das »ganze Volk« (laos) an ihm hing und ihn gerne hört. Lukas zeichnet das »Gottesvolk« auch anders als seine Führer auf der Seite Jesu und fasziniert von seiner Lehre (20,1.9.45; 21,38; 23,27.35).

Die Frage nach der Vollmacht Jesu (20,1–8)

Lukas verarbeitet die Mk-Vorlage 11,27–33. Es ist das erste von fünf Streitgesprächen aus Mk 11,27 – 12,37: Das Gleichnis von den bösen Winzern, die Steuerfrage, die Frage nach der Totenauferstehung und das Davidssohngespräch. Im Verlauf dieser Streitgespräche zeigt Lukas, wie Jesus seine Gegner in der schriftgelehrten Diskussion zum Schweigen brachte und daß es ihnen nicht gelang, ihn durch eine blasphemische Aussage zu fassen. – Jesus »verkündet das Evangelium« vom Reich Gottes »an einem der Tage« im Tempel. Drei Gruppen von Mitgliedern des Synedriums ziehen Jesus zur Rechenschaft, in welcher Vollmacht (exousia) er das tue, nämlich so zu lehren, da er doch kein ordinierter Rabbi sei. Jesus stellt die Gegenfrage, ob die Johannestaufe vom Himmel oder von Menschen stamme. Diese Frage stürzt die Gegner in Ausweglosigkeit und große Verlegenheit, so daß sie ihr Nichtwissen vorschützen und der Frage ausweichen. Daraufhin verweigert auch Jesus eine Antwort. Als von Gott beauftragter und gesandter Prophet muß sich Jesus nicht vor den jüdischen Führern ausweisen, die ihm den Glauben versagen.

Das Gleichnis von den bösen Winzern (20,9–19)

Mk 12,1–12 ist die Vorlage für die Erzählung des Lukas, vgl. Mt 21,33–46 und Thomas-Evangelium Nr. 65.66. Das Gleichnis bildet eine Allegorie der Heilsgeschichte, in welcher Jesus als Eckstein der letzte Bote Gottes ist (vgl. Hebr 1,1f.; Lk 11,49–51; 13,34f.). Das Gleichnis richtet sich an das Volk, unter dem auch die Schriftgelehrten und Hohenpriester und Gesetzeslehrer als Zuhörer Jesu sind (V. 19). Das Weinberg-Motiv stammt aus Jes 5,1f. LXX. Der Herr des Weinbergs ist wohl Gott, der für längere Zeit »abwesend« ist von seinem Volk, diesem jedoch laufend Knechte (Propheten und Heilsführer) sendet, die von den Winzern aber verfolgt werden. Zuletzt schickt er »seinen geliebten Sohn« (Gen 22,2; Ps 2,7; Jes 42,1; Mt 3,17; Lk 3,22), Jesus, den Erben des Reiches. Diesen bringen die Winzer um (am Kreuz), um sich das Erbgut selbst anzueignen. Das »Hinauswerfen« vor dem Töten wird sich auf die Hinausführung und Kreuzigung vor der Stadtmauer Jerusalems im Steinbruch Golgota beziehen, vgl. Hebr 13,12f.; Joh 19,17. Der Herr des Weinbergs wird diese untreuen Winzer (das verstockte Israel) umbringen und den Weinberg »anderen übergeben«, nämlich in der Heidenmission. Gegen diese Konsequenz protestieren sie empört. Jesus zitiert Ps 118,22, das Wort vom Stein, den die Bauleute verworfen haben. V. 18 ist Sondergut: Jeder, der auf diesen Stein fällt, wird zerschellen (Jes 8,14f.). Wen der Stein aber trifft, den wird er zermalmen (Dan 2,34). An Jesus, dem »Stein des Anstoßes«, scheiden sich die Geister und entscheidet sich Heil oder Vernichtung. Der Parusiechristus wird alle Ungläubigen zermalmen, denn Gott hat ihn zum Eckstein des Aufbaus seines Reiches gemacht (vgl. Apg 4,11; Eph 2,20; 1 Petr 2,4–6; 1 Kor 3,11). Da die jüdischen Führer merken, daß Jesus sie damit gemeint hat, wollen sie ihn noch »zur gleichen

Stunde« verhaften, aber sie fürchten das Volk. Die »Stunde« der »Macht der Finsternis« war nach Gottes Plan noch nicht da (22,53; vgl. 22,1–6).

Die Frage nach der kaiserlichen Steuer (20,20–26)

Lukas bearbeitet hier Mk 12,13–17 im Blick auf die verleumderische Falschaussage 23,2. Die Schriftgelehrten und Hohenpriester (V. 19) schicken Spitzel zu Jesus, die sich gerecht stellen und ihn bei einem Wort fassen sollen, denn sie wollen ihn dem römischen Statthalter ausliefern. Die Spitzel beginnen mit der heuchlerischen Bewunderung, daß der »Lehrer Jesus« aufrichtig lehrt, nicht auf die Person sieht und »nach der Wahrheit den Weg Gottes lehre«. Dann erst stellen sie die Fangfrage, ob es erlaubt sei, dem Kaiser Steuern zu zahlen. Denn die Zeloten unter den Juden weigerten sich, der römischen Besatzungsmacht Kopfsteuer und Grundsteuer zu zahlen und sahen in der Steuer einen Verrat an Gott, dem alleinigen Herrscher. Jesus durchschaut die Hinterlist der Spitzel und zeigt anhand eines Denars mit dem Bild des Kaisers, wem die Steuer gehört. Wegen des Bilderverbots im Judentum lehnten die Zeloten solche Geldstücke mit dem Kaiserbildnis sowieso als Zahlungsmittel ab. Jesus anerkennt den politisch-wirtschaftlichen Herrschaftsanspruch des Kaisers, vertritt aber zugleich den universalen Herrschaftsanspruch Gottes über den Menschen als sein Geschöpf und Ebenbild. Die Frage der Erlaubtheit der Kaisersteuer relativiert sich gegenüber der Frage, wie der Wille Gottes zu tun ist. So gelingt es den Spitzeln nicht, Jesus festzulegen, und sie schweigen.

Die Frage nach der Auferstehung der Toten (20,27–40)

Lukas bearbeitet die Vorlage Mk 12,18–27 (vgl. Mt 22,23–33) und erweitert sie beachtlich. Zweck der Erzählung ist wohl die Verteidigung des christlichen Auferstehungsglaubens. Denn die jüdische Partei der Sadduzäer bestreitet eine Auferstehung nach dem Tod, vgl. Apg 4,1f.; 23,6–8; sie entfernt sich damit von dem klaren Zeugnis der Schrift (des AT) und von der Lehrtradition der Pharisäer. Durch ein extremes Fallbeispiel wollen Vertreter der sadduzäischen Lehrrichtung die Absurdität des Auferstehungsglaubens nachweisen und Jesus in eine Aporie (Ausweglosigkeit) treiben, damit aber auch zugleich gegen den christlichen Auferstehungsglauben polemisieren. Jesus wird mit »Lehrer« angeredet. Das Gesetz des Mose, die Tora, sieht nach Dtn 25,5f. die sogenannte Schwager-Ehe oder Levirats-Ehe vor. Mit Bezug auf dieses Gesetz wird der theoretische Fall einer sechsfachen Wiederverheiratung mit einer kinderlosen Frau erzählt und die Fangfrage daran geknüpft, wessen Ehefrau die siebenfache Witwe wohl am Schluß bei der Totenauferstehung sein könnte. Durch diese Frage soll die Unvereinbarkeit von göttlichem Gesetz der Schrift und Auferstehungsglauben aufgezeigt werden.

Jesus läßt sich nicht auf eine Schriftdiskussion ein, sondern entgegnet, daß es in der jenseitigen Welt der Auferstehung, im anderen Äon, überhaupt keine Ehe und Heirat mehr gibt, wie es auch keinen Tod mehr gibt. Denn dort herrscht Unsterblichkeit, die keine Zeugung neuen Lebens erfordert. »Die Söhne dieses Äons heiraten und werden geheiratet«, lautet V. 34 wörtlich. Begründet Markus diesen Zustand noch mit dem Hinweis, daß die Auferstandenen »den Engeln im Himmel gleichen«, um auf deren Ehelosigkeit und Asexualität zu verweisen, so nennt Lukas als Grund: »Sie können nicht mehr sterben«, also die Unsterblichkeit. »Die gewürdigt werden, an jenem Äon und an der Totenauferstehung teilzuhaben, heiraten nicht und werden nicht geheiratet.« Damit wird die Ehe als Erfahrung »dieses Äons« bezeichnet, vgl. 16,8: »die Kinder dieser Welt«; 17,27: »Sie aßen und tranken, heirateten und ließen sich heiraten, bis zu dem Tag, an dem Noach in die Arche stieg; dann kam die Flut und vernichtete alle«. Keinesfalls will Lukas hiermit aber sagen, daß die Ehe als irdische Erfahrung und Einrichtung ohne Bedeutung sei für das ewige Leben; vielmehr korrigiert er eine naive Auferstehungssicht, die einfach eine Verlängerung und Wiederholung irdischer Erfahrungen im Jenseits vermutet. Die Auferstehung ist aber von wesentlich neuer Qualität, insofern in ihr Menschen Engeln gleichen und zu »Söhnen Gottes« werden, wörtlich: »und Söhne Gottes, Söhne der Auferstehung sind sie«. Dieses ewige Leben der Unsterblichkeit ist Gottes endzeitliches Gnadengeschenk an die Glaubenden. In der Dornbuscherzählung (Ex 3,6.15) wird der Gott der drei Glaubensstammväter Abraham, Isaak und Jakob als »Gott der Lebenden« geoffenbart, nachdem die Patriarchen lange tot waren. Lukas knüpft daran das Bekenntnis »Denn alle leben ihm« (V. 38b); damit wird Gott als universaler Schöpfer und Herr des Lebens aller Lebendigen und Toten bekannt, wie auch die Kontinuität und Ewigkeit des göttlichen Lebens in den Glaubenden betont wird. Alle Menschen leben für Gott, soweit sie von ihm hierzu gewürdigt werden (V. 35). – Die Schriftgelehrten gestehen Jesu Überlegenheit ein und wagen nichts mehr zu fragen, vgl. Mk 12,32.34; Mt 22,46.

Die Frage nach dem Messias (20,41–44)

Vorlage ist Mk 12,35–37a (vgl. Mt 22,41–45). Jesus fragt die Gegner in der Weise des Schriftgelehrtengesprächs zurück, wieso man den Messias »Sohn Davids« nennen kann, wo David ihn doch Ps 110,1 »Herr« nennt. Auch Mk 14,62 verbindet in der Synedriumsszene diese Psalmstelle mit der Menschensohnchristologie. Hatte Lk 3,23–38 ausführlich die Abstammung Jesu aus dem Hause Davids nachgewiesen (vgl. Lk 1,32f.; Apg 2,25–36), so wird mit dem christologisch-messianischen Titel »Herr« Jesu Auferstehung und Erhöhung zur Rechten Gottes betont. Jesus ist Davidssohn, Messias (Christus) und Herr zugleich, der zur Rechten erhöhte Sohn und Allherrscher (Pantokrator), dem nach seiner himmlischen Inthronisation alle Feinde unterworfen werden. Im lukanischen Schriftverständnis werden alle Psalmen David zugeschrieben. Die Notiz des Markus »im Geiste« ändert Lukas um in die nüchterne Angabe »im Buch der Psalmen«. Jesu eigentliche Würde als »Herr« ist durch Kreuz, Auferstehung und Himmelfahrt offenkundig geworden, will Lukas den ungläubigen Gegnern der christlichen Messiashoffnung (Messianologie) sagen.

Worte gegen die Schriftgelehrten (20,45–47)

Nach der redaktionellen Einleitung »vor dem ganzen Volk« folgt Lukas wörtlich seiner Vorlage Mk 12,38–40 (vgl. Mt 23,2. 5–7.14). Er redet das Volk und die Jünger insbesondere an und warnt sie vor den jüdischen Schriftgelehrten; vgl. 11,43ff. die

Weherufe über die Pharisäer und 12,16: »Hütet euch vor dem Sauerteig der Pharisäer, vor der Heuchelei!«, wozu diese Perikope eine Dublette darstellt. Die Schriftgelehrten suchen demonstrativ Ehre und Prestige, sind egoistisch und heuchlerisch, denn ihrem Anspruch und Gehaben entsprechen nicht ihre Taten und ihre Haltung. Sie beuten Arme aus und sind nur zum Schein fromm. »Umherwandeln in Stolen« bezeichnet die offizielle Amtstracht der jüdischen Schriftgelehrten (Tallith), so wie die ehrfurchtsvolle Begrüßung in der Öffentlichkeit und die Ehrenplätze in der Synagoge und bei Festmählern den Autoritätsanspruch bekunden. Im Kontrast dazu »fressen sie die Häuser der Witwen«, indem sie sich für ihre Rechtsberatung hoch bezahlen lassen und die Armen so um ihr Vermögen bringen, und verrichten (für Geld?) scheinheilig lange Gebete (prophasei). Damit handeln sie aber der Weisung des Gesetzes zuwider, das die Witwen schützt und das echte Gebet des Herzens fordert. Das endzeitliche Gericht Gottes wird sie um so härter treffen.

Das Opfer der Witwe (21,1–4)

Lukas folgt Mk 12,41–44 bei der Wiedergabe dieses kurzen Jesuswortes, das von einer Situationsangabe gerahmt ist (Apophthegma). Das Stichwort »Witwe« schließt an die vorhergehende Perikope an. Jesus »blickt auf«; er hatte also bei der Volks- und Jüngerbelehrung 20,45–47 am Schluß nach unten geschaut. Er sieht Reiche ihre Gaben in den Opferkasten werfen. Er sieht aber nicht nur auf Reiche, sondern und gerade auf die arme Witwe, die nur zwei Lepta hineinwirft; dies war damals die kleinste Münze, vgl. 12,6 As. In der Schatzkammer des Tempels standen 13 große Opferkästen für Gaben zum Opferkult, nicht für soziale Zwecke der Armenfürsorge. Markus hat die römische Angabe »zwei Lepta, das ist ein Quadrans«. Dieser Gegensatz zwischen den Almosen der Reichen und Armen veranlaßt Jesu Logion, das mit »wahrhaftig« eingeleitet wird (für Amen). Die materiell winzige Gabe der Witwe ist ideell vor Gott mehr wert als irgendeine Spende von Reichen, da die Arme sich vorbehaltlos ganz der Fürsorge und Absicherung durch Gott überließ, indem sie restlos alles hergab, was sie hatte. Reiche hingegen geben ja immer nur von ihrem Überfluß und suchen ihre Existenzsicherung selbst in Händen zu halten durch Geldrücklagen, weil sie sich nicht zu der Radikalität der Nachfolge Jesu entschließen können, alles zu verkaufen und totalen Besitzverzicht zu üben. Das »mehr als alle anderen« (V. 3b) liegt also nicht in der Quantität der Geldsumme von Spenden, sondern in der Qualität des Sich-ganz-Verlassens auf Gott, das freilich im konsequenten Besitzverzicht praktisch erfahrbar wird, wenn es nicht scheinheilig sein soll. Gott richtet nach dieser Ehrlichkeit des Sich-auf-Gott-Verlassens, nicht nach Spendenquittungen, sondern nach dem »Hineinwerfen des ganzen Lebens« (V. 4).

2. Die Rede über die Endzeit (21,5–36)

Die Ankündigung der Zerstörung des Tempels (21,5–6)

Beruhte die »kleine Endzeitrede« (17,20–37) auf der Logienquelle, so die große auf Mk 13,1–37, die Lukas freilich unter Beibehaltung des Aufbaus und der Stellung der Rede stark bearbeitet (vgl. Mt 24,1ff.). Lukas blickt auf die Zerstörung Jerusalems im Jahr 70 n. Chr. durch die Römer zurück und betont ihren Charakter als Gericht Gottes, das die Schrift (des AT) und Jesus als Prophet vorausgesagt hat und das sich teilweise erfüllt hat und noch erfüllen wird, so in der noch ausstehenden Parusie des Menschensohnes (vgl. 24,44–49). Obwohl die lukanische Kirche nicht mehr in einer Nächsterwartung, sondern einer entspannten Parusieerwartung lebt, weiß sie doch um die Unbestimmbarkeit des »Tages Gottes« und die Plötzlichkeit seines Hereinbruchs.

Während Mk 13,1ff. am Ölberg mit Blick auf den Tempel gesprochen ist, läßt Lukas seine Endzeitrede im Tempel als offizielle Lehre vortragen, weil eben dieser Tempel nach Jesu Wort zerstört werden wird. Einige bewundern die Pracht des Tempels; nach Markus »einer von den Jüngern«. Anstelle von »Weihegeschenken« hat Markus »Bauten«. Jesus weissagt, daß »Tage kommen werden«, an denen der Tempel von Jerusalem völlig zerstört werden wird, vgl. 19,44. Das prophetische Drohwort Jesu sieht Lukas im Jahre 70 n. Chr. erfüllt.

Vom Anfang der Not (21,7–19)

Ungenannte aus dem Volk stellen die »apokalyptische Frage« nach dem Wann der Endzeitereignisse und deren Erkennbarkeit durch Zeichen (vgl. Mk 13,3–8). Es handelt sich also nicht um eine Geheimlehre (wie bei Sekten und apokalyptischen Geheimgruppen), sondern um öffentliche Lehre Jesu. Markus läßt die vier erstberufenen Apostel (Mk 1,16–20) Petrus, Jakobus, Johannes und Andreas die Frage nach dem Termin und den Zeichen stellen. Jesus nennt keine Zeichen (semeion), sondern warnt vor Irreführung. Viele werden sich als Messiasse und Jesus-Apostel ausgeben und behaupten, das Weltende sei da, aber ihnen soll man nicht nachlaufen. Lukas weist die hochgespannte Naherwartung zeitgenössischer Falschpropheten zurück. War der Untergang Jerusalems auch zweifellos eine große Gerichtskatastrophe Gottes über Israel, so ging die »Zeit der Kirche« dadurch jedoch gerade weiter zu den Heiden, so daß das Ende keinesfalls damit anbrach. Es gibt vielmehr eine laufende apokalyptische Drangsal in der Geschichte, der es standzuhalten gilt. Selbst Kriege und Unruhen/Aufstände sollen sie nicht erschrecken. Das *muß* nach göttlichem Heilsplan zuerst geschehen (Dan 2,28 LXX), aber das Ende kommt nicht jetzt sofort. Bürgerkriege, Revolutionen, Kriege (V. 10), Erdbeben, Seuchen/Epidemien, Hungersnöte, schreckliche Dinge und gewaltige »Zeichen vom Himmel«, die Lukas im Unterschied zu Mk 13,24f. nicht ausmalt, gehen dem Ende voraus (Jes 19,2; 2 Makk 5,3). Verfolgungen der Jesusanhänger, auch durch die jüdischen Behörden, und Schauprozesse vor Königen und Statthaltern (Apg 24 – 26) gehen voraus (V. 12). In der Apostelgeschichte schildert Lukas ausführlich diese Verfolgungssituation der werdenden Kirche, z. B. im Stephanus-Martyrium Apg 7,54 – 8,1 oder im Jakobus-Martyrium Apg 12,1f. Das »Zeugnis ablegen« (V. 13) geschieht in der beginnenden Weltmission; Verfolgung ist somit auch Chance zur Verkündigung und zum Zeugnis, vgl. Mk 13,10: »Und unter allen Völkern muß zuvor das Evangelium gepredigt werden.«

14–19 Die Jünger sollen selbst in solchen Verfolgungssituationen sich ganz auf Gott verlassen und nicht etwa vorgefertigte Verteidigungsplädoyers auswendig lernen oder vor Gericht lügen, sondern Jesus selbst wird ihnen die Worte und die Weisheit geben zur überzeugenden Verteidigung; vgl. Geist und Weisheit des Stephanus Apg 6,10; auch Lk 12,11ff. Nicht diplomatische Selbstverteidigung rettet die Jünger, sondern der Geist des Christuszeugnisses (vgl. Apg 4,14; 26,28). Sogar Familienangehörige und Freunde werden Verrat ausüben, vgl. 12,52ff. Manche werden das Martyrium erleiden (V. 16). »Alle« werden die Jünger um Jesu Namen willen hassen. Doch darf sich der Glaubende auch angesichts des Todes nur allein auf Gottes Allmacht verlassen, vgl. V. 18 in Mt 10,30 (nach 1 Sam 14,45; 2 Sam 14,11; 1 Kön 1,52; Apg 27,34). Das Durchhalten, wörtlich »Darunterbleiben« (hypomone) unter den Wirklichkeitsbedingungen der Gegenwart, ist die Voraussetzung, das »Leben zu gewinnen« im Reich Gottes und Jesus, dem »Anführer ins Leben« (Apg 3,15), nachzufolgen.

Vom Gericht über Jerusalem (21,20–24)

Lukas bearbeitet Mk 13,14–20 und ergänzt es erheblich. Den Hinweis des Markus auf den »Greuel der Verwüstung« ersetzt Lukas durch die Ankündigung der Zerstörung Jerusalems im Anschluß an die Umzingelung durch ein Heer. Die Flucht soll sofort erfolgen (V. 21); Lk 17,31 brachte bereits die Beispiele »Wer auf dem Dach ist...; wer auf dem Feld ist...«. Die Zerstörung der Stadt ist ein Vergeltungsakt Gottes (Dtn 32,35), eine Schrifterfüllung, so daß Jerusalem nach 70 für Lukas keine heilsgeschichtliche Rolle mehr spielt. Der Weheruf über die Frauen, die in jenen Tagen schwanger sind oder stillen, beschreibt die große Not über dem Land. Das markinische »Betet, daß eure Flucht nicht im Winter erfolge!«, läßt Lukas weg, da die Belagerung Jerusalems im Sommer, von April bis September 70, stattfand. Er denkt vielleicht auch an die Flucht der Jerusalemer Christen nach Pella im Ostjordanland (Eusebius). Der Zorn Gottes über Israel, seine Zerstreuung (in der Diaspora), die römische Eroberung Jerusalems sind Symptome, daß sich »die Zeiten der Heiden« in der Verfolgung des Volkes Gottes erfüllen, vgl. Sach 12,3 LXX. Erst die Parusie des Menschensohnes wird die Herrschaft der gottfeindlichen Weltvölker beenden (Dan 2,44f.; 7,17–27). Mit »Zeiten der Völker« ist nicht die Weltmission der Kirche gemeint.

Vom Kommen des Menschensohnes (21,25–28)

Die Vorlage Mk 13,24–27 wird von Lukas stark verändert. Er spricht nur noch stichwortartig von Zeichen an den Himmelskörpern, von der Bestürzung der Völker und der Angst der Menschen vor der kommenden Katastrophe, vgl. Jes 13,10; 34,4 LXX; Joël 2,10; Ps 65,8 »Toben und Donnern des Meeres«. Die Käfte des Himmels sind erschüttert, die Schöpfungsordnung (Apg 17,26) wankt, die Erde (oikumene) droht ins Urchaos zurückzufallen, vgl. Hag 2,6.21; 2 Petr 3,10: »Dann wird der Himmel dauernd vergehen, die Erde und alles, was auf ihr ist, werden nicht mehr gefunden, wenn sich das alles in dieser Weise auflöst...« Das Kommen des Menschensohnes (Dan 7,13; Offb 1,7) leitet das Endgericht und die folgende Erlösung (apolytrosis) ein. Die apokalyptischen Ereignisse, die die Menschheit in panische Weltangst versetzen, vermögen die Glaubenden in Hoffnung auf ihre Erlösung durch Gott durchzuhalten, vgl. Röm 8,23; Eph 4,30.

Mahnungen im Hinblick auf das Ende (21,29–36)

Vorlage ist Mk 13,28–31. Das Logion über den Tag und die Stunde, die nur der Vater kennt (Mk 13,32) läßt Lukas aus, vgl. aber Apg 1,7: »*Euch* gebührt es nicht, Zeit oder Stunde zu wissen, die der Vater in seiner Macht festgesetzt hat.« Aus christologischen Gründen übergeht Lukas die Unwissenheit *Jesu* über den Zeitpunkt des Weltendes. »Und er sagte ihnen ein Gleichnis« (parabole) ist lukanische Einleitungswendung (5,36; 6,39; 12,16; 14,7; 15,3; 18,1; 20,9). Die Zuhörer sollen den Feigenbaum (Joël 2,22) und die anderen Bäume ansehen und daraus lernen. Sobald sie Blätter treiben, schließen sie auf die Nähe des Sommers, sie »erkennen von selbst« diese Konsequenz (V. 30). So sollen sie auch die Nähe des Reiches Gottes und seine Konsequenzen »von selbst«, ohne fremde Belehrung, erkennen. Dem nahen Sommer entspricht die nahe Gottesherrschaft. In dem Amen-Logion (V. 32) wird sich die Wendung »bis alles eintrifft« auf alle Katastrophen der Geschichte, und »dieses Geschlecht« auf alle Generationen, die je ihre Apokalypse erleben, beziehen, also nicht bloß auf die Juden oder auf die Zeit Jesu. Jede Epoche ist parusie-gefährdet! In

Kontrast zur Vergänglichkeit der Schöpfung steht das ewige Wort Gottes, das im Verkündigungswort Jesu aufscheint.

Ab V. 34 weicht Lukas noch mehr von Mk 13,33–37 ab. Die Jünger werden gewarnt, sich nicht von der Wiederkunft des Menschensohnes, von »jenem Tag« (10,12; 17,31), überraschen zu lassen, vgl. Jes 24,17 LXX »eine Schlinge über euch, die ihr auf Erden wohnt«. Sie werden »beschwert« (Ex 7,14 LXX) von »Rausch und Trunkenheit« (8,14; 12,19f.45; 17,26–30) und »Sorgen um den Lebensunterhalt«, vgl. 12,22–31. Die Parusie wird »alle Bewohner der ganzen Erde« erfassen. Angesichts dieser Bedrohung sollen die Jünger wachen und beten, um hoffnungsvoll vor den Menschensohn hintreten zu können.

Die Lehrtätigkeit Jesu im Tempel (21,37–38)

Durch ein Summarium der Lehrtätigkeit Jesu im Tempel von Jerusalem (19,47) leitet Lukas über zur Passionsgeschichte, wozu das Stichwort »Ölberg« eingebracht wird. »Das ganze Volk kam zu ihm, um ihn zu hören« zeigt einerseits die große Glaubensbereitschaft des jüdischen Volkes im Unterschied zu seinen Führern, andererseits aber auch den Umschwung des Volkes hin zur Forderung 23,23, Pilatus solle Jesus kreuzigen lassen. Vorerst müssen die Führer jedoch noch des Volkes Sympathie für Jesus politisch fürchten.

VII. Das Leiden und die Auferstehung Jesu (22,1 – 24,53)

Lukas läßt den großen Predigt-Zug Jesu (»Reisebericht« 9,51 – 19,28) konsequent in Jerusalem enden, wo der Messias leiden »muß« (9,22; 13,33; 22,37) und erhöht wird (17,25; 24,26). Er geht seinen Jüngern durch Leiden und Tod voraus in das Leben der Auferstehung, er ist der »Anführer ins Leben« (Apg 3,15; 14,22). In Jesus stirbt ein »Gerechter« (23,47) unschuldig (23,41) und freiwillig (22,53) den Tod und gibt nach dem Heilsplan Gottes (22,22) in gottergebenem Gehorsam und in engster Unterwerfung unter den Willen des Vaters als »Christus Gottes« (23,35) sein Leben für die vielen hin. So führt ihn Gott als »Ersten aus den Toten« ins Leben der Auferstehung, denn »unmöglich« konnte die Todesmacht Gottes Allmächtigkeit besiegen (Apg 2,24–28). Lukas stützt sich für seine Passionsdarstellung wie Matthäus auf Mk 14,1ff., arbeitet aber zahlreiche Sondergut-Stücke in seine Erzählung ein, ändert teils die Perikopenabfolge und greift auf Traditionen mündlicher und schriftlicher Art zurück, die teils im späteren Johannesevangelium wiederkehren. Hieraus muß jedoch nicht auf eine zusammenhängende Passionserzählung der lukanischen Sonderquelle neben der von Markus schriftlich fixierten Leidensgeschichte geschlossen werden. So ergibt die gezielte Redaktion des Überlieferungsmaterials die bewußte Neuaufnahme zahlreicher Sondergut-Stoffe und das Auslassen wichtiger Stücke aus der Markus-Vorlage das eigene theologische Profil der Lukaspassion:

Sondergut des Lukas in der Passionserzählung:

Der Paschamahl-Bericht	22,15–18
Der Rangstreit der Jünger	22,24–30
Das Herrenwort an Simon	22,31–32
Die zwei Schwerter	22,35–38
Der Engel in Getsemani	22,43–44
Jesus vor Herodes Antipas	23,6–12
Pilatus zu Jesu Unschuld	23,13–16
Die Klagefrauen auf dem Kreuzweg	23,27–31
Die beiden Schächer	23,39–43
Sterbegebet Jesu	23,46

Auslassungen aus der Markus-Passion bei Lukas:

Die Salbung in Betanien	Mk 14,3–9
Die Betrübnis Jesu	Mk 14,33–34
Der Gebetsgang	Mk 14,38–42
Die Jüngerflucht	Mk 14,49–52
Das Zeugenverhör im Synedrium	Mk 14,55–61
Das Schweigen Jesu vor Pilatus	Mk 15,4–5
Die Verspottung Jesu durch römische Soldaten	Mk 15,16–20
Die Verspottung des Gekreuzigten mit dem Tempelwort	Mk 15,29–30
Eloi-Ruf und Elija-Mißverständnis	Mk 15,34–35
Verwunderung des Pilatus über Jesu Tod	Mk 15,44–45

außerdem Mk 14,27.44.46.64; 15,23.25; 16,3.8

Schriftliche vorlukanische, nichtmarkinische Überlieferungseinheiten waren eventuell die Erzählung von Jesu Abendmahl (22,15–20.24–32.35–38) und von der Verspottung und dem Verhör vor dem Synedrium (22,63–65.66–68).

Der Beschluß des Hohen Rates (22,1–2)

Die markinische Terminangabe »nach zwei Tagen« wird von Lukas weggelassen, weil er überhaupt das ganze Tagesschema der Markuspassion aufgibt. Das »Fest der ungesäuerten Brote« (vgl. 2 Chr 30,1–21) wird von Lukas mit Pascha gleichgesetzt, was nicht ganz zutrifft. Nach Darstellung der Synoptiker ist Jesus am Paschafest hingerichtet worden. Die Hohenpriester und Schriftgelehrten des Synedriums sind entschlossen, Jesus hinzurichten, aber sie suchen noch nach der besten Weise (pos), um einen Volksprotest zu verhindern, denn »das ganze Volk« (V. 38) kommt zu Jesus, um ihn zu hören. Der Gegensatz zwischen Volk und jüdischer Führung wird stark hervorgehoben.

Der Verrat durch Judas (22,3–6)

Lukas läßt die Salbungserzählung Mk 14,3–9 aus, vielleicht weil er 7,36–50 eine ähnliche Erzählung geboten hatte, und läßt sofort den Judasverrat auf die Tötungsabsichten der Hohenpriester folgen. Der Satan, der »in Judas fuhr«, ist die eigentliche Ursache des Verrats, in dem sich die »Mächte der Finsternis« Jesu bemächtigen (4,13; 22,53), nachdem sie »bis zu gelegener Zeit« (4,13) gewartet hatten, vgl. Joh 13,2.27. In Jesu Passion vollzieht sich eigentlich der Kampf Satans gegen Gott. Der abtrünnige Apostel, der zu den Zwölf gehörte, wendet sich an die Hohenpriester und die Offiziere der Tempelpolizei (strategoi) und berät mit ihnen, wie er Jesus ausliefern könne. Für Geld will Judas nach einer günstigen Gelegenheit suchen, ohne das Volk zu provozieren. Da er engster Mitarbeiter Jesu war und dessen Gewohnheiten und Aufenthaltsorte am Ölberg kannte, konnte er ihn in Getsemani verhaften lassen (22,39–53). Zuerst aber wird der Mahlbericht 22,7–38 vorgeschaltet, da er den Todesweg Jesu interpretiert.

Die Vorbereitung des Paschamahls (22,7–13)

Lukas hat Mk 14,12–16 überarbeitet. Am Vorabend des 14. Nisan, am Nachmittag, mußte das Paschalamm geschlachtet und alles Gesäuerte aus den Häusern entfernt werden. Noch einmal setzt Lukas fälschlicherweise das siebentägige »Fest der ungesäuerten Brote« mit dem Pascha-Tag gleich. Jesus schickt Petrus und Johannes – nach dem Tod des Jakobus die führenden Apostel – zur Vorbereitung des gemeinsamen Pascha-Mahls in die Stadt Jerusalem voraus. Markus sprach von »zwei von den Jüngern«, ohne Namen zu nennen. Lukas zeigt, daß die Führenden zuerst Diener aller sein müssen (12,41–46; 22,26). Das prophetische Vorherwissen und die Voraussage Jesu erfüllen sich: der Mann mit dem Wasserkrug und der Hausherr des Obergemachs zeigen auf geheimnisvolle Weise den Ort des Mahles, ohne daß es Judas erfährt und er Jesus schon beim Mahl hätte verhaften lassen können. Die beiden Apostel bereiten alles für das Paschamahl vor.

Das Mahl (22,14–23)

Das markinische »als es Abend geworden war« ersetzt Lukas durch das theologisch gewichtige »als die Stunde gekommen war« (vgl. 22,53). Vor seinem Leiden will Jesus dieses Paschamahl mit den Zwölf essen. Es findet seine Erfüllung im Reich Gottes (vgl.

1 Kor 11,26: »bis er kommt«), denn es ist das Abschiedsmahl Jesu vor seinem Tod. Jesus nimmt den Becher, spricht das Dankgebet (eucharistia) und fordert die Apostel auf, den Becher untereinander zu verteilen. Auch das Becher-Wort endet mit der Todesankündigung V. 18 »von nun an« (22,69), womit der Wendepunkt im Kommen des Gottesreichs angedeutet wird (11,20; 17,20).

Aus einer Kombination von 1 Kor 11,23–25, dem paulinischen Abendmahlstext, und Mk 14,22–24 redigiert Lukas seinen Einsetzungsbericht VV. 19–20. Jesus deutet das Brot als seinen Leib, der »für euch« (hyper hymon) im Sinne eines stellvertretenden Sühnetodes hingegeben wird (Jes 53,10–12). Das Deutewort über den Becher weist auf den Neuen Bund (Jer 31,31–34) hin, der nach Ex 24,8 das neue Gottesverhältnis der Endzeit bestimmt. Das Blut wird »für euch« vergossen, als sühnendes Kultopfer »für die vielen« (Mk 14,24). Die von den Aposteln und den Gemeinden vollzogene Wiederholung dieses Mahls Jesu soll das Gedächtnis an Jesus wachhalten und somit seine Gegenwärtigkeit in der Gemeinde verwirklichen (dogmatisch »Realpräsenz«).

Es folgt Jesu Voraussage, daß einer der Zwölf ihn ausliefern wird. Die »Hand des Verräters« ist »auf dem Tisch« (V. 21); Mk 14,20: »der mit mir in die Schüssel eintaucht«. Markus brachte diese Ankündigung vor dem Einsetzungsbericht. Die Teilnehmer der christlichen Eucharistiefeier sind gefragt, ob sie nicht Judas-Tendenzen hegen (V. 23). Zwar entspricht Jesu Passion dem göttlichen Heilsplan, aber der Schuld des Verräters gilt der Weheruf Jesu. Der Verrat ist dem prophetischen Vorherwissen Jesu bekannt; so geht der Menschensohn bewußt und entschieden »den Weg« ans Kreuz.

Vom Herrschen und vom Dienen (22,24–30)

Wahrscheinlich Überlieferungsvariante von Mk 10,41–45; die VV. 28–30 könnten aus Q (Mt 19,28) stammen. Ein Rangstreit der Apostel löst die Mahnung Jesu aus, vgl. 9,46–48; Mt 18,1. Die Stellung der Perikope bei Lukas hinter dem Mahlbericht verdeutlicht, daß die Vorsteher der Gemeinden und Eucharistiefeiern Diener aller sein sollen. Die Apostel (kirchlichen Dienste) sollen ihre Macht nicht wie die Mächtigen dieser Welt zur Unterdrükkung und Ausbeutung mißbrauchen und sich nicht Wohltäter nennen lassen, sondern der Führende (Apg 15,22) soll sein wie der Dienende (19,22). Der eigentliche »Wohltäter« (euergetes) ist Jesus, Apg 10,38. Der allgemeinen Norm, daß der zu Tisch Sitzende größer ist als der Bedienende, widerspricht Jesus mit dem Hinweis auf seine Sendung, vgl. die Fußwaschungserzählung Joh 13,1–16. Die Führenden in der Kirche sollen wie Jesus den Brüdern dienen (Lk 12,41–46; 22,8).

28–30 Das Machtthema klammert die beiden Logien an das Vorhergehende. Die Jünger haben mit Jesus in seinen Prüfungen ausgeharrt, darum vermacht Jesus den Jüngern als Lohn für ihr Durchhalten »das Reich«, in dem sie Jesu Tischgenossen, ja Throngenossen sind und an der Richterfunktion des Parusiechristus Anteil haben werden. »Die zwölf Stämme Israels richten« heißt nicht, daß die Apostel, ihre Nachfolger oder die Kirche über das jüdische Volk richten würden.

Die Ankündigung der Verleugnung und der Umkehr des Petrus (22,31–34)

VV. 31–32 Sondergut, 33–34 nach Mk 14,29–31. Die »Abschiedsrede Jesu« im Abendmahlssaal wird fortgesetzt. Die Jüngerflucht und Sammlung nach Ostern in Galiläa (Mk 14,27–28) läßt Lukas aus. Wie Ijob 1,6–12; 2,1–6 hat Satan verlangt, die Apostel »wie Weizen zu sieben«. Damit ist wohl die Anfechtung, Enttäuschung und Erschütterung gemeint, die durch die Passion Jesu unter den Mitarbeitern ausgelöst wurde. Jesus hat für Simon gebetet, daß sein »Glaube nicht aufhört«. »Wenn du dich wieder bekehrt hast« betont die Umkehrnotwendigkeit auch für Petrus, damit er seine Brüder stärken kann. Jesu Fürbitte bei Gott ermöglicht den Glauben des Petrus wie den der Gemeinde – Petrus verspricht hingegen, mit Jesus sogar in den Tod zu gehen. Dieser Selbstsicherheit widerspricht Jesus mit dem Hinweis auf die bevorstehende Verleugnung des Petrus, Jesus überhaupt zu kennen. So müssen alle Jünger, auch die Amtsträger und Verantwortlichen, Jesus um Stärkung im Glauben bitten, damit sie nicht zu Fall kommen wie Petrus.

Die Stunde der Entscheidung (22,35–38)

Die Abschiedsrede Jesu im Abendmahlssaal endigt mit dieser Sondergut-Perikope. Das Doppellogion bezieht sich auf die Aussendung der Siebzig 10,4 (nicht der Zwölf 9,3), wie die Stichworte Beutel, Tasche, Sandalen verdeutlichen. Die Empfehlung, sich ein Schwert zu kaufen, ist wohl vorlukanische Tradition vom endzeitlichen Krieg, vgl. in Qumran den »Krieg der Söhne des Lichtes gegen die Söhne der Finsternis«. Aus diesem Schwert-Wort kann nicht eine Gewaltanwendung durch die Kirche legitimiert werden, da Jesus den Gebrauch des Schwertes selbst zur Eigenverteidigung ablehnte (VV. 49–51). Die christlichen Missionare sollen nüchtern mit Widerstand und Feindschaft rechnen und sich zum Schutz ein Schwert kaufen, vgl. 12,51.

Jesus sieht Jes 53,12 an sich erfüllt, zu den Verbrechern gezählt zu werden, vgl. Joh 19,28. V. 37c ist wörtlich zu übersetzen: »Denn mit mir geht es zu Ende.« Die Apostel besitzen bereits zwei Schwerter. Jesus jedoch korrigiert ihre Verteidigungsbereitschaft, die das »Muß« als göttlichen Willen nicht verhindern kann: »Es ist genug!« Dies bezieht sich auf die Beendigung des Gesprächs, nicht auf die Anzahl der Waffen. Jesus lehnt das »Dreinschlagen mit dem Schwert« (V. 49) ausdrücklich ab, wahrscheinlich für sich auch schon den bloßen Besitz eines Schwertes.

Das Gebet am Ölberg (22,39–46)

Die auf Mk 14,32 beruhende Szene war wohl schon vormarkinisch an die Erzählung von der Gefangennahme gekoppelt. Sie stellt Jesus als den leidenden Gerechten, der um Gottes Willen den Leidenskelch annimmt, vor. Womöglich spricht aus der Erzählung ein Trost für Leidende, im Gebet durchzuhalten wie Jesus. Züge menschlicher Schwäche an Jesus (»Erschrecken und Zagen; Betrübnis bis zum Tod«) mildert Lukas gegenüber der Vorlage. Die drei Hauptapostel bleiben bei Lukas unerwähnt, Jesus hält allein den Kampf aus. Die beiden Verse 43–44 fehlen in wichtigen Textzeugen, scheinen aber authentisch zu sein.

Anknüpfend an 21,37 geht Jesus »gewohnheitsmäßig« zum Ölberg und die Jünger (nicht Apostel!) folgen ihm; wohl ein

Hinweis auf die Jesus nachfolgende Gemeinde. Auf dem Ölberg empfiehlt ihnen Jesus zu beten, um nicht in Versuchung zu fallen. Jesus kniet nieder und betet zum Vater (vgl. 11,2) um Stärkung. Ein Engel Gottes gibt ihm neue Kraft, da auch Jesu Kraft von Gott kommt. Nur eine falsche christologische Ängstlichkeit wollte diesen Vers aus dogmatischen Rücksichten tilgen. In seiner »Agonie« betet Jesu noch inständiger, so daß sein Schweiß wie Blut auf die Erde tropft. Die Jünger aber schlafen aus Traurigkeit. Jesus ruft sie auf zu beten, um nicht in Versuchung zu geraten, vgl. 11,4 Vaterunser-Bitte!

Die Gefangennahme (22,47–53)

Die Quelle der Erzählung ist Mk 14,43–52. Lukas betont die Überlegenheit Jesu, der erst verhaftet werden kann, nachdem er dazu die Genehmigung gegeben hat. Jetzt in der Nacht kann sich die »Macht der Finsternis«, der Satan, als eigentlicher Gegner Jesu (22,3, vgl. Apg 26,18) entfalten. Die Jünger bleiben als Augenzeugen bei Jesus und fliehen nicht. Der Verhaftungstrupp kommt unter Führung des Judas zum Ölberg. Judas will Jesus küssen. Jesus aber hält ihm vor, daß er mit einem Kuß den Menschensohn verrate und läßt sich freiwillig festnehmen. Noch vor der Verhaftung schlägt ein Jünger mit dem Schwert zu, bevor Jesus auf die Streitfrage antwortet; vgl. aber V. 38. Doch Jesus heilt das Ohr des Soldaten, seine heilende Sendung gilt auch Feinden (23,34). Den Führern wirft Jesus vor, ihn mit Gewalt zu bekämpfen, obwohl er öffentlich im Tempel bei ihnen war. Da aber jetzt die Stunde der »Macht der Finsternis« nach Gottes Heilsplan gekommen ist, läßt sich Jesus freiwillig von seinen Gegnern festnehmen. Die Jüngerflucht und die Erzählung vom nackt fliehenden Jüngling übergeht Lukas.

Die Verleugnung durch Petrus (22,54–62)

Die markinische Reihenfolge Verhör, Verspottung, Verleugnung ändert Lukas in die Reihenfolge Verleugnung, Verspottung, Verhör, da Lukas für Verspottung und Verhör eine Sonderquelle hat, für die Verleugnung aber auf Mk 14,53f.66–72 fußt. Er muß die

Verleugnungsszene, die in der Nacht spielt, vor dem Verhör, das am folgenden Morgen stattfindet, bringen. Die Festnahme Jesu erfolgt erst, nachdem er ihr selbst zugestimmt hat (V. 53). Der Verhaftete soll die Nacht im Palast des Hohenpriesters verbringen, da das Verhör erst am Morgen an anderem Ort, nämlich im Synedrium, stattfindet. Petrus folgt Jesus und setzt sich zu den Diensttuenden ans Feuer, als eine Magd seine Identität als Genosse Jesu feststellt. Petrus aber leugnet, Jesus zu *kennen*. Auch als ein zweiter Zeuge Petrus erkennt, leugnet er und distanziert sich vom Jüngerkreis. »Etwa eine Stunde später« entlarvt ihn ein dritter Zeuge mit Hinweis auf seinen galiläischen Akzent, und Petrus leugnet zum dritten Mal. Da erfüllt sich Jesu Voraussage V. 34, und der Hahn kräht. Jesus blickt Petrus an, und dieser erinnert sich an das »Wort des Herrn«, vgl. Apg 20,35. Petrus weint voll Reue.

Die Verspottung durch die Wächter (22,63–65)

Die bewachende jüdische Soldateska treibt mit dem Untersuchungshäftling ihren Spott, verhöhnt ihn mit Lästerungen (Blasphemien!), schlägt ihn und verhüllt ihm das Gesicht. Die Aufforderung »Sag uns als Prophet!« enthüllt Jesu verborgene Würde als Prophet Gottes, was von den Bewachern freilich verdreht wird. Die Spottszene der römischen Soldaten des Pilatus übergeht Lukas (Mk 15,16–20), wohl um die Besatzungsmacht zu entlasten.

Das Verhör vor dem Hohen Rat (22,66–71)

Während nach Markus das Verhör noch nachts erfolgt, versammelt sich das Synedrium nach Lukas erst am Morgen zum Verhör durch den Ältestenrat (presbyterion). Es handelt sich um ein innerjüdisches Vorverhör, das die Anklage vor dem römischen Statthalter ermöglichen soll. Lukas übergeht das Zeugenverhör (Mk 14,55–61) und die Anschuldigung, Jesus habe beabsichtigt, den Tempel zu zerstören. Zusätzlich bringt er die Frage des Gerichtsvorsitzenden nach der Messianität Jesu V. 67. Jesu Selbstzeugnis und Messiasanspruch ist Grund genug, ihn nach dem Religionsgesetz vor der römischen Behörde anzuklagen.

Am Morgen des Paschafestes tritt der »Ältestenrat des Volkes« zum Synedrialverhör zusammen, das sofort ohne Zeugenverhör mit der Messiasfrage beginnt. Wenn Jesus sich für den Messias (den Christus) hält, solle er es öffentlich bekennen. Jesus betont zunächst die Sinnlosigkeit einer Diskussion über seine Messianität, da sie sowieso nicht glauben, vgl. Joh 10,24; Jer 45,15 LXX, und verweist auf ihr Schweigen in den frühen Auseinandersetzungen. Er deutet die bevorstehende Passion heilsgeschichtlich als Erhöhung des Menschensohnes »zur Rechten der Kraft Gottes« (Ps 110,1; Dan 7,13; Apg 7,55f.). Bis zur Parusie bleibt Jesus der erhöhte »Anführer« zum Heil in der »Zeit der Kirche« (Apg 5,31). Die Frage der Synedristen nach der Gottessohnschaft Jesu wird von Jesus bejaht. Der Sohn Gottes Jesus wird nach 1,32f. »den Thron seines Vaters David« erben, die Sohn-Gottes-Christologie schützt die lukanische Christologie vor einer Verdrehung ins Politische, was die Synedristen anstreben. Sie haben Jesu Selbstzeugnis gehört. Jesu Messiasanspruch reicht zur Klageerhebung vor Pilatus.

Die Auslieferung an Pilatus (23,1–5)

Lukas überarbeitet stark Mk 15,1–5, er übergeht das Schweigen Jesu sowie das Staunen des Pilatus (Mk 15,4–5), fügt aber die Unschuldserklärung des Pilatus für Jesus (V. 4) hinzu, wiederum in der Tendenz, die Römer zu entlasten. Ungefesselt wird Jesus zum römischen Statthalter in dessen Burg gebracht. Die Führer der Juden klagen Jesus wegen Volksverhetzung und seines Königsanspruchs an. Das Volk aber hält zu ihm (19,48; 20,6.19.26; 22,2). Die Behauptung, Jesus sei gegen die Steuerentrichtung an den Kaiser, ist nach Lk 20,20–26 eine Verleumdung, »denn sie wollten ihn der Gewalt und Vollmacht des Statthalters übergeben« (20,20). Die zweite Anklage lautet, Jesus habe sich die politische Messiaswürde als König der Juden angemaßt, worauf die Pilatusfrage abhebt. Jesus bejaht die Frage im Sinne eines zur Rechten Gottes inthronisierten Davidssohnes, nicht im Sinne eines politischen Judenkönigs. Pilatus bekennt die Unschuld Jesu, da er wohl die Intrigen der jüdischen Falschankläger durchschaut hatte und von Jesu unpolitisch-religiöser Zielsetzung überzeugt war, vgl.

VV. 14f.22. Lukas verfolgt damit die Tendenz, Jesu Leben und Tod dem römischen Staat gegenüber zu entpolitisieren. Dennoch bestehen die jüdischen Ankläger auf ihrer These, Jesus sei ein Volksaufhetzer in ganz Palästina, von Galiläa bis Jerusalem. Das Stichwort »Galiläa« leitet die Herodes-Episode ein, da er für das Gebiet zuständig war.

Die Verspottung durch Herodes (23,6–12)

Lukas bietet hier die Sonderüberlieferung eines Verhörs Jesus vor seinem Landesherrn Herodes Antipas, die geschichtlich umstritten ist und für den Fortgang des Prozesses Jesu nicht entscheidend ist. Vielleicht will Lukas mit dieser Herodesepisode die Unschuld Jesu hervorheben, V. 15 »auch Herodes nicht, denn er hat ihn zu uns zurückgeschickt«. Herodes Antipas würde demnach von Lukas als Zeuge der Unschuld Jesu verstanden. Da Herodes »in jenen Tagen« zum Paschafest ebenfalls in Jerusalem war, schickt Pilatus Jesus der Zuständigkeit wegen zu ihm, zumal dieser auf eine Begegnung mit Jesus seit langem gespannt war und hoffte, von ihm ein »Zeichen«, ein Schauwunder, zu sehen. Jesus aber schweigt beharrlich vor dem König, trotz der schweren Beschuldigungen der vortragenden Synedristen. Mit Rom dialogisiert der lukanische Jesus, nicht jedoch mit dem Judenkönig Herodes. Herodes verspottet Jesus als »König der Juden« und läßt ihn in einem Prunkgewand zu Pilatus zurückschicken. Diese Notiz ersetzt die von Lukas ausgelassene Verspottungsszene Mk 15,16–20 (Soldatenspott, Purpurgewand, Dornenkrone). Wieso sich durch diesen Vorgang das politisch-menschliche Verhältnis zwischen Herodes und Pilatus seit diesem Tag grundlegend änderte, ist historisch nicht begründbar. Pilatus wie Herodes, von der Unschuld Jesu persönlich überzeugt, »müssen« nach dem Heilsplan Gottes die Passion Jesu vorantreiben, vgl. Zitat Ps 2,1f. in Apg 4,25–28: »Die Könige der Erde stehen auf, und die Herrscher haben sich verbündet gegen den Herrn und seinen Messias; ... Herodes und Pontius Pilatus mit den Heiden und den Stämmen Israels, um alles auszuführen, was dein Wille im voraus bestimmt hat.«

Die Verhandlung vor Pilatus (23,13–25)

Pilatus ruft die Hohenpriester und Ratsmitglieder (archontes) und das Volk zusammen. Die zweite Unschuldserklärung des Pilatus vor diesem Forum ist lukanisches Sondergut (VV. 13–16). Jesus hat nach dem Verhörergebnis die Todesstrafe nicht verdient; als Kompromiß läßt Pilatus ihn lediglich züchtigen, geißeln, auspeitschen, um ihn dann freizulassen. V. 17 fehlt in den besten Handschriften und ist aus Mt 27,15 später in den Text abgeschrieben worden. Führer und Volk der Juden protestieren scharf gegen diesen Vorschlag des Pilatus. Ab V. 18 folgt Lukas der markinischen Barabbaserzählung, ohne das Gewohnheitsrecht einer römischen Pascha-Amnestie zu erwähnen; die Freilassung eines Gefangenen zum Festtag war wohl jüdische Gewohnheit. Die Menge fordert den Tod Jesu (»weg diesen«) und die Freigabe des Terroristen Barabbas. Die Vorstellung von einem Gefangenenaustausch bestimmt die lukanische Darstellung. Pilatus betont zum dritten Mal die Unschuld Jesu, was jedoch nur die Forderung nach der Kreuzigung Jesu hervorruft. Unter dem Druck der jüdischen Forderung duldet Pilatus schließlich, »daß ihr Begehren ausgeführt würde«; er läßt den Aufrührer und Mörder Barabbas frei und liefert Jesus »ihrem Willen« aus.

Pilatus wird weitgehend von Lukas entlastet, indem er den unpolitischen Charakter der Jesusbewegung feststellt, wie das Lukas mehrfach in den Paulusverhören vor römischen Gerichten betont (Apg 24,10–21; 26,2–23; 13,7.12; 18,12–16). Lukas betont den Kontrast, daß der jüdische politische Revolutionär freigegeben wird, während der für Rom ungefährliche Jesus zum Tod verurteilt wird. Die für das römische Imperium wirklich gefährlichen Umstürzler sind nicht die Christen, sondern die Juden (Apg 13,50; 14,19; 17,5–8; 18,12–17; 21,27f.). Lukas will vor allem die Jesusbewegung Rom gegenüber entpolitisieren, Matthäus hingegen will die Alleinschuld am Tod Jesu den Juden anlasten. Läßt Lukas die Kreuzigung Jesu auch direkt auf die jüdischen Forderungen zurückgehen, so betont er doch, daß der den Juden verhaßte Statthalter Pontius Pilatus (26–36 n. Chr.) aufgrund des Vorverhörs des Hohen Rates ein formelles Todesurteil (Lk 24,20 krima thanaton) im Rahmen eines römischen Kapitalprozesses gegen Jesus erlassen hat und somit die Letztentscheidung für den Tod Jesu trägt, wenn auch die Synedristen die Hauptverantwortung für die Hinrichtung Jesu tragen (vgl. den »Beschluß« 23,51). Ob der Exekutionsbefehl des Pilatus im Trubel des Paschafestes aufgrund eines ordentlichen Strafprozesses oder durch einen Verwaltungsakt im Rahmen des Kriegsrechts (Besatzungs-Ausnahmezustand) erlassen wurde, bleibt umstritten, so daß in der Neuzeit wiederholt die wenig sinnvolle Forderung erhoben wurde, den Prozeß Jesu erneut aufzurollen und juristisch korrekt durchzuführen. Die Evangelisten sind aber nicht so sehr am juristischen Aspekt dieses Prozesses interessiert, sondern stellen ihn in ihre jeweilige heilsgeschichtliche Konzeption, nach der sich Gottes übergeordneter Heilsplan an und durch die Statisten dieser Prozeßszene vollzieht, ohne daß die Verantwortlichen ihrer historischen Schuld enthoben würden.

Die Kreuzigung (23,26–43)

Offensichtlich die Juden, die die Kreuzigung Jesu gefordert haben, führen ihn ab zur Hinrichtung. VV. 36.47 lassen eine Beteiligung römischer Soldaten erkennen (Apg 2,23.36; 4,10). Ein Feldarbeiter muß für Jesus den Querbalken des Kreuzesstammes schleppen, Simon von Zyrene. Er tritt in die »Nachfolge Jesu« ein, vgl. 9,23: »der trage sein Kreuz täglich und folge mir!« Die Klagefrauen in der Menschenmenge protestieren wohl gegen die Hinrichtung Jesu; 23,27–31 ist Sondergut des Lukas, vgl. 19,41–44 zur Zerstörung Jerusalems. Jesus wendet sich an diese »Töchter Jerusalems« und sagt ihnen, sie sollten nicht über Jesu Tod, sondern über das Schicksal Jerusalems weinen. Gottes Strafgericht über Jerusalem wird so vernichtend sein, daß die Kinderlosen seliggepriesen werden, vgl. Jes 54,1, und man sich den schnellen Tod durch Bergverschüttung wünscht (Hos 10,8; Offb 6,16). Das Sprichwort vom Holz begründet die Katastrophe (Spr 11,31; 1 Petr 4,17f.). Jerusalems Schicksal ist also durch Jesu Hinrichtung mitbedingt.

V. 32 stellt Jesus zwischen den »Verbrechern« (Mk »Räuber«) dar. Der folgende Kreuzigungsbericht ist knapp gehalten und erzählt nicht im einzelnen den Hinrichtungsvorgang. Lukas erwähnt nicht die Wein-Reichung. Den Ort der Hinrichtung gibt

Lukas mit »Schädel« (kranion) an und läßt das hebräische »Golgota« weg. Jesus wird zwischen den beiden Verbrechern gekreuzigt. Jesus bittet den Vater um Vergebung für seine Henker. Dieser V. 34a fehlt in wichtigen Handschriften, ist aber wohl ursprünglich und vielleicht von antijüdischen Abschreibern absichtlich getilgt worden, um die Schuld der Juden hervorzuheben. Die »Unwissenheit« der Juden (Apg 3,17; 13,27) entschuldigt nicht ihre »Verstockung« gegenüber Jesus, die Kreuzigung Jesu darf nicht als »Unfall oder Irrtum« entwertet werden. Nach Ps 22,19 werden die Kleider des Hinzurichtenden verteilt. Die Angabe »zur dritten Stunde« (Mk 15,25) läßt Lukas weg, weil ihm dieser Zeitpunkt 9 Uhr zu früh erscheint.

Die jüdischen Führer umd die römischen Soldaten verspotten Jesus, während das Volk dem Spektakel reserviert zuschaut. Die Synedristen fordern Jesus zur wunderbaren Selbstbefreiung vom Kreuz auf. Nach Ps 69,22 reichen die römischen Soldaten aus Mutwillen Jesus Essig ans Kreuz hinauf und titulieren ihn zum Spott »König der Juden«, wie auch die Kreuzesinschrift lautet. Auch der eine der beiden Verbrecher verhöhnt Jesus, während der andere Jesu Unschuld bekennt und ihn um Gedenken bittet, wenn Jesus »in sein Reich kommt« (V. 42). Die Lesart »wenn du mit deiner Königsherrschaft kommst« ist wohl sekundär. Jesus sagt dem reuigen Verbrecher noch für »heute« das Paradies zu, worin eine typisch lukanische Interpretation der Parusie-Erwartung und des Verzögerungsproblems zum Ausdruck kommt. Zu »Paradies« vgl. 2 Kor 12,4; Offb 2,7.

Der Tod Jesu (23,44–49)

Lukas folgt Mk 15,33–41, streicht aber den Eloi-Ruf und die Elija-Erzählung. Die Finsternis von der 6. bis zur 9. Stunde (12–15 Uhr) und das Zerreißen des Tempelvorhangs *vor* dem Ausruf Jesu sind die kosmisch-religiösen Vorzeichen des Todes Jesu. Hat Lukas nach Joël 3,3f. an ein Doppelwunder im Himmel und auf Erden gedacht oder bezieht er den Tod Jesu auf die universale Menschheit und auf den Tempel/Israel? Jesus spricht mit Ps 31,6 sein »Sterbegebet«, vgl. Apg 7,59 im Mund des sterbenden Stephanus.

Jesus legt sein Leben, das von »Menschenhand« genommen wurde (9,44; 20,19; 22,53; 24,7), in die »Hände Gottes« zurück.

Der römische Hauptmann sieht das Geschehen, preist Gott und nennt Jesus einen »Gerechten«, vgl. Apg 3,14 »den Heiligen und Gerechten«. Das Volk kehrt aufgrund der Erlebnisse (19,45 – 21,38) um, vgl. 18,13. Die galiläischen Frauen und alle seine Bekannten stehen in der Ferne (Ps 38,12). Die Frauen von 8,2f. sind Augenzeugen des Todes Jesu.

Das Begräbnis Jesu (23,50–56)

Lukas bearbeitet Mk 15,42–47; 16,1 aus der vormarkinischen Passionsgeschichte. Er läßt die Verwunderung des Pilatus über Jesu raschen Tod aus. Das Ratsmitglied Josef aus Arimathäa aus der Jesusbewegung hatte dem Todesbeschluß des Synedriums nicht zugestimmt und erbittet nun von Pilatus den Leichnam Jesu. Er nimmt ihn vom Kreuz ab, hüllt ihn in Leinwand und setzt ihn in einem Felsengrab bei, das noch unbenutzt war, also des Messias würdig ist. Jetzt erst erfolgt die Terminangabe »das war am Rüsttag vor Sabbatanbruch«. Die Frauen aus Galiläa (8,2f.) sind bei der Grablegung anwesend. Sie bereiten *vor* dem Sabbat ihre Öle (aromata), um am Tag nach dem Sabbat (Sonntag) die provisorische Bestattung rituell durchzuführen.

Die Botschaft der Engel im leeren Grab (24,1–12)

Lk 24,1–53 berichtet die Ereignisse *eines* Tages (des Ostertages) in Jerusalem. Lk 24,1–11 folgt Mk 16,1–8; dann verläßt Lukas die Mk-Darstellung und fügt Sondergut an: die Emmausgeschichte VV. 13–35, die Begegnung des Auferstandenen mit den Jüngern VV. 36–43, den Missionsbefehl VV. 44–49, die Himmelfahrt in Betanien VV. 50–53. Danach setzt für Lukas die apostolische Mission der Kirche ein (Apg 1,4–12). Lukas tilgt die galiläischen Ostererscheinungen (Mk 16,7) zugunsten einer heilsgeschichtlichen Konzentration auf Jerusalem, von wo die universale Völkermission ihren Ausgang nimmt (V. 47).

In der Frühe des ersten Wochentages (Sonntag) gehen die Frauen (V. 55) mit ihren Ölen zum Grab Jesu, von dem der

Rollstein weggewälzt ist. Sie »finden den Leib des Herrn Jesus nicht«, so daß sie ratlos sind. Zwei Männer, die als Engel gekennzeichnet sind (Apg 1,10), teilen den erschrockenen Frauen mit, daß Jesus nicht unter den Toten ist, sondern auferstanden ist, wie er es in Galiläa vorausgesagt hatte (9,22.44; 17,25; 18,32f.). Die »drei Tage« (V. 7) sind jetzt vorbei und Jesu Voraussage hat sich erfüllt. Die Frauen »erinnern sich der Worte Jesu« (V. 8), kehren in die Stadt zurück und berichten »den Elf und allen übrigen dies alles« (V. 9). Lukas stellt sich die Apostel in Jerusalem versammelt und um sie eine Jüngergemeinde vor. Lukas nennt jetzt die Namen der Frauen und Jüngerinnen, vgl. 8,2f.: Maria von Magdala; Johanna; Maria, die Jakobsmutter aus Mk 16,1, und die übrigen Jüngerinnen. Susanna aus 8,2f. wird nicht mehr erwähnt. Die Apostel jedoch glauben nicht der Nachricht der Frauen, die sie für leeres Geschwätz halten. Petrus aber findet durch eigenes Erblicken der Leinenbinden zur Überzeugung, daß Jesu Leichnam nicht entfernt worden ist, wenn er auch erst durch die Ostererscheinung des Auferstandenen zum Osterglauben gelangt (V. 34), vgl. 1 Kor 15,3–5; vgl. Joh 20,6f. Die Augenzeugenschaft des Petrus angesichts des leeren Grabes führt zum Staunen, das durch die Begegnung mit dem Auferstandenen in Glauben übergeführt wird. Dem Sehen des »leeren Grabes« kommt bei Lukas die Bedeutung zu, die leibhaftige Ganzheit der Auferstehung Jesu aufzuzeigen. Die theoretische Frage, ob das »leere Grab« konstitutiv sei für die Entstehung des Auferstehungsglaubens, ist Lukas fremd; für ihn ist das »leere Grab« hinführendes Argument zum Osterglauben, der sich an den Christophanien des Auferstandenen und seinem Wort festigt.

Die Begegnung mit dem Auferstandenen auf dem Weg nach Emmaus (24,13–35)

Die Emmauserzählung gliedert sich in vier Teile: Die Begegnung mit dem unbekannten Weggefährten VV. 13–16; das große Weggespräch über den christologischen Sinn der Schrift (des AT) und der Gottverfügtheit des Messias-Leidens VV. 17–27; die Mahlszene VV. 28–32; die Rückkehr in die Jerusalemer Gemeinde VV. 33–35. Diese Erzählung ist weitgehend von Lukas redaktionellsprachlich gestaltet, greift aber auf ältere Überlieferung zurück. Ihre Hauptaussage ist, daß der auferstandene Christus bei der eucharistischen Mahlgemeinschaft in seiner Kirche und Gemeinde anwesend ist und daß er selbst durch das Brotbrechen und die Schriftlesung der Gemeinde den Sinn der Heiligen Schrift »eröffnet« (V. 32). Im Wort der Schrift und im Eucharistiemahl »bleibt« (V. 29) Jesus bei seiner Gemeinde.

Zwei Jünger gehen nach Emmaus, 60 Stadien (11 km) von Jerusalem. Die archäologische Identifizierung dieser Ortschaft erstreckt sich auf drei Stellen, von denen Amwas = Nikopolis 176 Stadien (32,5 km) von Jerusalem wahrscheinlich ist, wie es durch wichtige Textzeugen nahegelegt wird. Sie unterhalten sich über »alle Ereignisse«. Da »naht sich« Jesus und geht mit ihnen. Die Art und Weise der Erscheinungsform des Auferstandenen wird nicht näher erzählt, ebensowenig wie sein Verschwinden V. 31. Da ihre Augen »gehalten« sind (vgl. 3 Makk 5,27), erkennen sie Jesus nicht, bis er sich am Ende der Mahlszene zu erkennen gibt V. 31. Im Dialog des Auferstandenen mit den Jüngern wird ein Kurzbericht über den Propheten Jesus, seine Hinrichtung, die auf ihn gesetzten Hoffnungen seiner Jünger und die Berichte der Frauen rekapituliert.

Daraufhin legt ihnen der immer noch unerkannte Jesus/Auferstandene von der Schrift (des AT) her das Messiasschicksal aus, wonach der Christus gemäß dem Willen Gottes und den prophetischen Voraussagen »das alles leiden *mußte*«, um so in seine Herrlichkeit zu gelangen, vgl. 9,26.32. Jesus ist mit seinen Jüngern »auf dem Weg« (V. 28); sie bitten ihn, bei ihnen zu bleiben, so wie der Auferstandene in der nachösterlichen Missionskirche wirkmächtig anwesend bleibt und die Kirche führt. Der Auferstandene nimmt mit ihnen am Tisch Platz und vollzieht den eucharistischen Brotritus (vgl. 9,16; 22,19), durch den sie Jesus erkennen, und er entschwindet ihren Augen, das Ziel der Begegnungserzählung ist erreicht. Die Jünger treten in ein Gespräch miteinander ein und fragen, ob »das Herz brannte« (Jer 20,9; Ps 39,4) bei der christologischen Schriftauslegung, die ihnen der Auferstandene unterwegs gab. »Zur gleichen Stunde« kehren sie nach Jerusalem zurück und wollen den Elf und den übrigen Jüngern von ihrer Begegnung berichten. Doch diese kommen ihnen zuvor mit der

Nachricht, daß der Herr dem Simon erschienen ist und somit der Auferstehungsglaube begründet ist (V. 34), vgl. das Urbekenntnis 1 Kor 15,3–5. Sachlich ist also die Christuserscheinung vor Petrus vorrangig und entscheidender als das Zeugnis der beiden Emmausjünger für die Entstehung des gemeindlichen Osterglaubens, denn damit schenkt der Auferstandene selbst die Voraussetzung, daß Petrus seine Brüder im Glauben stärken kann (22,32).

Die Erscheinung des Auferstandenen in Jerusalem (24,36–53)

Der Abschnitt gliedert sich in drei Teile: Der erste weist die Leibhaftigkeit des Auferstandenen nach, VV. 36–43, vgl. Joh 20,19f.; der zweite liefert die christologische Begründung der nachösterlichen universalen Völkermission, VV. 44–49; vgl. Apg 1,6–8; Mt 28,16–20; Mk 16,15–18; der dritte erzählt die Himmelfahrt Jesu, VV. 50–53; vgl. Apg 1,2.9; 2,33; 5,31.

Die gesamte Jüngergemeinde (V. 33) ist noch versammelt und im Gespräch, als plötzlich Jesus in ihre Mitte tritt und ihnen den Friedensgruß entbietet. Sie erkannten ihn nicht, meinten vielmehr, ein Gespenst zu sehen. Das Zeigen der Hände und Füße, die Anfaßbarkeit von Fleisch und Knochen, das Verzehren des gebratenen Fisches vor ihren Augen, all das dokumentiert erzählerisch die Leibhaftigkeit des Auferstandenen in der Gemeinde, die »körperhafte Persönlichkeit« (corporate personality) des geheimnisvollen Auferstehungsleibes Christi, der von Paulus als in der Kirche wirksamer »Leib Christi« gedeutet wird, vgl. Eph 4,12. Damit soll einer dualistischen Vergeistigung der Christuspräsenz in der Kirche gewehrt und eine ganzheitlich-leibhaftige Christuserfahrbarkeit mitten in den soziologischen Gemeindeprozessen aufgezeigt werden. Die Glaubenden erfahren in der Gemeinde Jesus »handgreiflich« und tatsächlich.

44–49 Der Auferstandene teilt den Jüngern seine letzten Worte mit (vgl. Apg 1,3–8). Er verweist auf seine früheren Belehrungen, die Erfüllung der prophetischen Voraussagen der drei Teile der Schrift (des AT: Mose, Propheten, Psalmen) in seinem Leben, seinem Tod und seiner Auferstehung. Er öffnet ihnen die Augen für das Verständnis (nous) der Schrift (V. 45), vgl. VV. 27.31, und die Notwendigkeit des Messias-Leidens im Heilsplan Gottes. Die volle Erfüllung der Verheißungen findet aber erst in der Verkündigung der Bekehrung und Sündenvergebung im Namen des Messias vor allen Völkern ihren Fortgang, vgl. Apg 1,8. Diese universale Völkermission nimmt von Jerusalem aus ihren Weg in die Welt, wie die Apostelgeschichte anschließend zeigt. Die versammelten Jünger sind *Augenzeugen* (V. 48) der Christusereignisse in Leben, Tod und Auferstehung Jesu und somit zum Verkündigungszeugnis vor der Welt befähigt und legitimiert. Die Gabe des Geistes, die »Kraft aus der Höhe« (V. 49) wird die Jünger für ihre Mission stärken. Sie sollen in Jerusalem, dem heilsgeschichtlichen Ursprungsort des Evangeliums, bleiben, bis ihre Sendung einsetzt, vgl. die Pfingsterzählung Apg 2,1–36.

Das Schlußstück der Ostererzählung berichtet von der »Himmelfahrt Jesu«, wie er »emporgehoben wurde«, entrückt wurde in die Erhöhung und Herrlichkeit Gottes. Denselben Vorgang stellt Lukas an den Anfang seines zweiten Werks, Apg 1,2.9–11 (40 Tage nach Ostern, Ölberg). Jesus führt die Jünger aus Jerusalem hinaus nahe Betanien; er zieht ihnen als »Anführer« voraus auf dem Weg in die Herrlichkeit Gottes, so wie er vor seiner Passion abends zum Ölberg ging (21,37; 22,39). Der Auferstandene segnet die Jünger (Sir 50,20–29; Lev 9,22), erhebt die Hände, »verließ sie« (dieste) und »wurde zum Himmel emporgehoben« (V. 51). Die Jünger fallen vor Jesus als »Sohn Gottes« nieder und beten ihn an, wie es Gott geziemt (Proskynese). »Mit großer Freude« kehren sie nach Jerusalem zurück, halten sich immer im Tempel auf (Apg 2,46; 3,1; 5,42) und preisen Gott, der durch Jesus das Heilswerk der Erlösung aller Menschen bewirkt hat. Die Jünger werden Jesu Zeugen sein in der Kraft des Heiligen Geistes »bis an die Grenzen der Erde« (Apg 1,8).

DRITTER TEIL
Anhang

1. Literaturhinweise

Ernst, J., Das Evangelium nach Lukas (Regensburger Neues Testament), Regensburg 1977, 728 Seiten.
Grundmann, W., Das Evangelium nach Lukas (Theologischer Handkommentar zum Neuen Testament 3) Berlin, 8. Aufl. 1978, 460 Seiten.
Schmithals, W., Das Evangelium nach Lukas (Zürcher Bibelkommentare), Zürich 1980, 240 Seiten.
Schneider, G., Das Evangelium nach Lukas (Ökumenischer Taschenbuch-Kommentar zum Neuen Testament 3/1-2; Siebenstern-Taschenbuch 500/501), 2 Bände, Gütersloh–Würzburg 1977, 510 Seiten.
Schürmann, H., Das Lukasevangelium. Teil I: Kommentar zu Lk 1,1–9,50 (Herders theologischer Kommentar zum Neuen Testament III/1), Freiburg 1969, 591 Seiten.
Schweizer, E., Das Evangelium nach Lukas (Das Neue Testament Deutsch 3), Göttingen 1982, 264 Seiten.
Stöger, A., Das Evangelium nach Lukas (Geistliche Schriftlesung 3/1-2) Düsseldorf I ³1967, II 1966, 378 und 351 Seiten.
Jesus zwischen arm und reich. Lukas-Evangelium (Bibelauslegung für die Praxis 18), Stuttgart (Katholisches Bibelwerk) 1980, 159 Seiten.

2. Bibelarbeit – Fragen

1) Lukas versteht sich als Tradent (Überlieferungsträger) der dritten Generation. Welche Intentionen läßt daher das Programm des Lukas im Prolog Lk 1,1–4 erkennen?

2) Die Vorgeschichte des Lukasevangeliums enthält parallele Erzählungen über Johannes den Täufer und Jesus. Erstellen Sie eine Tabelle der gemeinsamen Motive in beiden Erzählreihen und erfassen Sie die Unterschiede!

3) Lukas baut drei Hymnen in die Vorgeschichte ein: Das Magnifikat der Maria (1,46–55), das Benediktus des Zacharias (1,68–79) und das Nunc dimittis des Simeon (2,29–32). Vergleichen Sie die Hauptmotive dieser drei Hymnen, die in der Liturgie als cantica verwendet werden!

4) Vergleichen Sie den Stammbaum Jesu bei Lukas und Matthäus!

5) Welche Christologie spiegelt die »Antrittspredigt« Jesu in Nazaret Lk 4,17–21?

6) Stellen Sie die Petrus-Texte des Lukasevangeliums zusammen und erheben Sie das lukanische Bild vom Petrusdienst!

7) Erfassen Sie die Bedingungen des Jüngerseins und der Nachfolge Jesu nach Lk 9,1–6; 10,1–12; der »Feldrede« und anderer Logien!

8) Lukas wird der »Evangelist der Armen« genannt. Interpretieren Sie die diesbezüglichen Texte 1,52f.; »Feldrede«; 6,30f.; 8,1–3; 12,16–24; 14,12–33; 16,1–9.19–31!

9) Das Gebet spielt bei Lukas eine große Rolle. Wie wird Jesus als Betender vorgestellt? (3,21; 5,16; 6,12; 9,18; 9,28f.; 11,1; 23,46). Welche Besonderheit zeigt die lukanische Vater-unser-Fassung 11,2–4?

10) Vergleichen Sie die »große Endzeitrede« 21,5–36 mit der Markusvorlage! Vergleichen Sie die »kleine Apokalypse« 17,20ff. mit den Matthäusparallelen!

11) Deuten und vergleichen Sie die vier Parusie-Gleichnisse:
    12,35–38:   Gleichnis von den wachenden Knechten
    12,39f.:   Gleichnis vom Einbrecher
    12,41–46:   Gleichnis vom guten und bösen Knecht
    19,12–27:   Gleichnis von den anvertrauten Pfunden

12) Der Verlauf der Passionsgeschichte bei Lukas unterscheidet sich in wesentlichen Punkten vom Markusevangelium. Erfassen und werten Sie die Unterschiede!

13) Die lukanischen Ostererzählungen bieten 4 Szenen:
    24,1–12:   Das leere Grab (nach Mk 16,1–8)
    24,13–35:   Die Emmausjünger (Sondergut)
    24,36–49:   Die Jesuserscheinungen vor den Jüngern (Sondergut)
    24,50–53:   Die Himmelfahrt (Sondergut)
    Welche theologischen Tendenzen prägen diese Geschichten, welches Christusbekenntnis geht aus ihnen hervor?

Zum Verfasser

Paul-Gerhard Müller, geb. 1940 in Sulzbach/Saar; Studium in Trier und Löwen/Belgien; 1965–1970 im Pfarr- und Schuldienst; 1972 Promotion zum Dr. theol. in Regensburg; 1974 Dozent in Jerusalem; 1976 Habilitation für Wissenschaft des Neuen Testaments in Regensburg; 1977 Professor für Neutestamentliche Exegese; 1979 Direktor des Katholischen Bibelwerks in Deutschland.